教育部人文社会科学研究项目"提升科技创新能力的三维主体协同与经济崛起——以黑龙江为例"（12YJA630148）资助

技术创新主体及其场式协同效用研究

伍玉林/著

吉林大学出版社

·长春·

图书在版编目（CIP）数据

技术创新主体及其场式协同效用研究 / 伍玉林著
. -- 长春：吉林大学出版社，2020.3
ISBN 978-7-5692-6213-1

Ⅰ.①技… Ⅱ.①伍… Ⅲ.①技术革新—主体—研究
Ⅳ.①F062.4

中国版本图书馆CIP数据核字(2020)第042534号

书　　名：技术创新主体及其场式协同效用研究
JISHU CHUANGXIN ZHUTI JI QI CHANGSHI XIETONG XIAOYONG YANJIU

作　　者：伍玉林　著
策划编辑：李承章
责任编辑：安　斌
责任校对：赵　莹
装帧设计：云思博雅
出版发行：吉林大学出版社
社　　址：长春市人民大街4059号
邮政编码：130021
发行电话：0431-89580028/29/21
网　　址：http://www.jlup.com.cn
电子邮箱：jdcbs@jlu.edu.cn
印　　刷：虎彩印艺股份有限公司
开　　本：787mm×1092mm　　1/16
印　　张：14
字　　数：210千字
版　　次：2020年3月　第1版
印　　次：2020年3月　第1次
书　　号：ISBN 978-7-5692-6213-1
定　　价：68.00元

版权所有　翻印必究

序　言

随着经济的发展，科技竞争日益加剧，世界各国各地区为了在这样的发展变化中保持优胜地位，纷纷推行创新，来代替过去以资源优势决定一国发展态势的经济形态。在新的经济格局中，技术创新能力成为决定国家地位的关键性因素。在过去以资源优势来决定一国发展态势的状况下，经济发展主要是由资本驱动的，国与国之间或者说发达地区与不发达地区的差别主要体现在吸引资本的能力上。然而，随着经济全球化及其所带来的变化，科技创新能力已成为国家和区域竞争力的关键所在。

在经济全球化趋势下，新的世界分工不再以国家为依据，而是按照区域科技创新力来进行，全球的经济要素资源和产业分工在不同层次上迅速变化着，并越来越集中于有个性的地区，科学技术的研究与开发在全球范围内流动。

正是在这样的背景下，我国政府早在《国家中长期科学和技术发展规划纲要（2006—2020年）》（简称《纲要》）中就确定，到2020年，我国全社会研究开发投入占国内生产总值的比重要提高到2.5%以上，力争科技进步对经济发展的贡献率达到60%以上，对外技术依存度降低到30%以下。党的十七大以后，我国政府把转变经济增长方式改为转变经济发展方式，并形成了政府决议，其核心就是要转变经济增长模式，也就是在各个生产要素中降低对资金、自然资源投入的依赖性，依靠科技创新带动经济发展。

在2010年通过的《中共中央关于制定国民经济和社会发展第十二个五年规划的建议》中则把科技创新作为加快转变经济发展方式的重要支撑。而2015年《中共中央关于制定国民经济和社会发展第十三个五年规划的建议》指出，要深入实施创新驱动发展战略。发挥科技创新在全面创新中的引领作用，加强基础研究，强化原始创新、集成创新和引进消化吸收再创新。推进有特色高水平大学和科研院所建设，鼓励企业开展基础性前沿性创新研究，重视颠覆性技术创新，实施一批国家重大科技项目，在重大创新领域组建一批国家实验室，积极提出并牵头组织国际大科学计划和大科学工程。2016年国务院颁发《"十三五"国家科技创新规划》更是具体地从创新主体、创新基地、创新空间、创新网络、创新治理等方面提出创新体系建设的要求，把科技创新摆在国家发展全局的核心地位。

世界经济的发展和进步，把"技术创新"的概念代入到了经济发展的舞台，奠定了它在其中无可替代的地位，并且不断加深着它的影响，经济学家更把它做为经济增长的基点与解决经济危机的终极武器。从熊彼特的《经济发展理论》开始将"技术创新"被定义为经济发展的核心要素，被诸多的经济学家推崇并对其在经济领域的作用一次又一次的肯定与引用。时至今日，技术创新活动越来越被各个国家、地区政府、各个企业、科研单位乃至整个社会所关注。如何能够顺利而有效的进行技术创新，是经济发展和整个社会进步的关键所在，也是人们日常生活水平提高的重要保障。也正因如此，对技术创新的研究，成为各国各地区经济发展、社会进步的迫切需要。企业与政府对技术创新加大了投入力度，技术创新尤其成为企业生产过程中的核心内容，它为企业组织的实施规程和企业管理提供必要的支持和保障，愈来愈多的公司企业认识到了技术创新的重要性。事实上，诸如"500强"等世界上大的跨国企业每年的研发投入都从十数亿美元至高达数十亿美元来进行本企业技术创新活动，尤其是支持引导已有的企业管理和研发团队进行创新实践，以使企业保持旺盛的创新活力，最后在国际市场竞争中成为真正的赢家。近年来，不仅如海尔、华为、联想等大公司逐年增加研发的投入，而且各个中小企业也将目光转向技术创新，以期在市场竞争中获取高效益回报。分布在世界各地高新技术开发区中的大中小企业，都是以自身的技术创新以及技术引进来进行创业发展，逐步地成为以知识为基础的经济发展最重要的部分。

随着科技竞争日益成为国家间竞争的焦点，技术创新则愈来愈凸显其国家竞争力的意义，成为国家竞争力的决定性因素。其中发达国家及其跨国公司利用自身的技术和资本优势保持领先地位，形成了对世界市场特别是高技术市场的高度垄断，知识产权有可能成为影响发展中国家工业化进程的最大的不确定因素。而发展中国家如果要想缩小与发达国家的发展差距，避免被边缘化，就必须提高技术创新能力，不断提升技术创新优势，以期获得发展机遇，以政策、条例、环境、资金投入，尤其是技术研发与科学理念代入等，为技术创新提供有利的条件。

我国自主创新能力与发达国家相比有许多不足之处，技术创新的体制机制也有很多不适应经济发展的新要求，主要表现在技术创新主体的任务与创新对象不明确，"官、产、学、研"合作的紧密程度不够，创新活动游离于市场需求之外等方面。这主要是随着技术创新的重要作用之不断凸显，促使越来越多的机构参与到创新活动之中，导致科技创新主体的复杂性与不确定性日益增加，创新活动难以体系化、规范化、有序化地进行。中国经济要实现真正的领跑世界，就必须把科学技术尤其是信息技术作为国家自主研发的主要方向与内容，而不是跟在西方后面亦步亦趋。也正因如此，党的十八大明确提出："科技创新是提高社会生产力和综合国力的战略支撑，必须摆在国家发展全局的核心位置。"强调要坚持走中国特色自主创新道路、实施创新驱动发展战略。在经济的发展层面，我国政府把转变增长方式改为转变经济发展方式，其核心就是要转变经济增长模式，也就是在各个生产要素中降低对资金、自然资源投入的依赖性，以科技创新带动经济发展。要通过实施科教兴国战略和人才强国战略，发挥科技第一生产力和人才第一资源的作用，增强自主创新能力，壮大创新人才队伍，推动经济发展向主要依靠科技进步、劳动者素质提高、管理创新转变上来，加快建设创新型国家。在2017年底召开的党的十九大报告指出："创新是引领发展的第一动力，是建设现代经济体系的战略支撑"。十九届四中全会通过的《中共中央关于坚持和完善中国特色社会主义制度推进国家治理体系和治理能力现代化若干重大问题的决定》进一步强调问题是创新的起点，也是创新的动力源。要将问题作为推动创新的契机，将创新作为解决问题的手段，推动各项事业取得创造性的成果。

现阶段中国协同创新当前存在的问题逐一表现在层次不高、动力不足、深度不够、资金不足等问题，尤其是现有的创新机制存在一定程度上的僵化和单一，产政结合存在严重症结，创新机制不完善，致使国家整体创新性不强。在以技术创新为背景的时代主题下，对创新、技术创新、创新主体等概念进行界定，对企业在技术创新中的价值导向、政府在技术创新中的政策导向、高校在技术创新中的学术导向、科研院所在技术创新中的实践意义等进行研究，同时对中介机构在技术创新中处于"润滑剂"作用进行探索，分析技术创新主体间的二维、三维及多维互动关系，构建完整的技术创新结构，形成实际有效的技术创新形式，为建设技术创新型国家提供可行性方案。

本书十二个章节可以分为四个主要部分来介绍：

首先，从理论层面对技术创新、技术创新主体进行分析，将以从事科技创新活动的人为基本组成部分的创新群体定义为技术创新主体，包括从事知识、技术和制度创新活动的企业、政府、高校、科研院所与科技中介机构，其职能不同，但在创新活动不同的阶段都处于核心地位。技术创新历经了一个逐步深化的发展过程，需要正确认识每一个技术创新主体的特定性、复杂性、综合性。

其次，对企业、政府、高校、科研院所与科技中介机构五个创新主体的主要功能与构成要素进行具体研究。基于系统科学的观点，根据各创新主体在相互作用过程中所表现出的自组织性、非线性、耗散结构等一系列复杂性特征，提出有助于促进和完善创新主体进化的管理体制与运行机制。

再次，力求揭示技术创新主体行为复杂性的根本原因，深入研究技术创新活动的内在规律与各技术创新主体之间相互作用的复杂性和适应性，建立两两互动关系的可视化模型，以其深化对技术创新主体的认识，提高其技术创新成果的产出能力，打造完整的技术创新结构，进而统筹知识创新、技术创新与制度创新，探索多种形式的协同创新模式，推动科技创新系统的协调发展。

最后，提出了主体协同创新与人类技术命运共同体构建，强调了协同学思想分析与核心内容、基于协同学的协同创新思想阐述、协同学理主体技术创新的引入分析，并指出主体协同创新助推人类技术命运共同体建设，即主体协同创新构建人类技术命运共同体为双赢之举、多赢之举；主体协同创新实践以提升人才培养机制为攻克高尖端技术；主体协同创新多元合作有效模式提高技术问题解决效率；主体协同创新构筑美好未来的人类技术命运共同体，携手努力构筑人类美好未来的，"你只有我，我中有你"的人类技术命运共同体。

目　　录

第一篇　理论篇

第一章　技术创新理论 ………………………………………………………… 3
　1.1　技术创新的理论内涵 …………………………………………………… 3
　1.2　创新系统的发展理论 …………………………………………………… 9
第二章　技术创新主体理论 …………………………………………………… 18
　2.1　技术创新主体内涵 ……………………………………………………… 18
　2.2　技术创新主体能力内涵 ………………………………………………… 23

第二篇　分析篇

第三章　技术创新中的企业主体 ……………………………………………… 31
　3.1　熊彼特企业技术创新思想 ……………………………………………… 31
　3.2　企业技术创新能力的内涵及特点 ……………………………………… 34
　3.3　企业技术创新主体人员断层问题案例分析 …………………………… 37
　3.4　解决国有企业技术创新人员断层的对策建议 ………………………… 44
第四章　区域技术创新中的政府主体 ………………………………………… 54
　4.1　政府主体在区域技术创新中的调控依据 ……………………………… 54
　4.2　国外政府关于科技创新的政策导向 …………………………………… 58

4.3 中国政府科技创新政策导向的现状 ……………………………………… 80
4.4 中国政府关于科技创新政策的对策建议 …………………………… 88

第五章 产学研联盟中的高校主体 …………………………………………… 94
5.1 高校技术创新能力分析 …………………………………………… 94
5.2 高校科技创新能力状况案例分析 ………………………………… 96
5.3 高校技术创新能力的培养机制 …………………………………… 102

第六章 创新系统中的科研院所主体 …………………………………… 110
6.1 复杂适应系统科学理论概述 …………………………………… 110
6.2 技术创新系统分析 ……………………………………………… 117
6.3 以科研院所为主体的技术创新系统性分析 ……………………… 124
6.4 科研院所技术创新系统应对问题的解决方法 …………………… 130

第七章 科技中介在官产学研协同创新中的意义 ……………………… 133
7.1 官产学研协同创新的概述 ……………………………………… 133
7.2 国外科技中介在官产学研协同创新中的表现及借鉴 ………… 135

第三篇 建构篇

第八章 主体间的二维主导互动模型 …………………………………… 141
8.1 政府主体的主导效用及协同模型 ……………………………… 141
8.2 企业主体的主导效用及协同模型 ……………………………… 142
8.3 高校主体的主导效用及协同模型 ……………………………… 144
8.4 科研院所主体的主导效用及协同模型 ………………………… 145
8.5 科技中介主体的主导效用及协同模型 ………………………… 146
8.6 技术创新多元主体的两两互动协同模型 ……………………… 147

第九章 三螺旋场式结构中技术创新主体场式协同 …………………… 149
9.1 三螺旋场式模型的概述 ………………………………………… 149
9.2 建立三螺旋场式模型的影响因素及途径 ……………………… 153

第十章 技术创新系统中的多维主体整体协同模型 …… 156
10.1 技术创新主体复杂性分析与模型建构 …… 156
10.2 基于CAS理论的技术创新系统的聚集及模型重组 …… 163

第四篇 建议与反思篇

第十一章 实际的技术创新形式对策建议 …… 171
11.1 提升企业技术创新能力的对策 …… 171
11.2 提升高校技术创新能力的对策 …… 175
11.3 政府培养提升技术创新能力的对策 …… 178
第十二章 主体协同创新与人类技术命运共同体构建 …… 183
12.1 基于协同学的主体协同创新 …… 183
12.2 主体协同创新助推人类技术命运共同体建设 …… 188

结　　论 …… 195
参考文献 …… 200
后　　记 …… 214

第一篇　理论篇

第一章 技术创新理论

1.1 技术创新的理论内涵

1.1.1 创新和技术创新

创新 innovation：（Longman Dictionary of Contemporary English《朗文当代英语词典》，商务印书馆，2003 and in wikipedia）The introduction of new ideas, methods or inventions etc. 意为：创新表示新的观点、新的方法或新的发明创造的引入。It may refer to incremental and emergent or radical and revolutionary changes in thinking, products, processes, or organizations. 意为：创新亦可指在思想、产品、过程或组织等方面的自然演进式或急剧革命性的变化。

一般地，人们认为"创新"（Innovation）一词源于美籍奥地利经济学家、技术变革经济学的创始人约瑟夫·熊彼特（Joseph Alois Schumpeter），在他所撰写的《经济发展理论》（1912），首次明确提出"创新"的概念，把技术作为生产要素，指出创新是指采用发明手段，并使发明的成果转化为生产力。相关学者进一步把著名的奥裔美籍经济学家熊彼特把技术过程划分为发明（invention）、创新（innovation）、推广（distribution）和选择（selection）的四个步骤作为分析的主线，即发明是一个有关技术产品及其过程的全新的技术观念；创新意味着发明通过把原型发展到新产品，并在市场上销售的进一步的发展；推广就是把新产品提供给用户时发生在市场上的情况；选择是由用户来决定的：如果用户购买新产品，那么发明就"存活"下来，否则，发明就是失败的（H.波塞尔著，孔明安译，2003）。

创新从经济学概念来理解，一般分狭义创新概念和广义创新概念两个层次。狭义层面的创新概念，主要是立足于把技术和经济结合起来，即创新是一个从新思想的产生之后应用到产品设计、试制、生产、营销和开辟市场等一系列行动。

创新广义概念力求将科学、技术、教育等与经济融汇起来，强调一种网络，即创新表现为不同参与者和机构（包括企业、大学、科研院所、政府等）之间交互作用的网络。在这一网络中，任何一个节点都有可能成为创新行为实现的特定空间。这样创新行为，可以表现在或技术、或体制、或知识等不同的侧面。创新的目的是为满足社会需要提供新的产品或者将新的生产工艺应用到生产过程中去，以及在技术上的发明创造和在商业上的实际应用。创新过程的核心是技术创新，而技术创新需要与其他创新方面的互相配合，例如管理创新、组织创新、体制创新等，这样结合在一起才会体现科技创新的特有功效。

从创新的广义概念可以看出，技术创新是多维度的，需要各个方面的努力与有机组合，这也是后面我们定义技术创新主体的一个基点。

技术创新 scientific and technological innovation:（In the OECD 经济合作与发展组织Glossary of Statistical Terms）Scientific and technological innovation may be considered as the transformation of an idea into a new or improved product introduced on the market, into a new or improved operational process used in industry and commerce, or into a new approach to a social service.意为：技术创新可以被看作将一种理念或构思转化为一种可引入市场的新的或改进了的产品；一个可以被用于工业或商业的操作过程；一种创建社会服务性事业的新途径。

技术创新作为一个明确的概念如前面所述最早是由美籍奥地利经济学家约瑟夫·熊彼特在其《经济发展理论》一书中提出的。受整个研究性质的限制，熊彼特始终将技术创新作为一个独立的变量去考察其对经济增长及社会变迁的影响。在对技术创新的研究中，经济学家索罗在熊彼特研究的基础上发表的《在资本化过程中的创新：对熊彼特理论的评论》一文中首次提出了技术创新的思想来源和后续发展的两个条件，被认为是技术创新含义界定的一个里程碑。1962年，伊诺思（J.Lenos）提出技术创新是由发明的选择、资本投入保证、组织建立、制定计划、招用工人和开辟市场等行为综合的结果。美国企业管理学家德鲁克则从管理学角度研究创新，侧重管理创新与组织创新，他把创新作为一种行动，指出这一行动就是"赋予资源以创造财富的新能力"。在德鲁克看来，创新不是体现在技术方面，而是体现管理、市场营销和组织体制等方面的新能力、新行为即属于管理创新、市场创新和组织创新。从历史进化角度来看，科学、技术与经济之间的这种相互依赖，正是美国经济学家诺斯所说的发生于19世纪末的"第二次经济革命"的结果。诺斯认为，在不远的过去发生的技术事件都需要在科学上取得重大突破。尽管实践可以解释产业革命中的技术发展，但只有科学实验才能解释核能和石化工业的发展。所以过去100多年技术的突飞猛进有赖于科学革命，科学与技术的结合造就了第二次经济革命。总的说来，技术的发展经历了如下几个阶段：

第一阶段称为"技术推动论"，强调科技知识作为起点的基础研究对创新的作用；第二阶段称为"需求推动论"，强调需求在促进科技知识产生和创新生成中的作用；第三阶段称为"需求和科技相结合"阶段，强调创新是由于需求拉引和科技推动两者相互作用的结果；第四阶段称为"链环模式"阶段，强调除了科技推动和市场需求之外，其他因素在创新产生过程中的作用；第五阶段称为"国家创新系统"理论，即弗里曼的"国家创新系统"概念。

这五个发展阶段体现了技术创新由线性模式到非线性模式及二者交互发展路径。在线性阶段，知识流模型相当简单，表现是增加对科学的输入，并直接沿此线路导致最终增加创新和技术的数量。但在现实中，创新的思想却有多种来源，它可以出现在研究、开发、市场和扩散的任何阶段中。所以创新是各式各样的行动者和机构之间复杂相互作用的线性与非线性交互作用的结果，因为科技本身的变化并不以完美的线性顺序出现，而是通过系统中种种线性与非线性交织的反馈出现的。

在这样的发展路径下就会出现科学技术创新这样的一个大的概念，科技创新中的"科技"包含了科学和技术的整个范畴，"科技"的概念立足于大的科技观，科技指的就是现代一体化条件下的科学技术。这就说明科技创新是整个科学与技术的创新，这就对技术创新局限于技术范畴上的问题有了突破，也就使技术创新不能解说自身涉及到的知识增长和科学发展的问题得到解决。科技创新不但包含科学创新也包含技术创新：一是科学创新中包含了基础研究以及应用基础研究的创新；二是技术创新包含了应用技术在研究、试验开发以及技术成果商业化的创新。如果从线性的逻辑程序来看，科技创新就是从基础研究到应用研究、试验开发和研究开发成果的商业化的全过程。

有关学者从哲学层面解释了技术创新的概念及问题：技术创新的运动规律即量变质变规律、否定之否定规律、事物发展的阶段性——技术创新的阶段性规律、事物发展的回复性——技术创新的可逆性规律（肖信华，2000）；技术创新是作为创新主体的企业在创新环境条件下通过一定的中介而使创新客体转换形态、实现市场价值的一种实践活动（陈其荣，2000）；在技术创新中大量存在的、迫切需要解决的是经济学和管理学的问题。但是，也包含了靠穷根究底的思考来解决的哲理性问题。列举了八组技术创新的哲理性问题，包括：关于技术创新本质、客体、活动、主体、动机、知识、条件、方法等问题（夏保华、陈昌曙，2001）。

综上所述，这里我们所认为的技术创新有狭义与广义之分。狭义的技术创新是企业家通过对生产要素实行新的组合，或应用新形式的生产技术或者对原有技术作重大改变的行为。它涉及新产品的开发、新生产方法的应用、新的组织或者管理形式实施、新供货渠道与新市场开拓等方面。创新不同于发明，它是由有胆识、有能力的企业家把发明引入经济领域，从而不同程度地影响生产和生活方式。这也是熊彼特理论中"以企业家为主体"的一种创新行为。

广义的技术创新指即除了产品开发和生产工艺外，还包括组织、市场、能源和原材料等。技术创新中的"创新"强度没有限定，无论是根本性的技术变动或是渐进性的技术变动都属于技术创新的范畴。

1.1.2 技术创新的影响因素

技术创新的影响因素多种多样，从熊彼特认为的企业家精神理念，到库克所认可的区域政策支持，再到当下学者们所探讨的市场经济导向等，具有许多不同的被认可的技术创新影响因素，简单分析而言，可以从以下几个方向入手：

资源类型的因素：资源类型的因素是技术创新的物质基础，从这个角度而言，这是影响技术创新的基本因素，也是基础因素，它包括资金（进行技术创新的资金形式投入，用于市场调研、技术研发、先进设备的引进或者产品的促销）、人才（具有创新精神与眼光的企业家、相关技术的研发人员、具有综合素质的生产及销售人员）、技术（企业已经拥有的一定程度的技术积累以及相关的技术研发或引进）、信息（相关的技术信息和最新的市场信息）以及相应的创新机制（包括技术创新的激励机制与风险预防机制等相应机制）。

管理类型的因素：包括技术创新战略的相关管理、相应的组织结构及组织内部的相应管理措施、管理人员的管理策略以及人才管理的方向等。

环境类型的因素：包括政府政策的环境因素、市场竞争与市场需求共同组成的市场环境因素，消费与供给构成的产供销环境因素，多个企业在一定的地区内形成区域型的环境因素、企业–政府–学校组成的系统环境因素等。

区域类型的因素：在一定的区域内技术创新整体性的影响，是整体与部分之间关系产生的影响因素，包括整体与部分，部分与部分之间相互影响的因素，以及部分在整体技术创新中起到的作用等。

1.1.3 技术创新的基本特征

1. 技术创新的风险性

由于在技术、生产、销售等创新活动中存在很多不确定因素，因此科技创新获得成功就具有很大的不稳定性、风险性。一是在技术创新发展的不同阶段，很多企业参与国际化经营竞争时缺乏自主创新研发能力，缺乏持久核心竞争力，因而随时会被淘汰；二是在技术创新过程中由于某种因素的影响和变化，导致资本市场某一类商品或市场整体产生普遍不良影响，从而引起多个市场主体发生连锁反应而陷入经营困境并使投资人利益受到重大损失；三是经济风险在创新过程中不是唯一，其他如自然灾害，比如发生在日本大地震所引发的核泄漏危机事件，再如政治改革等都可以引出很多的风险损失；四是在研发初期，经验的缺失、对成果的预算往往存在预见性不准确而导致技术创新具有很强的风险性。正因如此，即使在发达国家也有80%的创新项目以失败告终，未能付诸于实践。

2. 技术创新的时效性

从时间序列来看，技术创新的最终目的是追求社会经济效益，及时向市场投放最新成果，开展创新应用，这样才会增加创新的绩效，从而促进创新收益的增加。在创新过程中，时间进度处于核心地位，对于每一个新的创新项目都有明确的时间要求，过久的研发不利于及早地上市，从而导致科技创新项目在竞争中被对方超越，丧失其竞争力。

3. 技术创新的原创性

在加快创新项目的进程中，除了拥有相关领域的第一时间信息和经验，并加以预算和实施之外，创新主体还必须依据自身的能力和现有的资源完成创新活动，其中的关键是完全依靠自身力量实现突破的过程，这是技术创新的本质特点。技术创新就是在追求知识的同时有所突破，即技术创新的原创性，这种原创性的优势决定了竞争中项目的可操作性及效益性，这种原创是以知识和能力的支持下的内在性为前提条件，同时也是以独立承担各种项目的投入成本与风险为代价的。事实上，原创性的项目已成为国家科技乃至国际经济竞争的决定性因素，一个民族缺少原始创新，就没有真正意义上的创新产品或创新产业。

4. 技术创新的整合性

技术创新由科技创新、知识创新、制度创新、教育创新等一系列的理念组合而成。它们之间相互作用、相互影响，使技术创新产生经济效益，科技水平也随之日益提高。这里所谓整合，就是把若干部分加在一起成为一个整体，整合的过程本身就是一种创造性的融合过程，即在各个要素的结合过程中注入创造性的思维。某种意义上说，技术创新的真谛就在于整合，如一项新的技术就是把以前未经整理的各类构想和资源，用新的方式，运用其他各个创新因素整合起来，一项技术创新中包含的科技成分越多，其中结合的方式越有突破性，也意味着这项技术的创新含量就越高。

5. 技术创新的时代性

技术创新的时代性对各国的技术创新提出了更高的要求，主要原因是不同国家间的科技水平的差距和对技术创新追求规模的不同。比如欧洲共同体首脑会议的重要议题之一就是探讨技术开发的有关项目，体现在总体政策、资源有效利用、对社会的影响等。可以说，每一项技术创新都代表其创新的时代性。目前各国许多跨国公司为了保证强有力的竞争能力，努力在世界范围内调配和研发资源，并以世界为市场，紧跟时代的发展速度，不断推出创新。

6. 技术创新的高端性

前沿科技是创新竞争的主要焦点，对于高端性可以从不同的角度理解。"高"在一个层面是指在某类产业的产品和服务中，知识或者技术所占的比重超过一定标准或比例时就可以称之为高技术产品，高技术企业或产业。另一个层面是面对21世纪的高端科技、高智商人群、高投资、高收益等种种因素促成的科技创新。也就是说高端性技术创新是建立在最新的科学技术研究基础上，因而处于当代科学和技术发展前沿，具有重大的战略意义。

1.2 创新系统的发展理论

1.2.1 国家创新体系

关于科技创新的研究主要是从国家创新体系的研究开始的。国家创新体系的相关理论可追溯到德国经济学家弗里德里希·李斯特（Freidrich Liszt）和前面提到的美籍奥地利经济学家约瑟夫·熊彼特（Joseph Alois Schumpeter）。

作为古典历史学派经济学家，弗里德里希·李斯特站在国家的高度，来研究后进国家的经济发展问题，尤其是后进国家在激烈的国际竞争中所应该采取的经济政治对策等，对后来的科技创新研究有着重要的启发意义。事实上，国家创新体系的首倡者英国的克里斯托夫·弗里曼也正是从李斯特那里受到启发把国家创新体系研究作为起点的。李斯特对于国家创新体系研究的贡献主要有如下几个方面。

作为古典历史学派经济学家，李斯特率先提出"国家体系"的概念。而这一"国家体系"概念是弗里曼的"国家创新体系"概念的基石。李斯特的"国家体系"含有两层意思：一是指联盟，即民族国家在分工协作的基础上形成的一种国家联盟，如英国与其海外新移民地区所组成的以英国为首的联盟；二是指国家的整体战略，即国家作为一个整体在国际经济竞争中的谋略之道，具体地说就是后进国家应该采取怎样的经济发展战略以赶上先进国家。

李斯特对于国家创新体系的突出贡献，在于指出并且深入地分析了国家专有因素（national specific factors），尤其是这一国家专有因素对于一个国家经济发展与选择的重要影响。与亚当·斯密所强调经济原理的普遍性思想相反，李斯特强调国家专有因素的独特性，这种国家专有因素的独特性是指不同国家的历史、文化、地理、自然资源以及国际地位等，这些对于一国经济发展战略选择有着决定性影响。所以，李斯特认为经济学原理的应用是有条件的、具体的，各国应该按本国具体国情的不同而有所区别。

面对先进国家的技术限制与封锁，李斯特提出了后进国家所应该采取的科学技术战略，尤其强调了本国内生科学技术能力的重要性，而李斯特也意识到科学技术领先国家并不能完全防止科学技术知识的国际转移和扩散，尽管这种"转移"较之商品的贸易更为困难。即使科学技术先进的国家愿意与后进国家分享科学技术知识，后进国家仍需要付出巨大的努力，来模仿这些新的科学技术，同时培养本国内生的科学技术能力。他认为，"在工业国家，要获得财富和地位，最便捷的一条却莫过于发明和发现。因此在工业国家受到重视、获得厚酬的，首先是天才，其次是技巧，再次是体力。"对于内生科学技术能力的培养，他提出要培养劳动力；创造一种基础设施网络以分配技术知识，就国家保障体系来讲，他提倡在国与国、区域与区域之间建立经济联盟，并强调要以国家的制度体系来加强这种同盟，即他所说的关税同盟的有效性，强调要以提高科学技术技能来应对国际竞争。

1912年，美籍奥地利经济学家约瑟夫·熊彼特系统研究了企业创新理论，他认为，创新是实现生产要素的一种前所未有的新组合。熊彼特的创新包含的核心要素是：新产品的开发；新技术的引用；新市场的开辟；原材料的供应来源；新工业组织的出现。在熊彼特看来，创新是一个社会过程，不仅仅是一种技术的或者经济的现象，经济发展还是一个以创新为核心的演进过程。之后，熊彼特在其《资本主义、社会主义与民主》一书中又分析了大企业在技术创新过程中的作用，确认了"创造性破坏（creative destruction）"这样一个资本主义条件创新与经济增长的新机制，从而进一步确立了他的大企业创新模型。在熊彼特看来，经济的变化归因于创新活动。

20世纪50年代中期以后，关于创新的研究基本上是围绕着两个方向推进的。其一是新古典经济学家为将技术进步纳入到经济学的理论框架中所进行的研究，其成就即是新经济增长理论。新经济增长理论的代表人物是美国的罗默（Paul Romer）和卢卡斯（Robert Lucas）。新经济增长理论的重要内容之一是把新古典增长模型中的"劳动力"的定义扩大为人力资本投资，这里人力不仅包括劳动力数量而且还包括劳动力的教育水平、生产技能训练和相互协作能力的培养等，称为"人力资本"。之后，罗默1990年又提出了技术进步内生增长模型。他第一次在理论上提出了技术进步内生增长模型，把经济增长建立在内生技术进步上；其二是侧重研究科技进步与经济结合的方式、途径、机制以及影响因素等。代表人物美国经济学家J.施穆克勒提出了"需求引致创新"理论，施穆克勒认为专利活动或者说发明活动，是追求利润的经济活动，是受市场需求引导，因此，市场需求牵动了科技创新行为。N.罗森伯格更进一步强调创新和市场需求的互动在科学技术发展中的重要作用。他依照所涉及的科技创新动力机制把科技创新模式分为一元动力模式、二元动力模式、多元动力模式、跃迁动力模式和集成动力模式这五类不同的动力模式。

美国经济学家索罗则提出经济增长源于两方面的原因：一是生产要素即劳动和资本投入的增加；二是生产力的提高即科技的进步。美国曼斯菲尔德

（E.Mansfield）的研究对象主要侧重于产品创新，他对科技创新的定义直接限定在产品创新上，曼斯菲尔德认为，产品创新是从企业对新产品的构思开始，之后是以新产品的销售和交货为终结的探索性活动。

上述在熊彼特之后研究的共同特点是注重科技创新过程的研究，包括科技轨道与科技范式、科技创新集群、科技创新的扩散等。在长期的相关研究中，这些学者在熊彼特理论的基础上提出了许多著名的科技创新模型，如企业家创新模型、创新周期模型、线性模型等。总体来看，这些研究都强调创新活动作为一个复杂的相互作用过程的共性，但却忽略了李斯特上述国家专有因素的特殊作用。正是在这样一种背景之下，以英国的克里斯托夫·弗里曼、美国的理查德·纳尔逊、丹麦的本特阿克·伦德瓦尔为代表的一些新熊彼特主义科技创新经济学家开始强调李斯特的传统，重视科技创新的国家专有因素、具体的社会制度与文化传统，将李斯特传统与熊彼特传统有机地结合了起来。

1987年，弗里曼（C.Freeman）研究发现，二战后，日本通过科技创新、组织创新和制度创新，仅用几十年的时间就改变了科技落后的状况，使国家的经济发展出现了强劲的势头，成为世界工业大国。对此，弗里曼在《技术政策和经济绩效：日本国家创新体系的经验》一文中进行了总结，首次提出国家创新体系（National Innovation System，NIS）这一概念。弗里曼把NIS定义为"一种公共和私营部门机构的网状结构，这些公共和私营部门的行为和相互作用创造、引入、改进和扩散新技术。"1992年，他又进一步把国家创新系统分为广义和狭义两种：广义的国家创新系统包括国民经济所涉及的引入和扩散新产品过程和系统的机构；狭义的国家创新系统涵盖了与科技活动直接相关的机构，包括产业研究开发实验室、大学实验室、质量控制和检验、国家标准机构、国立研究机构和图书馆、科技协会和出版网络以及支撑上述机构的由教育系统和科技培训系统提供的高素质人才。这里弗里曼进一步明确强调他的思想，认为科技领先国家的追赶、跨越，主要有三个层面的核心要素：一是科技创新；二是制度与组织的创新；三是政府的支撑。日本的发展正是在这三个层面的因素综合作用的结果。因此，政府的干预、企业的研究开发、教育和培训、独特的产业结构等构成了日本的创新体系。值得指出的是，日本的各个层面的培训、教育、强调工程教育，终身教育，这也是日本崛起的一个主要原因，是值得各国学习借鉴的。

丹麦经济学家本特阿克·伦德瓦尔，在研究国家创新体系的构成时，基于微观层面分析创新过程，区别了狭义的国家创新体系与广义的国家创新体系，伦德瓦尔认为，国家创新体系是由一些要素及其相互联系作用构成的复合体，这些要素在生产、扩散和使用新的、经济上有用的知识的过程中相互作用，形成一个网络系统，并指出大学是国家创新体系的一个子系统，是重要的教育部门和研究机构。而国内学者黄鲁成指出，复合技术创新主体是由企业、科研机构、高校、中介机构和政府有关部门构成。

美国的道格拉斯·诺斯（Douglass C.North）提出了制度创新理论，认为创新的预期净收益会大于预期的成本，制度有时会成为科技创新的障碍，所以首先要从制度创新开始，对经济增长而言起决定作用的就是制度创新。这里制度创新只有通过人主动地变革现存制度中的阻碍因素，才可能使创新者获得预期的收益。诺斯提出促进制度创新的三种因素：市场规模的变化；生产技术的发展；以及因前两个因素引起的一定社会集团或个人对自己收入的预期的变化。进一步来讲，市场规模的变动与生产技术的发展会改变特定制度的收益和成本。就是说，市场的拓宽和交易量的变化，会使得经营管理方面的成本递减。科技发展在提供一系列新的创新机会的同时，又使得复杂的和更为合理的制度变得更加有利可图。这种情况下，就会使一些人或集团产生对制度创新的需求，以获得潜在利益。当然，也存在阻止制度创新的因素，表现在制度方面的新旧安排所需要的时间；制度上新的发明是一个缓慢的过程，需要一定的时间来等待这种发明；现存法律限定的活动范围等。此外，美国T.W.舒尔茨，V.W.拉坦等人也对制度创新理论作出了贡献。他们基本上是沿着诺斯的思路，以诺斯的方法对制度创新进行了较为深入的研究。

国家创新体系的另一个学说是美国迈克尔·波特（Michael E.Porter）1990年提出的国家竞争力钻石理论。波特将国家创新系统的宏观运行绩效和微观机制联系起来，研究国家间的相互关系对国家创新系统的影响。波特的理论一方面从国际的水平高度研究指出，国际竞争环境促使一个国家以创新来提升产业竞争力；另一方面，波特指出企业本身的实力、充足而熟练的劳动力、需求良好的国内市场、国家对优势产业的支持等构成提升国家竞争力并形成优势的重要因素。

1996年，经济合作与发展组织（Organization for Eeonomic Cooperation and Development，简称OECD）在《以知识为基础的经济》的报告中给出了"国家创新系统"的定义，即"政府、企业、大学、研究院所、中介机构等为了一系列共同的社会和经济目标，通过建设性地相互作用而构成的机构网络，其主要活动是启发、引进、改造与传播新科技，创新是这个系统变化和发展的根本动力"。

欧盟（EU）根据里斯本策略（Lisbon Strategy）发展而来的综合性创新评价指标体系，即欧洲创新记分牌（EIS）和全球创新记分牌（GIS）对国家创新能力的测度进行了界定：具体包括知识创造能力，用以衡量反映知识经济成功的关键因素——研发（简称R&D）活动的投入情况、公共R&D投入强度等五个指标组成；创新驱动力，用以衡量创新所需的基本资源和环境、由适量人口中理工科毕业生所占比重等指标组成；企业创新能力，用以衡量创新主体——企业的创新活动开展情况、由进行创新活动的中小企业所占比重等指标组成；创新绩效，用以衡量国家的创新能力、由高科技产品出口所占份额等指标组成；知识产权，用以衡量对知识产权的保护情况、由欧洲每百万人专利申请量等指标组成。

国内关于国家创新系统的理论，相关学者们提出了种种概况，具有代表性的研究成果的专家学者有曾国屏、李正风、冯之浚、柳卸林等。如国家与创新行为之间的关系是国家创新体系的基本内涵。其中有两方面基本内容。其一，国家范围的创新体系对于提高国家竞争力具有关键性作用。其二，创新能力可以通过国家行为来加以调控和建设（曾国平等，1998）；国家创新体系在本质上是一种知识创新的体制，所以，构建国家创新体系也就是实现知识创新的体制化（傅利平，2002）等相关研究成果。还有学者从创新系统的定义、分析模型、研究特点、政策研究以及存在的问题几个方面，对现有国家创新系统研究进行评述（刘立，2011）。而我国《国家中长期科学和技术发展规划纲要（2006—2020年）》中指出："国家创新体系是以政府为主导、充分发挥市场配置资源的基础性作用、各类科技创新主体紧密联系和有效互动的社会系统"。

1.2.2　区域创新体系

区域创新体系（Regional Innovation System）是作为国家创新体系的延伸发展和重要组成部分。自国家创新体系的概念提出后，区域创新体系也被提了出来，并迅速得到学术界的重视和研究。英国卡迪夫大学（Cardiff University）的库克较早地进行对区域创新体系的研究。库克指出区域创新体系理论强调组成区域创新系统是各个主体、部门、大学、研究所、教育与金融部门及企业自身的自我学习，不断完善变化的过程，并且通过这些主体、部门等相互联系组成了一个区域创新体系。区域创新体系研究的另一个思想来源是英国的马歇尔的产业集聚效应，引起了后来学者的注意，即产业在一个区域内的密集可形成集聚效应。波特在20世纪90年代正式提出的Cluster即集群的概念、理论，是区域创新体系研究的一个新发展。魏格进一步发展了这一思想，认为广义的区域创新系统应包括：创新产品生产供应的生产企业群；创新人才培养的教育部门；创新知识与技术生产的研究机构；创新活动进行政策法规约束与支持的政府机构及金融商业等创新服务机构。

关于区域创新主要组成单元，自弗里曼对国家创新系统组成单元进行首次研究后，波特、伦德瓦尔等也进一步做了探讨，明确了企业、大学、科研机构、教育部门和政府部门是创新系统的主要构成部分。除此，OECD认为其还应包括中介机构。其中就区域创新系统组织关联形式方面，伦德瓦尔提出"学习"是单元间的主要关联形式；帕威特以"激励"作为其主要关联形式；OECD则强调"知识流动"是主要的关联形式。

对于创新环境研究是20世纪90年代国际学术界创新研究的重要领域，其研究内容主要有：关于区域创新环境的动态过程，主要研究的是创新环境的过程演化规律、发展道路或轨迹等；关于不同层次区域创新环境研究大多侧重于区域内企业或企业集群创新相关联的区域直接社会环境的研究，对于区域范围之外的区域创新背景的研究较少；关于创新环境与区域内企业与地方环境的相互作用问题的研究，也是区域创新环境研究的核心内容；关于区域整体创新环境优化的研究，是从地区政府的角度，分析如何优化其所辖范围内的地域生产系统的整体环境，以提高区域经济科技的整体竞争力；另外，有关学者还提出了产业集聚可以从纯经济学的角度、从社会学的角度和从创新学的角度提升区域竞争力（王缉慈等，2001）；还有学者利用生态学和生态系统理论探究和分析区域创新系统，建设并提高区域创新生态系统建设水平，实现创新驱动发展战略（邹晓东等，2016）。

关于区域创新系统主要理论，除了上述源于国家创新系统理论的思想外，还有增长极理论、进化经济学理论、新区域科学、新产业区理论、区域创新系统协同理论等，这些理论在第四章内容里逐一介绍。

1.2.3 企业技术创新

熊彼特在《经济发展理论》中提出了"创造性破坏"即"创新"的过程，在这个基础上，给出了技术创新的五个基本形式，即新的产品、新的生产过程、新的原材料、新市场、新组织形式，这为创新定义了基本的概念，同时，定义了一个社会行为被称为企业技术创新的核心要素。然而，认为创新是经济发展的核心要素，也是实现生产要素的一种没有先例的新组合。在熊彼特看来，创新是一种"创造性破坏"的过程，而企业家的职能就是实现"创新"，就是引进"新的组合"。而新的组合包括五种情况被并称为技术创新的五个核心要素，按照熊彼特的看法，"创新"是一个"内在的因素"，"经济发展"也是"来自内部自身创造性的关于经济生活的一种变动"，更是企业家的创新，以"实现企业新的组合"。

有关企业技术创新能力相关理论，彭罗斯（Reger Penrose，1959）较早地提出企业科技创新能力的概念，把企业科技创新能力定义为"企业优化配置和使用资源以获取经济租金的能力"；之后，多西等人（Giovanni Dosi，1992）提出创新是企业竞争能力的基础；巴顿（Leonard Barton，1992）认为创新能力是为企业带来竞争优势的知识体系，包括知识库、科技与管理系统、规范与价值观系统，强调科技创新能力的核心就是掌握专业知识的人、科技与管理系统及创新主体的价值观；库姆斯（Mc Coombs，1993）认为创新能力是企业各种能力的组合；普拉哈拉德和哈默尔（Prahalad and Hamel，

1990）认为创新能力是企业通过投资和学习行为过程中累积起来的企业专长；伯格曼（Robert A. Burgelman）等从战略管理出发，把创新能力定义为一个组织激励与支持其科技创新战略的特性集合。对企业科技创新能力的概念，还有另一代表性的观点是怀特（White）提出的；怀特基于战略管理对企业科技创新能力的构成进行了分解，体现了组织支持企业科技创新战略的一系列综合特征；弗里曼提出了企业科技创新成功的基本条件；罗森威尔（Rothwell）把企业科技创新成功的因素分为公司层次因素和项目执行因素两个方面。英国经济学家兰格力士调查了20世纪60年代英国的企业创新，总结了这些企业成功的经验，指出有六个因素对创新成功起着关键作用；兰格力士把创新当作综合的系统创新，不但受到系统规划、自组织机制的影响，还受到个体劳动、政治、经济和社会的影响。

还有些学者对科技创新能力中科技创新的决定因素进行了研究。认为科技创新仅仅是企业创新过程中的比较重要的环节，而企业科技创新能力涵盖着整个企业创新过程的各个环节，是一个复杂的系统。劳里斯和费舍尔认为，科技创新能力包括学习能力；研发（R&D）能力；资源配置能力；制造能力；组织能力；市场化能力和战略规划能力。克里斯特森将科技创新能力分解为科学研究生产；工艺创新生产；产品创新资产和美学设计资产。

对于企业技术创新能力的相关理论，国内外众多学者做了大量的研究，但大多数的研究是从企业技术创新能力的要素角度，通过定量指标、统计数据或者财务数据对企业科技创新能力进行评价。而对企业的技术创新能力的理解、定位，尤其是培养和提升的相关研究不多，以上内容有关企业技术创新能力等方面将会在第三章内容里进行详细探讨。

第二章 技术创新主体理论

2.1 技术创新主体内涵

2.1.1 主体的概念

关于主体、主体特征的问题，是德国古典哲学研究中力求解决的主要问题。以主体为主轴来研究主、客体的关系，将主体作为近代哲学的核心凸显出来，是从康德开始的。康德的主体认识论是哲学研究的新突破，它把哲学提高到了一个新的阶段，这一认识论实际上就是以哲学发展的视角从关注思维与存在的关系到关注主体与客体的关系的转向。康德强调的是人的认知能力，认为人的认知活动，就是用先天的认识能力，去整理后天的感觉经验，形成先天综合判断，从而使得零散的、偶然的感觉经验变成具有普遍性和必然性的科学知识。对主体——人的正确把握是马克思，马克思在主体与客体关系的问题上，不仅唯物地解决了哲学的第一个方面的问题，即解释世界的本原问题，而且其独特的创造性贡献还在于科学地解决了主体与客体的关系的这一哲学基本问题第二个方面的问题。马克思指出："从前的一切唯物主义，包括费尔巴哈的唯物主义的主要缺点是，对事物、现实、感性只是从客体的或者直观的形式去理解，而不是把它们当作人的感性活动，当作实践去理解。"[1]马克思主义哲学的本质是强调实践，他是第一次把实践放在哲学的首位，认为"自然向人生成"的契机或"自然的人化"，就在于实践即人的创造性的活动。也正是在这一意义上，马克思主义哲学又被称为"实践唯物

---

[1] 马克思.关于费尔巴哈的提纲[M].北京：人民出版社，1995.

主义"。可以说，在哲学发展的道路上，马克思主义的哲学的实践性，超越了近代哲学，进入到现代哲学的崭新领域，并且使得研究主体及主体与客体的关系成为现代哲学的主要问题。

所以，基于上述的哲学的实践性来讲，主体就是能动地、从事着社会实践的个人、集团、整个人类。这里实践性是作为主体人的首要的基本的核心特征。而作为主体的人对实践的把握，又取决于人的主观能动性，这种主体"懂得按照任何一个种的尺度进行生产，并且懂得怎样处处都把内在的尺度运用到对象上去"。①

无论是科技创新还是经济管理都是主体认识活动的一个组成部分，但它又不仅仅局限于对出现问题、手段和客体进行的简单记录，它还应当包括基于主体立场的"主观现实"。并且对事件做出的相应的反映也取决于主体对所发生的事件的理解与表述，例如对于"A—B"的表达，在我们对它进行诠释之前它什么也不能说明。这个表达式中的三个符号可以根据主体的理解做出各种不同的解释。所以，赋予某一客体或某一过程的含义，就带有强烈的主观性，主体的内心世界构成了理解的基础。

所以我们说，人是社会历史中实践着的主体，人具有作为主体的一切属性，突出体现在主观能动性，这是我们探讨主体的核心。当然这一主体性是在社会实践中获得的，而且也不是一成不变的，是变化发展着的，人在改变自然的过程中也改变了自身，并将外在于人的客观规律转化为人的经验技能、科学知识和理论。人在实践中逐渐把自己从自然界中提升出来，获得对自然界的主体地位即在实践中不断超越自己，这种超越体现在以下几个方面：

1. 主体的自我认识

人是对象性的存在物，人的本质是在人用他作为主体自身所创造出的对象物来表达自己。机器是人的活动的物化，是人的思想物化于这种自然的材料中。电脑的发明也是人脑的思维属性得到了物化的表征，反过来，人类可以通过电脑直观人类的思维，电脑的发展使人的思想力得到充分的体现。因此，马

---

① 马克思. 关于费尔巴哈的提纲[M]. 北京：人民出版社，1995.

克思说："人不仅像在意识中那样理智地复现自己，而且能动地、现实地复现自己，从而在他创造的世界中直观自身。"人类制造的各种机器尤其是模拟人脑的实践，正是人类在自己创造的对象中，达到了主体的自我认识。

2. 主体的自我变革

电脑的思维模拟过程，实质上就是人类探索人脑的过程，通过这个过程，人类把自我的人脑纳入了实践的对象之中。正如我们常说，人脑是个加工厂，以往这个加工厂常常是加工它本身之外的客观事物，从客观对象中寻找原材料。而现在，这个加工厂正越来越多地加工自己，即加工人自己的大脑，所以说，电脑就是人脑使自己对象化的产物。G.克劳斯说过："沿用黑格尔的语言说，随着每一部机器的设计，人的精神（当然不是绝对精神）都把自己的一小部分外化为（技术的）自然。电子计算机把人的整个精神结构外化为自然，同时也使人的精神能用自己的这种外化的技术行为方式来研究其自身"。[1]实践越是发展，就越要求主体善于探索和变革自己。人类变革自己大脑的实践，既是人类实践的深度和广度的表征，也是主体自我变革在实践中不断加强的标志。

3. 主体的自我提高

马克思指出："生产不仅为主体生产对象，而且也为对象生产主体"。[2]正是在人脑与电脑交互作用中，作为主体人的大脑不断地进化，人的思维能力不断加强，主体控制、改造客体的能力也在不断发展。

所以，主体的自我认识、主体的自我变革、主体的自我提高，是过去，更是科技飞速发展的现在与将来主体在实践中不断超越自己的特征。

2.1.2 技术创新主体

科学技术的每一步进化都推动着人类的进化，很大程度上说，人类的进化实质上也是科学技术的进化。而科学技术的每一次飞跃必然促成人的主体水平的提升，科技与人二者之间始终处于共生共荣的态势。从这个意义上讲，又可以说人的进化其实质就是科学技术的进化，人的主体身份其实就是

---

[1] 克劳斯著.梁存诱译.从哲学看控制论[M].北京：中国社会科学出版社，1981.
[2] 马克思恩格斯选集[M].第2卷.北京：人民出版社，1995.

科学技术的本质构成。从这一层面来讲，技术创新主体可以概括为从事科技创新、创造实践活动的人，包括以人为主体的组织、集团等。

有相关学者从哲学的角度把握了技术创新的本质，认为技术创新是主体参与的特殊的社会实践活动过程；技术创新是创新主体的创新认知与创新实践相互作用的动态过程；技术创新是创新主体的对象化活动过程。技术创新活动作为人的活动的一种形式，其主体首先须具备一般人的活动主体的基本属性。作为人的活动的一种高级形式，技术创新活动主体又有着创新活动主体所具有的特质，这一特质可以从下述几个方面把握：

1. 技术创新主体必须具有主观能动性，即具有自主性与创造性

这是技术创新主体的根本特征。也就是说技术创新主体作为特殊的认识主体，在具有一定的知识、技术与管理经验的同时，还要有强烈的目的指向性和优秀的创造力。科技创新的过程实质上就是技术创新主体凭借自己的能力，借助外界的物质条件和环境支持逐步把目标加以实现的过程。

2. 技术创新主体必须参与到指定的科技创新活动之中

按着唯物史观主体的实践性观点，技术创新主体一方面要具有能动性，另一方面必须把自身的目的在具体的技术创新活动过程中加以实现。技术创新主体的这一目的带有一定的主观性，需要通过一系列的技术创新活动的知识与资源上的重组才能实现，而且，技术创新活动成果展现是否满足社会的需求，还要接受实践的检验。只有那些真正满足市场与社会的需要，同时又与技术创新主体的内在价值相符合，这样的技术创新过程与成果才是真正意义上成功的技术创新。

3. 技术创新主体必须具有产生新成果的功能

虽然技术创新主体有了目的、计划，也有了实在的活动，但是如果没有产生出新的成果，那么这样的活动是失败的，整个活动过程就不能称作真正意义上的技术创新。

2.1.3 技术创新主体的分类

正如前面所述，从实践的角度，主体是指具有能动的、目的的进行社会实践活动的人，是与整个人类社会实践活动相联系的主体。因此，这样的主

体是一个复杂的系统,具有多层次、多属性、多功能等特点。尽管如此,人在技术创新活动的过程中主要采取两种方式,个体形式独立方式以及群体的协作形式,所以就有必要从个体和群体两个方面来进行技术创新主体的研究。

1. 技术创新个体主体

独立的从事技术创新活动的单个的人就是个体技术创新主体,进行技术创新活动的单个的人或有意识或无意识。科学家的技术创新活动分为两种,一种是科学家为某一课题,有目的的专门进行技术创新活动时就是有意识的创新,另一种是科学家在专门研究以外,意外做出技术创新则是无意识的。无意识的技术创新是一种改变现状的自发行为,创新者不一定意识到创新活动的性质,他不是为了某种技术创新而采取某些活动的。因此,自觉技术创新主体是指有目的、有意识的进行技术创新的个体主体。自发创新主体是指无意识进行技术创新活动的主体。自发技术创新主体在科技活动中有偶然性存在,所以很难发现自发技术主体在技术创新活动中的规律以及特点。而个体创新主体都被归于自觉技术创新活动主体一类,因为人的意识具有创造性,只要是一个正常的人就具有创造性。因为正常人具有技术创新能力的潜在特质,也就能进行技术创新活动。

2. 技术创新群体主体

多个个体主体按照一定的范式组织起来就是群体技术创新主体,并围绕着特定的目标进行技术创新活动。可以根据不同的需要对群体进行命名,如团体、协会、组织、学校或企业等。虚设群体和真实群体是根据技术创新群体是否实际存在而分的,无论称谓如何,技术创新主体的群体都必须具有技术创新功能,并进行技术创新活动。群体技术创新主体在具有一般群体基本特征和功能的同时,还需要有明确的群体技术创新目标,并具备技术创新的功能,从而进行技术创新活动。

3. 技术创新个体主体与技术创新群体主体的关系

技术创新个体主体与技术创新群体主体有两种关系:一是技术创新群体主体与群体职位的技术创新个体主体之间的关系,在这种关系中,技术创新个体主体与技术创新群体主体处于一种相对独立的位置,他们之间具有平行关系；二是作为群体要素、成分并在群体之内的个体创新主体与技术创新群体主体的关系。在这种关系中个体创新主体隶属于技术创新群体主体，是整体和部分的关系，技术创新个体主体作为技术创新群体主体的组成部分对技术创新群体主体的活动产生影响，技术创新群体主体也对技术创新个体主体有影响作用。本文讨论的是技术创新个体主体与技术创新群体主体的后一种关系。

4. 群体主体或者组织主体之间的协同关系

依据协同论的观点，协同论系统的群体或者组织的关系可以区分的不同群体或者组织之间是相互联系的。往往可以看到这样的情况，群体或者组织之间的相互影响和相互制约，不仅仅会发生在相邻的群体或者组织之间，同时不相连的群体或者组织之间也可能发生相互的联系和作用，甚至是产生多个群体或者组织之间的竞争协同。系统中出现了的众多要素，多个不同的部分，多个组织的相干行为，使得涨落得以响应、得以放大，造成整个系统发生相变并进入新的状态。

2.2 技术创新主体能力内涵

2.2.1 技术创新主体能力分析

这一节的分析，主要考虑到上述作为区域技术创新主体的企业、政府、高校及科研院所等是以群体和组织等形式来进行技术创新活动的。而构成这些群体组织的主体，又是由个体组成的，个体科技意识与创新能力一定程度上决定了群体组织的创新能力，就是说不管是科技创新、制度创新、教育创新还是其他各种创新，这些都是人的创造性活动，各种科技创新成果也只不过是人的创造性活动的产物，活动的主体都只能是人。因此，对科技创新主体能力的分析与研究是必要的。

从上述的技术创新个体主体与技术创新群体主体的关系可以看出，技术创新个体主体作为技术创新群体主体的基本构成要素，他们的活动都对作为整体的技术创新群体主体产生重要的影响，所以技术创新主体能力培养是不容忽视的。这里我们先看一下两个概念：

能力 ability（A New English-Chinese Dictionary《英华大词典》，商务印书馆，1985）意为本领、技能、才干、智能等。

培养 cultivate（Longman Dictionary of Contemporary English《朗文当代英语词典》，商务印书馆，2003）意为：①to prepapre and use land for growing crops and plants，利用土地培养庄稼；②to develop a particular skill or quality，去发展特殊的技能或品质。培养（《现代汉语词典》商务印书馆，2005）意为：①以适宜的条件使繁殖；②按照一定目的长期教育和训练，使成长。

从这两个概念可以看出，能力是个人的特质，这种特质不是作为主体人所固有的，而是需要后天的培养，即通过培养达到作为技术创新主体所需要的才干、智能等技术创新能力。

从技术创新个体主体的特点来看具有如下一些特征：丰富的想象力、敏锐的直觉、善于观察、对智力活动与游戏有广泛兴趣；强烈的好奇心，对事物的运动机理有深究的动机；意志品质出众，能排除外界干扰，可以长时间地专注于某个感兴趣的问题之中；有较强的效率意识；充分自信，同时又重视人的尊严；知识积累丰富；能坚持独立思考，不盲目地接受别人的意见，勇于探索未知领域；敢于冲破习惯、传统的束缚；批判质疑的科学精神等。

从技术创新群体主体的特点来看，其突出的特点是协同性、协调性，表现在：一是组织或群体内的协同协调性，群体或整体组织是由个体或者说部分组成的，构成群体或整体组织中的个体、部分之间，要有协调性合作的能力，即群体中各个个体能够相互协调、团结合作，作为科技创新群体，尤其强调其成员之间的团结和合作，通过群体成员之间进行优势互补，从而使群体的整体功能得到放大；二是多个组织或群体之间的协同协调性即技术创新主体之间的协同协调，技术创新主体之间存在相互影响和协同的关系。从整体上看，技术创新主体在市场需求和社会需求的拉动下相互协同作用、整合而成的一种合力。

本文的一个理论依据，就是基于这样的系统协同论思想，阐释群体主体或组织主体内部及群体主体或者组织主体之间的协同效应，以期能达到 1+1>2 的效果。

技术创新主体能力的培养是一个复杂而宏大的工程，涉及到家庭、学校、社会等多个重要环节，在技术创新主体能力培养中以下两点是必须重视培养的：一是技术创新的认知能力，企业从事创新活动的技术主体，如企业家、研发人员、管理人员、生产人员、市场营销人员等都应当学习和掌握技术创新的各种相关知识，如决策、管理、预测、分析等，只有掌握这些理论知识才能为技术创新活动做铺垫，才可能促使其发挥主观能动性；二是技术创新的实践能力，尤其是企业的技术创新更加注重实践行动，无论是科技成果转化还是产品上市或者营销渠道的开拓等，都最终要以市场的实践为检验标准。因此，企业的技术创新主体只有更加注重实际行动，抓住技术创新机会，有效进行技术创新R&D、生产制造、市场开发等具体技术创新决策方案的实施工作。

值得强调的是，无论是企业、政府，还是高校作为区域技术创新群体主体，每一主体技术创新能力的核心都在于技术创新的人才，主要是指构成主体人的专业知识水平、知识结构、研发经历、研发经验、创新精神等因素。其中专业知识水平是作为技术创新者的最基本的条件；而知识结构是技术创新者所具备相互配合所需要的专业知识；研发经历是技术创新者从事某一领域科技攻关研究和开发的时间和空间；研发经验是技术创新者从事某一领域科技攻关研究和开发的成功经验和成果；创新精神是技术创新者具备的科技创造力、创作灵感、奉献精神等思想境界。这几个方面相互影响并构成技术创新主体能力的基本素养。

2.2.2 技术创新主体能力构成

区域创新体系（Regional Innovation System）的组成如前面所述无论是库克、魏格还是国内学者冯之浚等人共识的认识是区域创新系统包括：创新产品生产供应的企业群；创新人才培养的教育部门；创新知识与技术生产的研究部门；对创新活动进行金融、政策法规约束与支持的政府部门等。关于区域创新体系技术创新主体定位主要有：一是认为技术创新的主体就是创新活动的参与者与实施者，这些参与者与实施者是指个人和群体、研究与开发机构和企业、企业集团等，都可以称为技术创新的主体；二是认为政府机构、科研机构、高等学校、企业以及金融界等共同组成综合主体；三是认为只有企业才是科学技术创新的主体，因为企业技术是全部科学技术创新问题的归宿点；四是认为科学研究和技术开发力量主要集中在独立的研究院所和大专院校，因此，研究院所和大专院校在科技创新中扮演着特殊的、不可替代的主体角色。

综合上述思想，本文基于区域创新体系理论，提出区域创新体系是以政府为主导、以企业为核心、以大学和科研机构为重要参与者，以中介机构为纽带组成一定区域内这些创新过程的相关部门和机构之间相互作用而形成的创新网络系统，所有区域创新体系的参与者构成区域创新主体，这是本文研究的主要内容。所以，本文研究技术创新的主体，不仅指从事创新活动的人，更是强调在创新活动中占主要地位的政府、企业、高校和科研机构，以政府、企业、高校及科研机构作为技术创新主体，构成协同的利益共同体。

按照前面的论述，技术创新能力针对主体而言主要是指政府、企业、高校、科研院所、中介机构或自然人等，利用所掌握的各种科技创新资源，通过各种科技创新活动，将新的科学和技术资源有效地、创造性地转变为科研成果的综合实力。具体体现在：

1. 政府技术创新能力

政府的技术创新能力是指政府通过宏观指导，发挥组织、协调、服务以及控制管理等职能，同时通过自身管理体制创新、制定相关的科技创新政策、宏观调控和优化配置科技创新资源，使科技创新与发展成为本地区社会经济发展有利支撑的综合能力。

2. 企业技术创新能力

企业作为创新主体，它的技术创新能力是指企业合理有效地利用技术创新资源，并将现有的技术创新资源有效地、创造性地转变为技术成果的能力。相关企业技术创新能力的内涵与特征等会在后面的章节中详细论述。

3. 高校技术创新能力

高校是科技创新源头，高校作为技术创新主体具有教育和科研的双重职能。高校技术创新能力是指高校创造新知识和新技术，将新知识和新技术转化为新产品，培养和输出技术创新人才，推动区域科技、经济和社会发展的能力。

4. 科研院所技术创新能力

一般认为，科研机构作为技术创新主体，其创新能力的共性核心要素包括创新资源投入能力、技术创新管理能力、技术创新倾向、技术研究开发能力和技术创新产出能力这五个要素。公益类科研机构和行业类技术中心还应包括技术扩散能力，转制类科技机构则应包括生产开发（制造）能力和市场开发（营销）能力。

在科技体制改革的大背景下，科研院所的技术创新能力需要纳入到区域经济体系中进行研究。对于公益类科研院所和产业、行业（集群）技术中心，是为区域的科技发展和行业整体创新提供科技支撑和科技服务的，应包括知识创新、科技创新和科技扩散以及与这些活动相关的政策安排。在我国转制后的科研院所成为科技型企业，按照企业的规范去运作，其创新能力主要指的是技术创新能力。

5. 科研服务中介技术创新能力

科技服务中介是指整个科技创新活动过程中，在各个环节上提供的与科技密切相关的服务，主要包括科技成果鉴定、成果评估、科技咨询等，作为一个非政府机构，是技术创新供需双方的纽带与桥梁。

科技中介服务组织是国家和区域科技创新体系的重要组成部分，为用户提供相关服务，属于第三产业。一定程度上说，科技中介服务业在第三产业中所占比重是衡量一个国家或地区经济发达程度和未来竞争力的重要指标。

第二篇 分析篇

第三章 技术创新中的企业主体

当代企业面临的是一个全球化的世界，这一客观进程是任何人、组织都无法回避的。面对这样一个全球化的进程，企业的技术创新能力已经成为生死存亡的关键所在。那么如何理解、定位、培养和提升企业的技术创新能力，就显得尤为重要。

对于企业技术创新能力的相关理论，国内外众多学者做了大量的研究，但大多数的研究是从企业技术创新能力的要素角度，通过定量指标、统计数据或者财务数据对企业科技创新能力进行评价。而对企业的技术创新能力的理解、定位，尤其是培养和提升的相关研究不多，本章将就这方面的内容进行探讨。

3.1 熊彼特企业技术创新思想

熊彼特在《经济发展理论》中首先提出了"创造性破坏"即"创新"的过程，在这个基础上，他给出了技术创新的五个基本形式，即新的产品、新的生产过程、新的原材料、新市场、新组织形式，这为创新定义了基本的概念，同时，定义了一个社会行为被称为企业技术创新的核心要素。

3.1.1 经济发展理论的创新形式

熊彼特在《经济发展理论中》提出了创新是经济发展的核心要素，也是实现生产要素的一种没有先例的新组合。在熊彼特看来，创新是一种"创造性破坏"的过程，而企业家的职能就是实现"创新"，就是引进"新的组合"。而新的组合包括以下的五种情况：引进新产品或者研发一种新的产品特征；引进或开发新技术，即新的生产方法或生产流程；开辟新市场或者市场的新组成部分；控制原材料的新供应来源，或者开发新的半成品来源；实现企业的新组织或者新的组织形式。这五种情况被称作技术创新的五个核心要素，按照熊彼特的看法，"创新"是一个"内在的因素"，"经济发展"也是"来自内部自身创造性的关于经济生活的一种变动"，更是企业家的创新，以"实现企业新的组合"。在这个方向上，可以看出"创新"的核心要素，同时也可相应的定义技术创新的核心要素，即是以下的五种要素：

1. 新产品或者一种新的产品特征

通过技术创新形成前所未有、或者消费者不太熟悉的新产品、或者产品的一种新的特性，这是技术创新的目标之一，为技术创新提供方向。

2. 新的生产方法

熊彼特称之为"有关的制造部门中尚未通过经验检定的方法"，这个方法不需要建立在科学的发现之上，也就是说，既可以是纯粹的技术层面上的新方法，又可以是商业对一种产品的新的处理方式。它为技术创新指出了两种途径，一种是通过科学研究及技术研究手段，从而使得生产方法简化，节省资源或者获得其他附属资源；另一种则是通过商业途径，通过对商业氛围尤其是其他企业与部门的协作，形成新的生产模式。

3. 开辟新的市场

开辟新的市场指的是以前相关国家以及相关企业所不曾进入的市场，它也是技术创新的方向之一，即通过技术创新，使现有产品进入新市场或者形成新的产品。

4. 新的原材料或半成品

一方面，新的供应可以通过技术创新被开发出来；另一方面，需要技术创新对生产线进行更改，以便能够使用新的原材料及半成品，最后形成新的"组合"完成创新过程。

5. 新的工业组织

熊彼特用垄断形式来阐述这个过程，而在技术层面上可以理解为新技术的垄断，同时还可以进行相关部门与企业的协作（如"产学研"结构）。

在以上五个要素的支撑之下，企业技术创新成果得以应用于经济领域，以实现"创新"的真正完成。那么，技术创新的影响因素应是朝向这五个要素，并且对其起到实际作用的因素，只有这样才能对技术创新形成实际的影响。

3.1.2 创新形式的影响因素分析

从上一部分，将企业与技术创新的影响因素分成五个部分，这五个部分包含影响产品创新因素、影响生产方法创新的因素、市场导向的因素、影响原材料及半成品创新的因素以及工业组织创新的因素。

影响产品创新因素。产品创新，可以是增加简单的特性（比如更改方便面面饼的块数），同时也可以完全形成新的产品，甚至不惜改变整个的生产线乃至设立新的生产线。这时需要一定量的资金、人力资源，还需要相应的市场信息、政策保障，甚至需要区域内相关部门的一定协作，这些来源和需求不同，但是相同的是指向如何形成新的产品。

影响生产方法创新的因素。可以最直接对生产线进行研究改进，并不断进行实践，同时也可以再多个领域辅助其创新，甚至开辟新的生产方法，这些需要多种资源、相应环境等因素，但同样都指向新的生产方法。

新市场导向因素。市场的导向即环境的影响是企业与技术创新的主要影响因素，开辟新市场的资金、人力资源等，也是其必要条件。

影响原材料及半成品创新因素。资金以及人才资源是技术创新的关键，同时需要管理、环境及市场条件的相应配合。

工业组织创新的因素。主要从组织管理层面上的创新，同时需要其他因素的配合。

从上述五点看来，每一种创新都需要多种因素的共同影响，但多种因素最终会涵盖于这五点。那么，对技术创新的影响因素，也应该着眼于以上五点的影响程度来进行定论，而相应的技术创新影响因素模型，也应从此开始。

3.2 企业技术创新能力的内涵及特点

3.2.1 企业技术创新能力的内涵

如前面所述,库姆斯(Coombs,1993)认为创新能力是企业各种能力的组合;普拉哈拉德和哈默尔(Prahalad and Hamel,1990)认为创新能力是企业通过投资和学习行为过程中累积起来的企业专长;怀特(White)基于战略管理对企业科技创新能力的构成进行了分解,即资源的有效配置与利用的能力、对行业的理解能力、对技术发展的理解能力及战略管理能力等,这些构成企业科技创新能力,体现了组织支持企业技术创新战略的企业一系列综合特征,具有一定的借鉴意义;弗里曼认为企业科技创新成功的基本条件包括:企业规模足够大、支持长期R&D活动能力的高强度、承受高风险的能力、利用专利获取与对手讨价还价的能力、构思和识别有潜力市场的能力、与学术界的良好的沟通能力和与顾客良好的对话能力以及生产销售能力等。

罗森威尔(Rothwell)把企业科技创新成功的因素分为公司层次因素和项目执行因素两个方面。他认为,企业长期计划和高层管理人员是企业创新成功的关键因素。罗森威尔把企业科技创新影响因素进行了分层次研究,更加系统化和网络化的揭示了各要素对科技创新能力的影响机制。

英国经济学家兰格力士调查了20世纪60年代英国企业创新,总结这些企业成功的经验,指出有六个因素对创新成功起着关键作用:领导者,创新组织中要有一个处于权威地位的杰出人物;创新组织内部有良好的合作;对一项科学技术发现的潜在价值和用途的深刻认识;对市场要有清楚的把握;政府方面的支持;资源的可获得性。兰格力士把创新当作综合的系统创新,不但受到系统规划、自组织机制的影响,还受到个体劳动、政治、经济和社会的影响。

国内学者对企业创新能力的理论研究,一方面来源于对国外学者研究成果进行系统分析、评估的基础之上,把国外的发展经验吸取过来为我所用;另一方面也是最重要的来源,就是根据我国企业发展的特点,结合我国企业创新实践，得出一套适合我国国情以及企业发展特点的理论成果。

傅家骥、高建等将企业创新能力进行分解，提出创新资源投入能力、创新倾向、R&D能力、创新管理能力、制造能力、营销能力和产出能力构成企业创新能力，分别进行研究与评价；魏江、许庆瑞等提出将技术创新能力分解为创新决策能力、R&D能力、市场营销能力、制造能力、资金能力、组织协调能力综合评价；陈劲提出将技术创新能力分解为战略创新能力、信息资源能力、创新基础能力、智力资源能力综合评价；王昌林提出投入能力、产出能力、产业结构和技术创新环境组成产业技术创新能力的四个指标；官建成等人提出七个衡量企业技术创新能力的指标，划分为学习能力、研究开发能力（R&D）、资源配置能力、生产制造能力、市场营销能力、组织创新能力和战略计划能力七类；郑春东等人把技术创新能力分解为创新资源投入、创新管理、创新倾向、研究开发、生产制造和市场营销等六个要素；吴友军指出技术创新能力是指通过引入或开发新技术，推动产业发展的能力；李向波指出技术创新能力是指企业结合市场产生新思想并运用研究与开发、工程化和市场营销实现新思想的综合能力。

我国国家统计局中国经济景气监测中心公布的《中国企业自主创新能力分析报告》中提出了四个一级指标：即潜在技术资源指标，包括企业工程技术售货员数、企业工业增加值和经济资源存量；技术创新活动评价指标，包括科技活动经费占产品销售收入比重等；技术创新产出能力指标，包括拥有发明和申请专利数量比重等；技术创新环境指标，包括财政资金、金融机构贷款在科技活动经费筹集中所占的比重等。

关于企业技术创新能力的相关研究，这里我们给企业的创新能力作如下定位即企业技术创新能力包括创新投入能力、创新管理能力、研发能力、产品生产能力、创新营销能力等，是指作为创新主体的企业合理利用和优化配置科学和技术资源，以及将科学技术资源有效地、创造性地转变为科研成果并将科研成果市场化的综合实力。

3.2.2 企业技术创新能力的特点

基于上述关于企业技术创新能力的内涵，结合企业技术创新的实际过程来总结出企业技术创新能力的特点。

仅就科学技术而言，科学技术的变化是积累的、渐进的与差异的，技术创新能力也具有变化所固有的这些特点。就技术创新而言应具有如下特征：企业家的创新精神，根据熊彼特的观点，一个国家或地区经济发展速度水平的高低，在很大程度上取决于该国或该地区拥有创新精神的企业家的数量及其创新努力程度；适宜的技术创新环境，技术创新的实现需要企业提供合适的环境，企业进行的管理创新、制度创新、组织创新、业务流程再造，实际上是为技术创新创造适宜的环境；企业技术创新的主体要掌握足够的资源与能力来实现创新；技术创新必须以市场为导向。结合技术创新的特征，技术创新能力应具有以下几个特征：与技术创新密切相关，技术创新能力是技术创新过程中形成、发展并服务创新过程的能力的总和；不同于技术创新的一个过程，技术创新能力是指实现这个过程的能力；技术创新能力逻辑上也包括满足客户的市场需求能力；技术创新能力是最重要核心竞争力，决定着企业战略目标能否实现以及企业目标实现的程度。

基于上述技术、技术创新、技术创新能力特征的概述，总结出企业技术创新能力应具备如下几方面主要特征：

1. 企业技术创新能力有渐进、差别以及积累的特点

企业技术创新能力源于过去的积累，同时也是进一步技术创新的基础。企业的技术创新能力不仅体现在新资本设备和其他有形资产上，而且也体现在企业员工技能和经验等无形的知识积累上。

2. 新设备的购置、技能的提升以及经验的增加都需要一个过程

技术的引进虽然能够达到迅速提升生产力的效果，但如果企业无法消化，技术创新能力不会随之提高，所以技术创新能力的渐进性表现在技术变化的渐进性上，企业能力也只能随着技术的渐进变化而变化。

3. 企业技术创新能力的差别性

既指企业的技术能力存在阶段上的差别，也指企业技术能力各具特色。例如，水平上、结构上、行业上等差别，企业技术创新能力的差别性为企业提高技术能力提供多种选择。

4.技术创新能力提升过程是学习技能知识的过程

知识由两部分组成：一是显性知识，指公开的、易于转移以及可广泛传播的科学、技术、工程以及管理知识；二是隐性知识，指企业研究人员在企业技术创造、使用和改进过程中，技能的提升以及知识经验的增加。隐性知识具有独特性的特点，一个企业效率卓著的方法不能简单的移植到其他企业，所以需要一个学习的过程。成功的技术引进项目都有重视技术学习的特点。所以说企业即需要隐性知识的学习也需要显性知识的学习。

无论上述哪一项技术创新能力的特征界定，最后都要归结到企业创新人才的数量及其素质水平上。以下通过对齐齐哈尔第二机床厂技术人员的学历结构、能级结构、年龄结构等状况进行分析，以案例形式分析企业人员断层问题。

3.3 企业技术创新主体人员断层问题案例分析

研究表明，一些中坚力量或者说一些技术革新的骨干力量大多集中在35～50岁之间，而一些20～30岁之间的员工，往往并不承担技术革新的任务。下面以黑龙江齐齐哈尔第二机床厂为例，研究技术人员断层状况，即在岗人员学历情况、在岗人员工种人数情况以及实际在岗人员的年龄结构等分析技术人员断层成因。

3.3.1 齐齐哈尔第二机床厂技术人员断层状况

在企业技术创新的活动当中，技术人员作为其中的核心主体，对技术创新有着重要影响，企业的技术人员断层不仅是数量上的、更是质量上如学历结构、能级结构、年龄结构的弱化，下述以齐齐哈尔第二机床厂的技术人员的学历结构、能级结构、年龄结构等状况（数据来源：2015齐齐哈尔机床厂调研数据），对国有企业人员断层问题进行分析。

1.齐齐哈尔第二机床厂技术人员知识结构构成分析

表3.1　齐齐哈尔第二机床厂在岗人员学历情况

原始学历	初中	高中	中专	大专	本科	合计
人数	245	1300	1250	700	200	3650
目前学历	初中	高中	中专	大专	本科	合计
人数	245	800	1250	900	255	3650

从上述表3.1可以看出，齐齐哈尔第二机床厂在岗的3650人中，初始学历以高中、中专为主，有初中学历者仅245人，占总数的7.5%。据工作人员介绍，陆陆续续有一部分员工参与了学历进修和专业培训，已有200人通过不同方式取得了中级技工资格认证，但由于环境、个人以及生活实际情况，多数为短期培训，甚至有部分员工不参与培训，出现替训情况，而且培训的内容其基础、专业性、技术含量都存在一定的漏洞，因此无法从根本上解决国企高学历技术人才缺乏的重要问题。

2.齐齐哈尔第二机床厂技术人员的能级结构状况分析

表3.2　齐齐哈尔第二机床厂在岗人员工种人数情况

序号	人数	职业（工种）类别
1	484	车工、铣工、磨工、镗工等操作性工种
2	86	组合机床研发工程师等
3	553	金属热处理工等拼接性工种
4	332	电工等辅助性工种

在表3.2中不难看出，齐齐哈尔第二机床厂的技术工种存在着严重的比例失调现象，能扛起技术革新大旗的技术工程师人员数量极低，而工种的类型较多，一些基础性的工种人员重复性较大，这种情况造成了技术含量较低的工种有较强的可替代性，而负担起技术革新的工程师不占主流，甚至产生了"一边倒"的现象，这种高级技术人员的缺失也是人员断层的一个重要表象。

3.齐齐哈尔第二机床厂技术人员年龄结构状况分析

如齐齐哈尔第二机床厂等大多数国企现有员工，都存在着一定年龄上的差异性，一些国有企业在其发展过程当中，作为高级知识分子群体的一些技术人员，往往年龄偏大，一般地讲，作为创新技术人员的黄金年龄集中在

35～60岁之间，在这里对齐齐哈尔第二机床厂的人员的年龄构成进行深入剖析。

表3.3 齐齐哈尔第二机床厂实际在岗人员的年龄结构

年龄段	30岁以下	31～35	36～40	41～45	45岁以上	合计
人　数	950	1200	600	400	500	3650
比　例	26%	32.9%	16.4%	11%	13.7%	100%

从表3.3中可以看出，在岗人员平均年龄为35.2岁，其中，40岁以下的人员较多，共2750人，占75%，而作为技术创新的中坚力量以及高产出率的四十岁以上的工作人员比例较低，这使得企业没有足够的人员支持来达到技术革新的要求。齐齐哈尔第二机床厂整体的人员年龄存在一定的不协调，员工整体年龄偏低，使得企业整体无法完成技术创新的任务。

3.3.2 齐齐哈尔第二机床厂技术人员断层成因

1. 文化认知度的差异性

众所周知，在企业工作的员工，八十年代初期多以高中毕业生为主，那时的国企从业人员是作为高素质人才的代表而存在，而进入二十世纪九十年代后，尤其是二十一世纪伊始，企业技术人员依然是社会高级知识分子的代表，然而，随着受教育程度的普及化，以及大学的扩招性政策的出台，本科学历已经是一个比较普遍的学历基础，并且越来越多的高学历人才更是着眼于追求一份稳定的或是高薪的工作，与政府机关事业单位相比，国企的稳定性并不突出，而与私企的高效益相比，显然国企也同样略逊一筹，那么在这样的前提下，越来越多的受教育程度较高的有技术的从业人员放弃了国企而选择了政府机关甚至外资企业，随着我国企业向科技化、信息化的不断迈进，这一情况也造成了技术人员短缺的状况，阻碍了国有企业的发展，而国企中原有的工作人员及技术人员由于自身受教育程度的缺失及知识水平的差异性使得他们的知识储备并没有得到及时的补充，造成了一些新型国有企业发展势头较猛，而老牌国有企业多数危在旦夕。

另一个重要的方面在于企业技术人员的知识构成比较陈旧。相关学者指出，人力资本是企业劳动者所具有的专业水平及其价值的体现，吸收能力是企业对劳动者能力的利用和吸收，分析了人力资本与吸收能力的关系，进而论证了人力资本对科技创新具有正向影响作用（徐磊，2015）；企业在捕获知识的同时，需要与大学或科研机构交流互动，以便不仅获得显性知识，更能获得隐性知识，并与其原有知识存量进行融合，更新其特色知识体系，从而提升创新能力和竞争优势（王明对等，2019）；企业的知识被视为是提升企业技术创新能力的重要支撑，知识的应用与创新成为企业开展技术创新的强大推动力（刘文华等，2011）。

所以，企业技术创新人员其受教育程度的差异性、知识结构的趋向性，决定了其在国有企业中发挥能力的大小，往往一些拥有大量高学历、高素质技术人才的国有企业，其推陈出新的速度极快，产品的可替代性并不高，在市场上占领主流，一些新鲜的创意设计也成为各个企业竞相模仿的对象，却往往造成侵权案子的原因不外乎创新思想的被复制。反观一些老牌国有企业，由于人员学历以及技术水平、研究能力的滞后，导致在激烈的市场竞争中往往处于下风，被新兴的国有企业所超越，技术的陈旧和落后以及技术人员的缺失使得一些老牌国有企业步履维艰，而自己原有的支撑技术由于时代的变迁退化，其独创性也并不明显，作为两个阵营中技术人员受教育程度的差异性，对新技术的把握上存在着明显的差异，受教育程度不高的技术人员往往守旧和故步自封，面临新技术有抵触和排斥之感，不愿学习和进步，安于现状缺乏探索以及研究精神，同时也不能够正确把握国内外形势。正如"有的靠以前储存的技术老本过日子；有的靠出租房屋、场地混日子；有的已经名存实亡或自消自灭"。而一些受过高等教育的技术人员作为知识分子阶层的代表，在自己的实践工作中一直乐于学习并求真求变，形成产学研相结合的优化态势，不断以国际上先进的技术为目标，秉承着求索精神，真正为自己的岗位有一份天然的热情与执着，那么在这样一个差异性较大的主客观条件之下，造成了各国有企业往往有发展不平衡的现象产生，当然这里并不意味着所有老牌国有企业都面临着衰退的趋势，一些积极顺应时代潮流的国有企业领导人能够清醒地认识到自己企业所面临的困境，积极求变，在人才的引进上不遗余力的引进受过高等教育的技术人才，在科技进步的今天，企业会越走越好以形成良性循环。

技术创新的能力和受教育程度的差异性，使得我国一些国有企业不得不对企业人力资源的现状进行一定程度上的整合及改变，必须清醒的认识到，未来的社会是属于科技引领进步的时代，科技这种隐性生产力和其创造者的知识构成，受教育程度及水平有着天然的联系，作为国企的管理者更应高度重视企业员工的培养，鼓励现有员工发挥优势所长，扩招高级知识分子类员工，为企业发展助力。

同时，不同的南北地理环境造成的文化差异性，也决定了企业在吸纳知识以及信息收集度上存在一定的差异。比较而言，南方在陆路便利、水路通畅的情况之下，通常外界信息收集能力较强，对科技和现代化的接受程度也极高，在这种情况之下，企业的发展和优势化可以说是十分明显的。相较于内陆的信息资源、文化交流开放则显得相对闭塞匮乏，沿海地区人民普遍更愿意接受新鲜事物，包括新的文化理念甚至新的科学技术，而采纳科技的这种接受度和认可性也使得他们势必会将大量人力、物力、财力投入其中，这样的科技水平提升也具有一定的必然性，尤其是出于"雁南飞"的人才流动，南部沿海地区科技工作者的素质和学历也明显高于内陆，科技创新能力和科技创新势头也十相对较强，提升更快。而内陆相较于沿海地区，鉴于信息的接受度和整合情况都较弱，一些科技创新项目往往在内陆地区较少，在这种文化背景差异下，会产生各地科技发展水平出现发展上的不平衡，科技工作者的工作态度、工作积极性也大相径庭，同时，科技创新能力水平也表现为较大的差异。

2. 地缘政策性因素

（1）地缘因素。如前面所述，以江河为界的我国南北方自古就处于两个比较不相同的区域和范围，其气候和地理环境造成了南北方行业分布差异的现象。例如，我国南方炎热潮湿，比较适于四季进行种植物或者户外进行的行业分布。一些大型国企将工厂的地址选在南方，不仅是考虑气候适应性因素，另一个重要原因是在于交通运输业的发达，大江大河多分布聚集于炎热的南方地区，企业输出产品的一个重要原因就是水路运输的便利，南方地区处于各个水路陆路经济枢纽的节点之上，所以企业数量的增多自然而然造成了南方经济及科技实力的强势，经济发展形成了良性循环的态势，由此吸引技术人员的大量涌入也为南方科技市场凭添了更多助力。相反，北方的寒冷以及气候条件使得北方相较于南方更适合重工业的发展，这样的地理环境下北方在交通运输方面也并不占有优势，甚至导致了大量技术人员南迁寻找新的工作机会，就会造成南北方技术能级结构上的差异，南方主要的技术人员集中在电子信息、IT等高新技术产业，而北方技术人员的工种多数集中在一些重工钢化等传统技术工种的范围之中，南北经济、科技水平差异较大，一定程度上北方比南方的技术人员断层现象严重得多。

（2）政策性因素。自1978年十一届三中全会以来，国家提出推进允许一部分人、一部分地区先富起来的政策。政策性的开放导致了以深圳为代表的一系列特别行政区的经济发展水平明显高于其他地区，在这一过程当中，随着特区经济的发展，市场上的运作也比欠发达地区的情况要好很多，因此在这些特别行政区域内，越来越多的工厂、国企、私企陆续扎根于当地，在经济上形成强强联合、互相辅助的作用，将当地经济和科技实力都推向了一个更高的层次。以深圳为例，三十多年前的一个小渔村一跃成为中国经济重要的命脉城市之一，每年有数以万计的工厂技术人员扎根其中，为深圳的区域性科技发展提供充足的技术人员储备，使深圳的技术工人比例持续增高，科技创新能力也在逐步加强，这在无形中拉大了深圳与其他地区科技发展水平的差距。国家也逐步意识到这种区域发展的不平衡性，近年来逐步提出了西部大开发和振兴东北老工业基地的政策，在东北地区及西北地区的经济运行的过程中给予相应的政策上的支持，也将推动区域间的协调发展。

3. 企业行业类别的差异性

在一些老资格的国有企业当中，以年轻的技术工人作为企业运转生产的中流砥柱，由于企业并不十分重视产品和技术的开发，使国有企业一些有技术有经验的四十岁以上技术人员为了获得更好的工资和福利待遇出走，去给一些沿海外资私企打工，从而放弃了绩效并不被看好的国有企业，而老牌国有企业自身没有技术革新，技术开发的要求导致他们也愿意选择并接纳一些学历不高但年轻力壮的技术工人来为企业的高效运作提供必要的支持，那么这也造成了一些老牌国有企业当中人员年龄断层的情况，后文中我们会提到以齐齐哈尔第二机床厂为例所面临的一些问题。

而在一些代加工厂性质的国有企业当中年龄断层现象尤其严重，代加工厂性质的国有企业因为没有技术革新的要求，则偏向于雇用年轻的工人来重复机械性的简单劳动，他们并不关心技术层面上的问题，只是作为简单的拼装车间而存在；不关心社会科学技术的发展，没有意识到与所从事行业的关系，也不认为这与自己有什么责任或承担什么义务，那么这在无形当中也造成了企业技术创新人才层面上的断层现象。

在一些重工业性质的国有企业当中，行业性质决定了在生产过程中具有一定的行业危险性，一些大龄员工在工作期限年满之后，不得不因身体及健康因素退出工作岗位，无法承担技术扛鼎的作用，这也是一种比较明显的断层现象。年龄构成的不平衡性在某种程度上制约了企业的发展，造成了企业更新换代的不及时，并最终走向了一定程度上的衰退，而年龄构成的不平衡性，如何采取必要的措施挽回颓势，成为企业领导者在现阶段面临的十分严峻的挑战，如何进行合理的员工年龄整合，如何对员工现状进行调配也是对企业领导者工作的考验。

4. 其他相关性因素

以国有企业来说，制约技术创新能力的因素是极其复杂的，我们将着眼于一些相对客观性的因素，国有企业虽然是为国有，但常常为"家"，往往存在着举贤不避亲的态度，将国有企业经营为家族模式是一个比较重要的特点，一些国有企业在运作的过程当中经常性的纳入一些家族成员在内，将企业植入家族式管理模式，对企业的运作采取一言堂模式，使得一些有技术实力、有优秀技术水平的员工不能施展抱负，所提出的建议往往得不到重视，一些企业技术创新的建设性意见往往胎死腹中，为有效避免这种现象产生就要求国有企业的管理者能够从己做起严格规范行为，让企业持续健康高速发展才是企业领导者应尽的责任和义务，作为国有企业的监督者的党政机关能够真正在国有企业发展中起到监督指导作用。

而另一个相关性因素在于国有企业作为国家体制内的重要载体，生产规范人才引进都严格按照国家程序的规范进行合理化安排，尽管我们尽量将简化与合理化结合，但其确有不合理之处，据资料显示，一个国家重点项目的审批，作为国企单方面就需要平均二十项的审批程序，当然我们在这里要明确国家工作对企业良性发展的重视程度与担负义务，但我们更应意识到这种层层筛查的制度会导致许多优秀项目没能真正成型。推而广之，可以预想到国有企业在人才选拔上也同样要经历层层关卡。一些有技术的高尖端人才，有时国有企业并不是他们唯一的选择，而面对国有企业体制内的种种弊端，也往往望而却步，另外转投其他行业部门，也是造成人才流失的其中一个最重要因素，基于此类相关性因素，国有企业技术人员断层现象会有一定的扩大趋势，这两方面作为技术人员断层问题的重要因素，不仅国有企业在运行过程当中受到一定的阻碍，技术发展相对滞后，同时在企业技术创新过程当中会无形增加一些不确定性。

3.4 解决国有企业技术创新人员断层的对策建议

上文中，我们对国有企业的技术人员断层现象作了简要的分析，目前我国国有企业当中的断层现象主要集中在在岗人员的学历、年龄以及现阶段的知识构成水平的滞后，在本节中，就这些问题我们给予具体地分析。

3.4.1 制定科学的培训计划

1. 注重在岗人员的岗位培训

企业人才的任用和选拔在基本的层面上看，会分为几个既定的条件，如是否有益于企业现阶段的经济效益获得；是否有助于企业未来一段时期有创新性的行为；是否能给企业带来一定程度上质的改善和飞跃等。据相关资料显示，企业在岗人员多数在取得稳定工作以及获得相应稳定的报酬之后，安于现状并不愿将过多的时间浪费在充实自己的专业技能以及改善自己的专业水平上来，在这里分析其主要原因，可以把它归结为两个因素：一是家庭因素。一个有行为能力的人，结婚生子也是走向工作岗位后必经的一个阶段，那么在这阶段过后的时间和精力势必会受到牵扯，并将自己的精力过多的放在家庭和责任上来，这样企业员工在日常生活中就没有充裕的时间来参加岗位培训，达不到在岗位以及工作过程中进一步提升的要求，会使一些技术员工在日常的工作中停滞不前，将自己的工作做成了重复性以及可替代性极强的工作,并没有在自己的岗位上创造出应有的价值,也就谈不上技术创新。二是社会因素。企业技术员工在到岗之后无法进行岗位培训的因素,我们把它归结为社会因素。据统计,发达国家的岗位轮换及岗位培训率是发展中国家的一倍,发展中国家在这方面的确有不足之处。在我国一些大型国有企业往往将资源和人力的重点放在了产生应急效应上来,而忽视了技术人员的培训。事实上,企业技术人才的培训才是企业创造更大价值的首要条件。所以,国有企业内部监管部门如何将工作重心转移到支持在岗人员的培训中来,国有企业员工的岗位培训工作中如何给予必要的资源以及人力的支持等推进技术创新以激活企业活力尤为重要。但是以创造经济利益为出发点的国有企业领导者在员工培训工作领域往往会摸不到头脑,无从下手,找不到合适的资源以及适当的方案和内容进行员工科学合理化的培训,从而导致国企员工素质停滞不前,影响国有企业的技术创新实力。在较不发达阶段,作为大型国有企业领导者必须转变思维模式,将目光着眼于企业生存和发展的长远性上来,将企业员工的培训工作作为企业发展的一个重点,培训不仅仅是为员工负责任的一种行为,某种程度上也是为企业未来的生存和发展打下基础。企业员工的素质在培训中得以提升之后,在工作中抱有更大的工作热情和端正的工作态度并应用到企业专营技术项目的研究和开发上来,这对企业来说百利而无一害。注重企业员工的岗位培训,将在岗人员的岗位培训重点安排是企业生存和发展的一条重要且必要的途径,单位组织的岗位培训也将企业的"以人为本"精神发挥到极致,企业员工更应合理安排时间并参与。

2. 系统规范培训内容

企业员工在工作过程当中,往往会遇到各种各样的问题,企业员工会因问题得不到合理解决转而将工作的难题以及工作情绪带到日常工作上来,那么久而久之问题逐渐积累及增多,导致了企业员工在日常生活里没有合理的方式进行解决,这就需要企业决策者在制定企业发展战略的同时将这一问题考量进来,制定系统而科学的企业员工培训计划进行系统化培训,在业务上为企业员工合理规划。企业在制定相应的培训计划时不得不考虑企业员工人数与员工素质水平的差异性,学历的高低性,甚至接受程度的不同。企业员工的培训内容往往需要对症下药,然而,如何制定相应以及合理的培训内容就成了一个企业在员工建设方面的一个难点，不仅要制定具有岗位针对性的培训内容，更要注重员工内在创造能力的激发与培养。例如，学历水平较低的或者年龄较小的技术员工则采取充实文化知识的策略，将技术能力和文化水平共同提高作为策略，真正做到培养有素质有文化的高层次技术员工的职责。存在一些文化水平较高、学历较高的企业技术创新团队的中流砥柱类的员工，应在岗位专业技能培训和管理方向培训，在有能力有素质的员工中间培养企业的领导层以及决策团体也是企业员工培训的重要方向。在企业当中对于年龄较大，学历层次不高，但技术水平较强的老员工来说，如何调动其积极性并参与到企业组织的岗位培训中也是企业领导人所应重视的工作难点。一部分年龄渐长，学习能力较差的员工在心里多少会在企业组织的员工培训有一种先天的排斥感。针对这类员工，企业决策者在制定企业的培训方式时应更多的将这部分员工思想科学地纠正，在觉悟上让他们意识到企业的生存和发展确实离不开他们，但他们个人素质的提高，不仅是对企业的一种责任，同时也是对自己人生价值的追求，在思想上真正做到存在偏差的纠正。

在心理上做到为企业员工合理疏导，在企业日常经营过程中往往会产生这样或者那样的问题，作为企业领导人不应只在业务上进行培训和辅导，在心理以及精神上来说，员工同样需要积极的引导和帮助，而心理上疏导的作用在于个人情绪的一种态度，这是作为企业领导者不能忽视的工作重心，可将其作为一种企业文化进行发扬，真正让企业员工感受到企业精神以及温暖氛围。

3. 拓展丰富培训方式

作为企业管理者来说，如何在激烈的企业竞争中立于不败之地，将企业的利益最大化是企业在日益严峻的经济形势下所面对的最突出问题，作为企业的从业者来说，技术员工可以说是企业生存和发展的原始动力，而企业员工的素质以及能力也就成为衡量一个企业是否能够长期维持下去的一个重要因素，因此企业管理者在做到制定培训计划时必须做到兼容并包的原则：

（1）员工间互相学习的形式开展企业员工培训，企业员工之间往往有学历以及个人能力的相对差异性，企业领导者可以借用组织企业中能力较强的员工作为培训教师，将其典型性作用发挥到最大，在企业中以带动一些学历较低的员工以激发其积极性和创造性。

（2）雇佣外聘技术从业者的形式开展企业员工进行技术培训，在人员选拔上需要一定的专业度，而外聘人员的额外花销也是一笔开支，这样培训机制实际上增加了企业的成本，并不如第一种方式的可操作性和实用性强，但该方式是企业员工接受度或者认可度较高的培训机制，可以说是效用最大化的选择。

（3）集体外出性培训。此培训方式相对有一定的难度，需要企业对外联系培训地点，制定培训内容，与外地进行良好的接洽和安排，这一过程会使企业的成本无疑更高，将员工送去外地培训当中不仅要负担培训费用，而且包含了外训住宿的花销以及外训的补贴。而且，员工的外出培训在很大程度上也影响了企业正常的运营运作，因此一些国有企业极少选择外出性培训方案，如有外训计划也只是相应安排较少的部分骨干员工进行外训，无法做到全员受益性培训，具有一定的局限性，但是这种培训是一种比较高效的培训方式，往往经过一段时间的外训后，对于被培训者的整体思路及技术能力都具有明显的提升效用。

（4）组织外地参观类培训。此方式从严格意义讲，并不能算作一种培训方式，而是一种典型的寓教于乐的培训方式，主要针对于上文中我们有提到过的年龄偏大但是学历较低的熟练技工群体，那么在外参观时无形中也扩大了一部分企业员工的眼界以及个人在工作上更加有益有效的思考。组织外地参观培训方式要耗费的辅助性资金相较于第三种培训方式来说相对较少，但效果并不如第三种培训方式，被培训者往往缺乏了主动学习的态度而使得这种参观性的培训变成了走马观花，达不到预期效果，但是对学历素质较低的大龄技术工人来说是他们普遍能接受的一种软性培训方式。

（5）学历与工资的挂靠制度鼓励员工自发性培训。这种培训方式严格上讲算不上是企业范围内的培训，可能只能算作一种激励方式。在工资学历挂靠的薪酬以及晋升制度的激励下，鼓励越来越多的员工在岗位上追求技术上的提升，以自主的方式寻求培训学习机会。例如，专科生进行专升本考试，则是企业员工的自我价值提升机制，经由企业逐步对员工进行鼓励性引导，这不仅使企业从业者所消耗的资源、人力、财力成本较少且是切实有效的培训方式，通过对企业员工个人素质的肯定来实现高效创新机制，确保企业和技术员工能够切实可行达到双赢的局面，而所达到的切实效果也是最为具体的，因此大型国有企业借鉴此培训方法应是一种非常行之有效且应用范围较广的间接性培训。

（6）国家组织性培训。培训组织形式由于专有性范围较狭窄，往往并没有一些量化的培训内容，造成了这类培训的主要方向更加侧重于国企从业人员的思想政治方面的培养和国企政策性的引导。那么，很多国企往往会忽视这类国家组织类型的培训，认为没有为企业盈利有直接性贡献，因此很多国企领导出于人员调配上的考量，并不鼓励员工参加组织性培训，但实际上类似国家性质的组织性培训有助于了解国内大政方针及政策导向，并将国内一些具体的政策性措施应用到企业的战略性目标制定，及时准确对国家政策的把握及自身发展计划的切实制定，且不需要企业耗费过多的物力和财力，是一个提升企业综合素质的宝贵机会，倘若有越来越多的国有企业领导者能够重视这种思想和政策性的培训将大有裨益。

4. 加强岗位培训的约束与机制，建立长效培训机制

企业的建立者要想在未来提高市场占有率，建立自主品牌，员工的素质提升也是势在必行，员工在进行一系列培训以及岗位技能培养过程中，应规范岗位培训的约束与机制，加强业务素质能力的拓展性。素质的高低在很大程度上决定了培训效果的好坏，那么就要求组织培训者在筛选培训教师时，能够分清专业性的一些误区，选拔合适的人才在企业中开展培训计划并进行监督和管理，按照培训的效果及时调整培训方案，制定高效的培训战略，划定培训范围，加强培训者与被培训者之间的交流与沟通，将培训变成一场切实和高效的任务。而被培训者需要积极认可和配合，才能让培训成为一场行之有效的活动，也是一个提升个人素质的机会，技术人员理应抓住，可以在员工中间进行打卡制度以监督员工参加培训状况。在培训及学习中可适当采取一系列评比考核，将考核不合格的员工送入下一轮培训，对培训中表现优异的员工实施鼓励和经济上的奖励，将企业组织者的培训活动做到切实可行并延续下去。企业员工素质的提升是企业生存和发展坚持下去的原动力，国有企业领导尽可能给予更多支持与帮助，合理安排人力资源上的调配，鼓励

受训，发放一些暂时性津贴等，真正做到将培训制度化、规范化，长期为企业未来发展奠定坚实基础。

3.4.2 发挥知识群体的主体作用

1. 积极稳妥的鼓励大龄人员离岗

国有企业发展至今日已具有一定的规模及模式，正是这样的良好态势，将国有企业推向了一种良性发展局面，但是在现今的国有企业当中，人员年龄断层现象比较严重，大型国有企业人员老龄化现象十分严重，年龄已接近退休但技术能力较强的高级技术人员到目前为止还在为国企服务，这的确是我国国有企业的一个优势。有技术、有能力的老员工在有限的时间内能够为企业创造更多的价值，而优秀老员工对企业的感情也是国有企业一步步走来最重要的支撑力量，然而看起来表象乐观，但国企员工老龄化问题也的确是不得不考虑的，一些年轻优秀的员工因为资历的原因无法得到重用，使得企业对其依赖度较低，会产生高学历高素质员工无法在职业生涯中有被需要的感觉，而年龄偏大的老员工因自身技术水平有一定自信以及不信任年轻技术人员，加上对当今形势的把握不到位，知识构成相对薄弱，容易造成许多老员工与年轻员工产生某种分歧及矛盾，同样令企业组织者产生了两难局面，且老龄员工出于身体的原因已不适合高强度的工作模式以及工作量。

所以，如何积极稳妥地鼓励企业大龄人员的离岗，也成为企业领导者势必要考量的主要问题。首先，企业优秀的老员工为企业贡献了一辈子，把毕生的心血献给了自身职业，一生为了企业鞠躬尽瘁，因此，企业领导者应必须尊重老员工的个人意愿。存在一些身体及其他原因愿意离岗的老员工，需发放一定数量的养老安置费用，并按照国家标准及单位绩效为其发放退休工资，减少离职人员的生活负担。而有特殊技术的专有技术人员需在征求意愿后，可考虑反聘为技术顾问做企业技术相关方面的指导者和监督者，同时在思想上也应该进行指导教育、关怀及鼓励，离职之后不至于怀有失落感。企业领导对不愿意离岗的人员应进行合理人力资源调配以逐步减少工作任务量，多给年轻优秀员工创造机会并让他们来承担起技术创新的大旗。其次，企业老员工应从心态上不断敦促自己，渐渐将与企业的感情融入到对企业发展的期望上来，及时调整好离职心态，在余下时期多与年轻技术工作者主动交流和沟通，多了解科学技术的变迁，将个人利益和国家集体利益紧密结合在一起。

2. 制定有效率的人力资源战略模式

在国企人员调配和应用方面是具有一定协同性挑战的问题，这就要求企业的人力资源部门对企业技术创新人员断层的问题进行系统化的整合和解决。首先，大多数企业的人力资源部门在人才引进的战略上已不存在什么分歧。在日新月异的科技革命和科技变革之中，引进高素质高学历人才，已经成为企业生存和发展的必由之路。近年来，各个大型国有企业的确在积极推进高技术人才引进的方面，在每年的毕业季纷纷向各个大学优秀毕业生以及专有性人才抛出橄榄枝，甚至有些企业采取"一带一路"模式签约高技术人才，更有一些企业在人才选拔上采取了试用期的模式，将试用期内的员工表现作为考量的范围，因不想错失人才而采用了这样的聘用模式，还有一些国有企业为了实现企业科技创新的目标不惜依靠猎头公司来对技术性人才进行挖角，许以重金只为引进高素质高水平的人才为企业助力。其次，人力资源管理部门对员工的培训与开发也承担着比较重要的角色。近年来，我国越来越多的企业将目光投向人力资源技术人员的培训上来。包括新招聘人员岗前培训，将企业理念、企业文化灌输到员工的思想和行动中，让员工真正做到热爱企业，加深对企业文化的认同感。培养企业员工优秀的团队意识、爱岗敬业和创新精神等，合理规划安排学历以及文化水平较低的员工参加资格证考核以及业务能力培训，同时要把高技术人才作为人力规划的重点，进行重点挽留，即用事业留人又用感情留人，将企业员工的凝聚力发挥到最大，树立独特的企业领导模式以及企业文化，开发企业员工的个人能力，应用到企业文化建设、企业精神建设上来。最后，在薪酬福利的制定上，人力资源管理相关部门也面临着挑战，这时人力资源应有一个明确的方向、目标及考量，为企业做出贡献的大小也要根据工作年限、工作种类，合理安排薪资数目以及福利范围，要求人力资源部门多了解、多认识、多方位的沟通和磨合以务求做到公平公正、一视同仁的态度，避免在员工中间产生摩擦和矛盾。

3. 发挥企业知识分子的领导创新能力

知识分子作为国有企业技术创新层面中的中流砥柱，在科技创新中占有着举足轻重的地位，但企业的技术工种占绝大多数，知识分子只占少数，而知识分子的作用在国有企业中发挥的越来越广泛。首先知识分子在企业中常常担任管理层的职务，由于知识分子学历较高，受教育程度广，在企业的管理竞争中占有一定的优势。一个优秀的知识分子管理阶层的代表能够做到紧跟科技发展的浪潮，将高科技引入企业，对新知识接受度和把握程度能够在科技革命及科技变革中审时度势，将企业科技创新模式引领到一个崭新的高度。作为知识分子阶层，知识结构的原因使得他们能够准确的掌握企业的替代性模式或未来发展之路以及科技创新现状，而其前瞻性又使得知识分子领导的创新集体更有新鲜感，知识分子领导往往看重技术的研发多于技术的应用，而技术的掌握才是企业兴旺发达的不竭动力，因此他们会更多的重视对科技人才的把握和重用，在企业转型之路做出一定贡献。另一方面，知识分子的知识构成使知识分子在一些科技战略及创新战略领域具有一定的发言权，虽然在企业技术创新活动的把握有可能没有技术工种专业性强，但在全局的把握及项目整体构建方面将有自己的理解和认识。再次，知识分子作为高素质人群的代表，在员工和企业领导者心目中具有一定威信，在领导群体项目及技术创新活动中无疑舆论阻力较少。最后，由于知识分子群体的特殊性，在企业管理技术创新模式的推进上会多一份人文情怀，知识分子群体的领导阶层能够冷静客观和全面性的处理员工老龄化、离岗问题等突发状况。另外，以知识分子作为领导团队，其凝聚力往往十分突出，在这个层面上，知识分子拥有的特殊人格魅力在维持企业日常工作以及稳定员工工作态度上都十分具有优势，因此，在国有企业任命各类以知识分子作为领导往往有其合理性和现实意义。

3.4.3 建立良性的工作机制与文化环境

1.合理运用事业留人的方法留住技术创新人才

国有企业技术创新的一系列活动中，技术人员往往是其中的主导因素，近年来，对外贸易不断开放，越来越多的外资贸易集团跨国公司进入我国，在沿海地区形成了一定规模的经济发展区域。随着外资私营经济的不断壮大，越来越多原本在国有企业工作的技术人员纷纷有选择出来的倾向。在这些外资公司所提出的高额报酬十分诱人，外资企业相对宽松的工作以及科研条件也是高科技人才所考虑的因素之一，这方面国有企业却略有不足之处。国企的工作范围，企业性质以及工作模式从根本上决定国有企业的工作环境是相对严谨的，套路化工作流程较多，而有创意想法的高科技人才的支持和鼓励并不是很多。国企的领导者平均年龄较大，更加倾向于相对稳健的发展政策和战略，在某种程度上制约了技术人才的发挥，错过最佳的科研状态并造成国企高技术员工对企业的认同度不高，对自己的能力也有所怀疑，再加上情绪带到工作的情况发生，最后造成技术员工内部分歧而辞职出走。据资料表明，60%的外资企业的高技术员工来自于国企或有过在国企工作的经历，这个数据在一定程度上表明国有企业的人才并不极端匮乏，但国有企业的性质无法留住人才。这里我们刨除薪资的原因，相对在事业上的成就感才是高技术人才所普遍追逐的一种价值上的认同感，那么国有企业领导者在局部前进的同时是否应该借鉴外资或私营企业这种事业留人的方式，让员工在工作中找到自身的价值以及认同感，给予高技术人才更加宽松的科研环境，让技术人才在企业达到一定的认同感以及影响力从而加深对工作的热爱，用事业留住企业优秀的员工。

2.适当提高企业职工福利待遇保住人才

企业作为以营利为目的的集体，国有企业虽有国家作为保障，但事实上左右企业的原则总是追求利益的最大化，因此，在这个概念的架构上，也就是在对待员工待遇以及福利上都是秉承效用最大化的原则，即多劳多得的原则，鼓励及奖金待遇与同等规模的私企相比略逊一筹，则可造成越来越多的高技术人才选择工作时秉承着寻求价值的最大化原则，因此无可避免会导致国企出现人才断层以及科技人员流失的现象。那么如何尽量避免此状况发生，无疑是企业管理者的一个挑战。事实上，国企的工资分配是有一套自己既定的准则，大多数的国企再分配的确遵循着公平原则。据客观数据调查，其中70%对自己的收入持乐观态度，并表明在国企工作还有上升的空间，而与私企的高薪酬制度相比，国企相对要比私营企业所要承担的工作压力会少很多。国企在同等企业的比较之中，稳定性要优于私营企业，但这些调查是仅限于在国企和私企工作的普通员工，而高技术人才都承担着技术创新责任和技术改革风险，日常工作中比普通员工所承担的任务和压力要繁重一些。所以，这些技术创新的人才在自己的一些特殊技能以及特殊化科研成果得以确立和落实的同时，也渴望得到更为优厚的报酬，在国企等级森严的薪酬制度之下，收获和付出在他们看来并不成正比，因此会有越来越多的高技术人才转而投入到私企，并发挥自身才能的同时创造更高的劳动价值。作为企业的领导者，尤其是国有企业的领导者面临此状况时是否应该将这一重点要素采纳进国企人才引进的重点范围之中，尽量提高技术人才的合理范围之内的薪资福利待遇，甚至在可能的情况下鼓励项目承载人与国企达成可入股的合作机制，这样既增加了高技术人员的福利薪酬，又在一定程度上避免了国企的技术人才流失。

3. 创造员工以企业为家的氛围用感情留住人

员工是企业的缔造者和拥有者，企业管理者在经营管理的同时常常告诫员工要以企业为家，但在一些国企的技术人才流失现象还是屡见不鲜。事实上，企业场所工作环境以及企业的文化和人文精神如何，也是企业员工所比较关注的重要焦点之一。企业的领导者是否能从真正意义上把优待职工当成自己的义务，是否能将员工的福利待遇当成领导者的责任，有些国企做的的确很到位。山西海鑫钢铁集团有限公司在上个世纪九十年代曾经历过一次重大的大型安全事故，导致十四人遇难、十人受伤的员工伤亡记录，就在这风口浪尖的时刻，海鑫钢铁公司领导及时向国家和媒体做出了回应，并对死伤者家属做出承诺，随后将相应的抚恤金交到家属手上，而海鑫钢铁公司还将没有工作收入的家属安置进企业并进行优待。从这个案例中我们可以看出，在面临危机困境之时，企业拿出正确而应有的态度来处理问题化解矛盾，企业和员工之间的感情也逐步走向更加紧密的状态，企业对员工的责任感不断加深，员工对企业的信任度也变得越来越高。实际上今天我们来看，这是一个双赢的过程，企业在社会以及员工心目中把自身形象真正树立起来，而员工同样也感受到企业的诚意。所以，具有先天优势的国有企业更应利用好这一点真正落到实处，建立多方互利共融的状况才是促进企业和个人的最佳发展方案，就如同人与人之间的相处类似，国企领导应本着以人为本的原则，正确处理企业和员工之间的关系，用感情留住人才，用心守护企业。

第四章　区域技术创新中的政府主体

从属性上看科学技术具有混合产品的特性，其中科学偏向公共属性，技术则偏向私人属性，因此，单纯由市场或政府调控都是不可行的，公共产品理论为政府干预科技创新提供了依据。政府功能也称政府职能，是指政府在管理国家事务和社会公共事务中担负的职责和发挥的作用，从行政管理的层面看就是政府在整个社会中的作用及其限度的问题，即政府该管什么，不该管什么的问题。政府作为科技创新系统中的有机组成部分行使特殊的职能、占有重要的地位、发挥重要的作用。政府的干预和调节同样重要，政府主体在国家技术创新能力的培养中扮演着重要的角色，政府行为导向对国家技术创新能力的培养发挥着至关重要的作用。

4.1　政府主体在区域技术创新中的调控依据

4.1.1　区域经济理论

区域经济理论是关于区域创新系统主要理论，除了国家创新系统理论的思想外，主要还有增长极理论、进化经济学理论、新区域科学理论、新产业区理论、区域创新系统协同理论等，下面逐一介绍：

法国佩鲁首先提出的增长极理论，增长极是围绕推进主导工业部门而组织的有活力的高度联合的一组产业，它不仅能迅速增长，而且能通过乘数效应推动其他部门的增长。因此，增长并非出现在所有地方，而是以不同强度首先出现在一些增长点或增长极上，这些增长点或增长极通过不同的渠道向外扩散，对整个经济产生不同的最终影响。

进化经济学是将进化论引入经济理论中，基于进化论的变异、选择和遗传来研究经济问题。进化经济学理论认为区域经济发展过程中科技经济与社会转变之间的关系对经济增长和国际竞争有着重要意义。当一个新科技范式应用到生产时，它必须要克服社会适应性，即要克服新科技与旧的社会生产模式之间存在的矛盾。也就意味着生产、组织、管理、教育系统、金融系统等要随之改变，就是说科技与社会要有一个相适应的动态过程。

新区域科学理论的主要研究观点指出，在一部分企业注重全球经济竞争力的条件下，区域的重要性日益得到提升和强调。在新科技革命和经济全球化的推动下，企业、区域和国家竞争力不仅取决于静态的相对成本优势，更重要的是取决于其动态的创新能力。这样企业之间的横向密切的联系、高素质的人力资源和弹性生产结构、获取基础性组织机构的支持、创新的区域文化氛围、积极的区域政府导向等构成其区域创新能力的主要内容。

新产业区理论是一种基于实证支持的区域创新理论，新产业区是生产系统或生产系统的一部分在地理上的聚集，是由服务于全国或国际市场的中小企业组成的，是既竞争又合作的中小企业的综合体，它为竞争优势产业提供了区域创新环境。在这方面库克认为，"区域"一般来说必须具备三个基本特征：一是要有统一的面积标准；二是按照一定的标准具备区域内部同质性，同时还要具备一系列的共同特性以使得与周围地区相区分；三是要拥有某种内部凝聚力。在对区域创新系统进行分类时，库克又从两个维度进行了划分：基于治理维度，库克将区域创新系统分为基层型创新系统、网络型创新系统和统治型创新系统；基于企业创新维度发展，库克把区域创新系统分为当地型创新系统、互动型创新系统和全球型创新系统。另外，国内相关学者对产业创新系统进行了明确的表述：李相银认为企业创新系统是由若干个创新因素构成的创新体系，即由富有创新精神的人和创新目标、创新机构、创新激励、创新技能、创新手段、创新材料、创新财力、信息、创新环境、创新控制等要素构成；曾万平认为高新技术产业集群创新体系构建的因素包括企业群与创业者、企业家、知识与技术中心、资本市场、地方政府与中介机构、区域创新环境；夏保华认为一个完善的企业技术创新体系主要由企业生产-学习系统、企业技术创新搜寻系统、企业技术创新探索系统和企业文化创新系统。

区域创新系统协同理论。1999年英国学者Robert W.Rycroft和Don E. Kash在其《复杂性的挑战：21世纪的技术创新》中指出，由于区域经济发展自主创新的过程中，创新具有多主体性、创新系统具有多层次性、科学技术本身具有复杂性等，这也是鲜明地把协同系统论应用于科技创新的根据：一是区域创新系统的整体性。区域创新系统是由各个相互联系、相互影响的各个要素组成统一的整体。各个要素的机能只能处于协同系统整体之中。脱离整体而存在的个体要素或若干个要素，即使其个体具有良好的功能，也决不能具有整体所反映出来的能力。所以，创新整体系统中的各个要素，即使功能还不是很完善，但通过系统整体综合和协同，就会具有良好功能的系统。二是区域创新系统的多样性与差异性。由于区域经济、文化和资源等条件与水平的不同，各区域的创新活动必然会有不同的起点、内容和途径，从而会造成区域创新有鲜明的多样性特征及区域创新能力的差异，事实上不同区域的创新效率存在极大差异，正是由于创新效率的差异，形成了区域经济发展的不平衡特征。

4.1.2 政府主体技术创新能力

政府主体技术创新能力，主要是指政府在技术创新体系中的技术创新政策支持和政策导向与调控水平，即政府作为区域技术创新体系的主体之一应该如何作为的问题。这种作为主要有：首先是技术创新政策的制定和执行。如何营造良好的技术创新环境，为技术创新服务是政府在区域创新中的主要职责。构建以政府为主导的产业共性技术创新体系，并提出产业共性技术创新体系的运作模式，以政府为主导的产业共性技术创新体系的组织形式，建立政府主导的产业共性技术创新体系的主要政策措施（操龙灿，2005）。政府制定适合本地区技术发展的科技战略和计划是科学技术创新的导向，其中集中本地区科技力量解决区域建设中主要问题，为企业和高校科研单位指明科技创新方向是政府作为区域技术创新体系的主体能力的体现。其次是政府自身管理体制创新。政府转变管理职能、实现自身行政体制创新，发挥其促进作用，促使本地在经济转轨与经济发展中逐步打破各种限制，从而推动地方经济模式的创新与发展。再次是政府的公共科技服务职能。政府的公共科技服务职能在科技创新方面重要体现，就是要为各类技术创新活动和机构提供公共物品和公共服务。其中重点是组织区域内重要支柱产业发展的原创性技术、共性技术及战略性关键技术的研发、应用，以促进区域传统产业的优化升级等。

从上述论证可以看出，政府虽然没有像企业、高校那样直接进行技术创新活动，但是政府通过制定和实施发展规划和政策，引导和调控企业、高校等机构的技术创新活动。针对部分地区科技产出水平不高，从市场、社会到产业结构等方面，在资金、人力资源等整个社会经济环境都比较欠缺的状况下，这种对科技创新的指导、规范、服务、支撑、保障等作用就显得更加重要。事实上即使在发达国家和地区，政府在国家区域创新体系中的强大作用也体现得非常明显，如美国、日本等，将在下文论述。

综合上述，在这里，我们将政府作为主体的技术创新能力定义为：政府通过发挥宏观指导、发挥组织、协调、服务以及控制管理等职能，同时通过自身管理体制创新、制定相关的技术创新政策、宏观调控和优化配置技术创新资源，使技术创新与发展成为本地区社会经济发展有利支撑的综合能力。

4.1.3 政府技术创新能力效用

1. 保障技术创新

"外部性"是经济学上的词汇。在现代经济学理论体系中一般称为外在效应或溢出效应，这种效应主要表现在一个经济主体的活动对旁观者的福利产生的影响，这种影响是外在的。当给旁观者带来福利损失（成本）时，就是负面效应，称之为"负外部性"。正面效应就是给旁观者带来了福利增收（收益），也称之为"正外部性"。

纯私人物品、纯公共物品以及准公共物品是产品按消费竞争性和排他性进行的分类。一般地，外部性问题无法靠单纯的市场经济的价格机制和竞争机制解决，这时政府就需要来干预那些具有很强外部性特征的公共产品、准公共产品。

技术创新中大多数基础科研项目的社会收益明显高于私人收入，因为私人付出具有公共产品性质，所以私人科技创新成本很难得到充分补偿，这样一来，政府就需要提供技术创新保障，对这一问题加以解决。

2. 打破准公共物品性所导致的创新主体博弈均衡

技术创新具有类似于公共物品的特点，这种特点的存在会导致创新主体进入博弈的不利一方，创新主体在进行科技创新后，在大多数情况下他们的成本是不能收回的，这也就使得创新者失去了创新的动力。一般地，在进行科技创新初期，创新者都会投入巨额的研发经费，当科技创新成果在应用时，一些相关联的企业会不断地模仿、学习，大量的跟随者使科技创新的领导者处于一种不利的竞争环境，这种现象会使多数企业更加倾向于采取跟随者的策略，而不是进行科技上的创新。如果所有的企业都采取这种策略时，创新就失去了主体，此时市场不能进行自行的调节，就需要政府制定相关的创新政策打破这种博弈上的均衡。

3. 对新兴技术产业与战略性产业的刺激与培植

在某些特殊的形势下，为增强国家的持续竞争力，政府需要对新兴产业和具有战略地位的产业采取保护和鼓励政策，然而这类产业通常是技术密集型产业。发达国家发展的政策就是形成新兴产业科技创新的重要力量，这种动力会推动新兴产业在较短的时间内形成竞争优势，形成持续创新的动力，同时也可以创造出本国新兴产业和战略型产业的竞争优势。这一点对于发展中国家来讲，由于资本市场发展缓慢，缺乏足够的资本实力。所以，支撑本国新兴产业的发展，政府的鼓励和扶持政策就更有必要性。

4.2 国外政府关于科技创新的政策导向

虽然以往美国政府对于科技创新的直接干预较少，但并不意味着它的作用弱化，就目前来看这种干预与日俱增；对于日本来说，二战后经济的迅速腾飞一度使其跃居为世界第二号经济强国，其国家整体实力的提升和科技及经济的迅速发展应归功于完善的科技创新法律制度；印度作为世界第二大发展中国家，政府对于科技创新政策发展的引导具有重要的作用。本节通过对美、日、印以及其他国家政府科技创新政策的分析指出其对我国的启示。

4.2.1 美国政府关于科技创新政策的分析

美国是目前世界上经济实力最强大、科技创新能力最突出的国家。美国并没有相关科技的专门立法，也没有与"科技进步法"相一致的原则规定及宏观调控的法律或规章。但是在相关的法律、法规中，包含了科技创新对国家发展的特殊地位及政府对于科研机构等宏观方面的掌控，也包括了政府等相关部门对科研机构内部系统的管理。据2002年"商业科技管理部门总统预算"表明，政府的作用是创造积极的环境。因此美国政府在科技创新的过程中主要还是采取间接的方式进行辅助、协调和监管。

1. 美国的科技创新立法

美国作为世界经济强国，美国政府对其本国科技创新的发展起到了非常关键的作用。美国政府重视科技创新的立法，并以其根本大法来保障科技的发展。

美国1787年制定并于1789年起开始实施的《美利坚合众国宪法》第一条规定，国会具有保护著作家及发明家的作品于生效期内不受侵犯的权利并且奖励科学与实用方法的进步。这是关于科技创新规定的世界上第一部宪法，这部宪法对美国及世界其他各国的科技立法起到指导性作用。1790年颁布了第一部专利法和版权法，其后又进行了多次修订与补充。

为了适应科技进步与科技成果的应用和推广，美国国会通过1976年制定的《国家科学技术政策、组织和重点法》来保障美国科技的迅速发展。1980年制定了《史蒂文森-威德勒技术创新法》后改为《1996年美国联邦技术转让法》，以及随后颁布的《商品澄清法》、《联邦技术转让法》、《综合贸易和竞争法案》等，其目的都是为了使政府有规划的在大学建立科技研究中心、培养高素质人才、提高科技创新能力，帮助企业提高竞争力促进经济发展。1980年12月12日，美国国会通过了著名《拜杜法案》，这是美国专利法的一次根本性的变革，彻底解决了政府资助发明的归属权问题，对资助大学研究项目的商业化运作、促进私人企业的发展具有革命性意义。1982年，美国政府制定了《中小企业技术革命促进法》，规定政府必须把一定的科研经费用于扶持中小企业，大大提高了中小企业的科技创新热忱。1986年制定的关于退税的法律《国内税法》指出什么情况下公司和机构可以获得退税。并在以后制定的法律中不断延长退税的期限，直到2000年《网络及信息技术研究法》的实行，才将退税的优惠期限永久延长。

1990年的《美国技术政策》中表明"努力使用科学技术是美国科技创新政策的最终目的，用科技的发展来提升美国人的生活水平，保障国家的经济发展及和平稳定。本政策是通过稳定一个强大的科技基础，一个促进科技创新和成果应用的健康环境以及通过发展使具有共同利益的国际关系等措施来实现的。1993年颁布的《技术为经济增长服务：增强经济实力的新方针》、1994年实施的《科学与国家利益》、1996年实行的《技术与国家政策》以及《改变21世纪的科学与技术：致国会的报告》，使科技政策达到了前所未有的高度。

2010年美国《复苏法：通过创新转变美国经济》的报告中指出，复苏法中将近1/8的投资用于创新，这些投资加速了美国科技的重大发展，也确保了21世纪美国的竞争力。除此法律法规的形式规定以外，美国政府还以规章或总统令的形式来发布政策。这些法律法规的制定为美国的科技创新提供了完善的政策保障。2015年12月，美国国家经济委员会、国家科学与技术政策办公室联合发布2015版《美国创新新战略》，详细论述了未来美国在科技创新方面的新战略。文件指出，美国长期以来都是创新者的国度，创新是其经济增长的源泉。2015年的美国创新战略共有六个部分，包括三大创新要素和三大战略举措。三大创新要素指的是投资创新生态环境基础要素、推动私营部门创新、打造创新者国家；三大战略举措指的是创造高质量就业岗位和持续经济增长、推动国家优先领域突破、建设创新型政府。通过三大战略进一步激活三大创新要素以此创造一个良好的创新生态系统。

自2018年推出太空、生物、网络等多项科技战略，美国政府在2019年将人工智能带到了科技舞台中心。强调要确保包括人工智能在内的新兴技术方面的领导地位，随即在2月签署发布了《维持美国在人工智能领域的领导地位》，启动了"美国人工智能倡议"。美国从国家战略层面提出未来发展人工智能的指导原则。为支持"美国人工智能倡议"，国家科学技术委员会人工智能问题特别委员会推出了《国家人工智能研发战略计划（2019更新版）》；国家标准与技术研究所发布了《美国人工智能的领导：联邦参与制定技术标准和相关工具的计划》；国防部国防创新委员会通过了《人工智能原则：国防部人工智能应用伦理的若干建议》，美国政府颁布的一系列政策举措，使整体国家科技战略渐趋完整，有力的推动了人工智能产业的发展。

美国政府发布的《2021财年政府研发预算重点》中，列出有关国家安全、新兴产业、能源环保、生物健康和太空探索等五大研发方向，并提出打造多元、高技能的美国科研人才队伍，创建并支持反映美国价值的科研环境，支持高风险、高回报的变革性研究，充分利用数据的力量，构建、增强和扩展战略性多部门合作共五大重点措施。这五大方向和五大措施的提出，为2021年美国科研奠定了基调。

2. 美国政府的科技创新政策导向

（1）制定相关法律政策支持科技创新发展。美国历届政府为了科技创新的发展都提出了许多的计划及制定了相关的法律法规。如肯尼迪政府提出的1962年的工业技术计划和1965年实施的国家技术服务计划。1980年所建立的第一部《技术创新法》，同年在贝赫-多尔（Bayh-Dole Act）法案中，允许美国大学将联邦政府资助研究的结果申请专利，这项政策大大激励了大学研究者从事具有潜在商业应用研究或与商业部门合作的决心和信心。1980年到1993年短短十几年时间美国政府制定并提议了九项相关的法律法规，相对重要的有：《贝荷-道尔法》，主要解决了政府资助及与其签订合同时产生的发明专利的政策限制；《史蒂文森-怀德勒技术创新法》，使联邦实验室的科技创新活动更倾向于商业化并提供了法律基础；《国家合作研究法》，有效的解决了相互合作研究企业的反垄断的法律效力。

进入21世纪之后，美国以新能源领域的发展为重点，同时大力加强清洁能源、医疗卫生、环境及气候变化等领域的研发，并且在国家空间、信息通信、材料与制造等相关领域也相继出台了若干新计划及新政策。2010年公布的《美国能源法案》规定了排放量的标准，并以2005年为参考标准进行有计划的减排。在医疗卫生领域，发布了首个国家卫生安全战略、公布首个抗击艾滋病国家战略、启动基因型-组织表达研究计划并通过了《2010年干细胞治疗与研究法案立法授权》。美国环境保护署颁发的《2011—2015财年环保局战略规划》提出了关于空气、水资源、污染等5个相关方面的战略目标以及5个交叉基本战略。与此同时，美国也发布了新的国家空间政策，旨在作为今后航天活动的基本准则。2010年相继颁布了《加强网络安全法》、《网络空间中可信身份的国家策略》、《国家纳米技术行动计划》等。同时，美国政府通过制定及完善税收、知识产权等相关政策有力地促进了创新活动的开展，对美国科技创新的发展产生了积极深远的影响。

（2）提升高校的基础研究和创新能力、加大对大学R&D的投资。美国的高校具有两项非常重要的职责，培养优秀的科技创新人才以及进行原发性的科技创新研究。据相关资料归纳，美国的研究型高校所培养的博士研究生其总量占所有大学中的75%以上，而政府拨款给研究型高校的科研经费的总额占所有高校获得经费总额的90%左右，在Nature和Science上发表的论文数量占所有大学发表总额的80%左右。美国具有世界上最发达的高等教育，在世界大学前百名的排名中，美国的高校能占到50%以上，这就是美国的科技创新能力始终领先于世界各国最根本的原因。由此可见美国对于高校中的人才，尤其是创新型高校人才的培养、引进及使用等方面具有独特之处。

自第二次世界大战后，美国长时间一国的R&D投入超过OECD所有成员R&D投入的总和。美国政府支持并建立了许多高校及基础科学实验室，引导并支持企业与企业间联合开发研究，使得美国科技创新的R&D进一步提高。美国政府在20世纪90年代以后，着重加强政府与企业的合作，鼓励产业界增加R&D投资，重视教育并加大对大学R&D的投资。美国大学的试验室承担了科技创新的主要力量，克林顿于1994年发表了"为了国家利益发展科学"的报告，指出政府要加大对科研与教育的投资，其长远目标是为了使美国保持尖端科技的领军地位。

（3）促进企业科研发展能力的加强。企业是科技创新的最重要主体，在美国，企业的创新能力对于国家整体创新能力的发展起着关键性的作用。美国政府一直致力于采取相关措施用以扶持企业的发展、促进企业的研发，而采取最多的则是税收制度、支持中小企业、政府采购等措施，对此在以下逐一介绍：

税收制度。美国利用税收制度来促进企业科研能力的发展。例如为了促使企业更好的进行创新与投资，在2010年财政预算中奥巴马政府拨款750亿美元，提出要实行研发税收减免永久化。研发税收的形式大体分为三种：一种是科研利润与应缴纳税额相互抵消；一种是在进行科研的过程中给予企业相应的补助；最后一种是对于利用率不大的项目加快淘汰，以减少所应缴纳的税率。美国《国内税法》规定了可以享受20%退税优惠的两种情况：一种是所有的公司和机构，如果第二年所投入的研究经费较前一年相比增加，其可以获得该增加部分20%的退税；另一种是不但公司和机构享有20%的退税，个人和其他进行研究的机构，如果其研究成果具有潜在的商业性，也同样可以享受较头一年增长投资额的20%退税。

支持中小企业的快速发展。早在80年代初期，中小企业的科技创新发展在美国就受到了重视。于此之后，美国为了适应其社会经济的发展情况相继实施了一系列措施，解决了小企业贷款难、税收重、申请审批程序繁琐、发展机会少及创新水平低的许多问题。90年代以来，美国政府公布了较多鼓励与扶持中小企业进行创新的科技政策。其中主要有帮助中小企业尽可能多的参与到政府的相关计划、推动中小企业进行宣传并推销其产品、支持中小企业相关人员退休计划。政府主要通过减少对于中小企业的政策管制、为中小企业开拓国外市场以及加强美国的劳动力来扶植美国中小企业的发展。在当今知识经济的大背景下提供税收减免、增加资本供应的易得性、支持技术创新企业的发展模式逐渐发生了变化，中小企业如雨后春笋般的逐渐发展起来。美国政府意识到，在当今社会不能一味的支持大型企业的创新，更应该支持中小型企业的发展，因为今天的大企业正是从昨天的小企业发展起来的，而当今的中小企业更具有创新活力、更能创造经济的增长及就业和机会。中小企业是美国技术创新的核心力量，美国一半以上的创新发明是在小企业实现的，小企业的人均发明创造是大企业的2倍。据统计，美国至少有75000家小型高技术企业，美国小企业提供了55%的创新技术，提供了25%的高技术领域的就业机会。

政府采购促进企业创新。在先期阶段，政府的订购对于产品的发展是非常重要的激励方式，而在产品投入生产之后，政府责无旁贷的应成为此创新产品的首要购买者，用以引导市场的发展。创新逐渐成为经济增长的关键因素，美国政府也转变其角色，从一开始的购买者成为现在创新的支持者与推动者。以集成电路为例，在1962年，美国政府购买了所有此类产品。1963年购买了所有产品的44%，到了1968年，政府对集成电路产品的购买量仍占37%，这为美国集成电路的发展起到了决定性的作用。在20世纪90年代末期，美国政府决定耗资90亿美元以政府采购的形式培育"创新产品"市场。

（4）政府促进产学研主体间的合作。美国具有数目较多的国家实验室和科研体系，具有世界一流的科学家、技术及庞大的资金，具有强大的科技创新能力。美国政府为了促进企业的科研活动，制定了相关的政策对其进行调整，其一是为了鼓励企业科研的热情，制定了相关的税收减免政策；其二是促进企业与企业之间的相互合作。为了使科技成果进一步转化，应促使政府与企业间的广泛合作关系，形成政府与企业全力合作的科研机制，共同进行科技创新。盖格曾指出，他们非常用心地创造"集聚"效应，使得产学双方的人员可以进行较高水平的交流。而这种交流能够迅速的促进大学的理论研究及科技创新向企业转移。实际上，大学对科技创新及社会的贡献多种多样，在研究过程中的发现和产生的科技信息，可以帮助企业提高在各领域的创新效率，还可以帮助国家培养具有高素质水平的科研人员，也可以直接参加到应用与开发的研究中去，大学还可以在科技扩散中发挥重要的作用。但是，大学的科研机构对国家科技创新最主要的贡献在于公开科学领域内的贡献。企业正是看中了高校对于科技创新能力的培养，才把它看作是创新的不竭动力。目前，美国200多所高校校园成立了超过1000个正式的高校与企业联合开发研究试验中心。到1994年为止，MIT的毕业生和在校教师已在全球创建了4000家至今仍相当活跃的公司。美国政府以高校为基础，成立了许多跨学科的实验室或研究室。提升了高校的科技创新能力，也就提高了企业在市场上的竞争力。美国政府的开放制度和政府的法律法规体系以及文化发展等方面因素就形成了相对完善的创新制度结构和制度环境。

3. 美国政府的科技创新政策对我国的启示

美国政府在科技创新发展过程中着重于宏观管理，努力创造有益于科技创新的大环境。同时，美国实施一系列国家重大科技计划用以支持科技创新。美国政府以间接干预为辅，通过制定相关的经济、科技法律、法规。某项技术是否拥有经济效益决定了政府是否对其进行干预。

政府干预主要侧重于以下方面：第一，基础研究的统一管理；第二，协助解决当前技术变革引发的暂时困难；第三，通常不干预具有较好经济效益以及拥有较好发展前景的技术领域或项目，支持企业参与研发并承担风险。用适合的方式帮助、鼓励参与风险大、投资大的重要领域的企业度过最大风险期。并且对重大的、交叉学科、综合性技术领域以及公共技术领域给予适当鼓励、扶持。加强知识产权保护的立法与执法，执行建立起的统一技术标准和对企业相关的技术研究及开发给予税收上的优惠。从美国的科技发展道路我们不难看出，要推动科技进步、增强自主创新能力、并且实现战略目标建设创新型国家，就要不断地完善我国关于科技创新层面的法律规章、制度。美国在许多方面对我国的发展具有非常大的借鉴价值。如科技的投入、科技创新激励机制、科技成果保护与转化等方面。

美国信息技术产业的巨大发展对我国具有一定的借鉴意义。政府进行资助研发方向应该与政府职能、用于资助资金性质相符。政府应为效益大、公共性强等项目制定一系列的法律法规。政府应该支持如信息技术产业等基础性研究。基础性的研究成果要有目标、有目的性的应用，才能使经济效益在短时间内显现出来。因为科技创新具有较强的公共性，因此政府必须给予支持。政府制定相关的法律法规、税收优惠政策等进行技术发展干预。法律法规的制定为科技的创新与发展营造了良好的外部环境以及高水平的基础设施，使得科技创新的能力得以快速的增长，这也是政府行为的主要方式。

4.2.2 日本政府关于科技创新政策的分析

第二次世界大战后，日本通过实现"技术立国"的策略，逐渐成为世界经济大国。日本的国家创新体系的内部运行机制是基于市场监管，但政府干预的程度比美国更大，所以它的发展模式分为政府直接干预及产学研合作，这是典型的日本创新模式。在日本的国家创新体系中，政府占主导地位，积极引导和专注于国内创新活动和强有力的干预政策。日本则代表着另一极端，政府既直接介入创新活动又制订许多创新政策、创新战略。

1. 日本的科技创新立法概况

1984年度的《科学技术白皮书》认为创新的源泉就是基础研究。1986年日本政府公布了《科学技术政策大纲》，规定了该如何振兴科技，确定日后需要重点关注的领域，着重强调基础研究，特别重视基础性及独创性的科技创新。于同年公布了其决议，基本方针为：着重强调基础研究，发展富于创造性的科技研究。1989年度的《科学技术白皮书》强调，日本在20世纪90年代要大力推进高技术产业的快速发展，就必须提高基础技术实力。1992年《科学技术政策大纲》的制定再一次强调了应增加对基础研究的投入，确定了今后科技发展的道路及应重点干涉的领域。

1995年颁布并于1999年修订的《科学技术基本法》指出，日本新科技政策的基本目标为"从整体上有计划地推进与振兴科学技术相关的各项方针政策，以在谋求日本经济社会发展和国民生活水平提高的同时，对世界科技进步和人类社会发展做出贡献"。日本在1995年颁布的《科学技术基本法》是一部关于科技发展的纲领性法规并且规定了国家对于科技发展的宏观导向，这部法律的实施体现着日本逐步迈向科技创新大国的行列。依据这部立法，日本政府每五年出台一期科技基本计划。

《科学技术基本计划》（1996—2000）期望把日本建立成一个具有科技创造力的国家，并为本国的科技发展制定全面、系统的政策。正因这个目标的设定，政府共实际投入1491亿美元，比原计划多投入51亿美元，此计划主要是推进企业的发展、提高研究人员的水平、增加政府的科技投资比例、促进产学研的相互合作，使国家科技创新的氛围明显改善。

《科学技术基本计划》（2001—2005）提出要把科技创新立国当成目标，着重提高基础研究及8个重点领域。属于国家战略重点的四个优先领域有：生命科学、信息通信、环境工程、纳米技术。科技体系的改革是该计划的另一个重点。政府实际共投入1788亿美元，可见日本政府对科技发展相当的重视。

《科学技术基本计划》（2006—2010）的核心为科学技术重点化战略。2006年《分领域推进战略》的实行，促进了四个基础研究重点领域及四个推进领域的发展。不断加强国家基础技术研究，进一步促进新学科的形成，用以保障日本在国际经济中的领先地位及在国际社会中的影响力。

《科学技术基本计划》（2011—2015）。日本政府不仅重视宏观上政策的制定，微观领域的企业、大学等方面也制定了许多较完善的法律。1996年修改的《中小企业创造性活动促进法》对认定了的企业给予间接的投资，主要通过地方政府的风险财团来实现。日本国会于1997年通过了《关于大学教员等的任期法律》，通过改革研究人员的聘用制形式，起到激励科研人员对于创新的极大热情，从而提高科研组织的效率。2001年4月起，日本政府从56个国立科研机构着手实施了重大改革，并且逐步实施独立行政法人制度。在此之后又相继出台了一系列法律对其进行完善：《中央省厅改革基本法》、《独立行政法人会计准则》、《独立行政法人产业技术综合研究所法》。于2004年，日本实施《国立大学法人法》，依据这部法律，国立大学将变为独立法人，它将拥有法人的权利和义务。2005年颁布的《关于促进中小企业的新事业活动的法律》中，增加了鼓励、支持企业相互合作的部分，整合社会力量进行新技术的研究与开发，不久将实现技术的产业化。另外，2014年6月日本内阁通过了新版科技创新综合战略《科学技术创新综合战略2014——为了创造未来的创新之桥》，提出将日本打造成为"全球领先的创新中心"的宏伟战略。

2. 日本政府对科技创新的直接干预

日本政府在国家创新体系中的作用特点主要表现在：

（1）重点干涉关键领域

日本政府于20世纪重点扶持领域有钢铁产业、石油产业、计算机产业、飞机产业等。而进入21世纪日本政府重点发展的企业为电子业、汽车业、半导体设备制造业等。在日本关于电子类的企业发展越来越突出，根据2010年《频谱》刊登的专利实力记分牌中显示，排在前10位的企业中，日本的电子类企业占了7家之多。日本的电子工业与汽车工业世界闻名，汽车业的发展情况也具有良好的表现，丰田汽车公司在全球企业研发投资的排名中也多次位于榜首的位置。日本半导体设备制造业也处于世界领先水平，东京电子在半导体设备制造专利中的排名也是逐渐增加，在2009年成功赶超美国。

日本政府把科技创新研究的重点领域转移到以绿色创新与民生创新为

主的环境和能源、医疗和健康的发展上，把这两方面作为成长型支柱产业进行重点干预。在2010年，日本通过了《能源基本计划修正案》，这部法案为日本未来20年的能源发展提供了政策方针的指导。2009年日本经济产业省发布的新增长战略报告指出，在关于生命领域中提出"通过生活创新实现健康大国的战略"，希望"把医疗、护理、健康相关产业发展为带动增长的产业"；"在日本推进创新性药品、医疗及护理技术的研发"；"强化医疗和护理服务的基础"。这些关键领域的重点干预，强有力的促进了日本国内企业的转型，对科技创新在日本国内的发展和提升日本整体经济实力，起到了积极促进的作用。

（2）科技战略的演变

贸易立国阶段（1945—1980）。日本主要采取的政策是先从美国等发达国家引进先进的技术，经过消化吸收，逐渐转变为自己的产物，从而到达提高综合国力的目的。在此阶段，于1956年成立"科学技术厅"，并且制定了相应的法律政策，花费巨额资金从国外引进先进技术，从而达到使本国经济快速回复的目的。1946年《日本国宪法》规定，政府应对进行科技研究及发明创造的个体和企业进行奖励并且应把科学技术的发展放在公民事业发展的首要位置。因此奠定了科技进步的优先地位。

技术立国阶段（1980—1995）。日本政府为了国际竞争力及经济实力的提高，利用有限并且有效的技术资源进行创新性的技术研发。在此阶段日本政府着重强化其本国政府的职能，为科技提供导向以及尤为重视改造产业结构。于1980年制定的《80年代通商产业政策展望》，是首次正式提出"技术立国"的官方性文件，都是以技术政策为主要内容制定的。

科技创新立国阶段（1995—2002）。随着科技创新全球化的发展，日本的科技发展战略也发生了巨大变化。首先，撤销了"科学技术会议"，成立"综合科学技术创新会议"，其主要职责为制定国家的发展战略，在宏观领域把握好方向。其次，加大对R&D的支持力度。最后，加大与国际间的合作与研发。日本目前制定科技政策的主要依据1995年通过的《科学技术基本法》，其明确规定了日本政府对于科技创新发展的宏观导向，这部于1995年制定的法律标志着日本科技政策已经开始重视R&D及创新，日本开始进入科技创新立国阶段,也被视为日本科技创新的根本大法。以此为基础日本政府相继出台了许多法律及战略规划,如《新技术开发事业团法》、《大学技术转让促进法》、《所得税法》以及"知识产权战略"、"信息技术战略"、"生物技术战略"等。随着2002年《知识产权基本法》的颁布,以及之后的更新和修改,使得日本成为了目前知识产权战略最完整、最系统的国家。日本政府也非常重视高新技术产业的发展并制定了相应的《促进基本技术研究税则》、《增加试验研究费税额扣除制度》等税收政策支持高新技术研发活动。

知识产权立国阶段(2002—至今)。"知识产权立国"战略的提出是继"科技创新立国"战略后的重大战略转移。知识产权立国的主要内容是,为了提高知识产权体制的建设应提高创新管理体制及综合体制的建设;以知识产权为主着重提高科技人员的创新能力及高水平的合作;鼓励并奖励知识财产的开发及创造;制定较系统的知识产权立法;企业充分认识到把知识产权提高到战略性的高度所能带来的最大效益;完善知识产权的构建体系和人才培养制度。

(3) 重大科技战略和措施

在科技全球化的大背景下,日本政府逐渐将科技创新和人才培养作为经济增长的基础,大力推进绿色创新和民生创新,以上主要体现在基础研究和节能环保两方面内容:一是基础研究。日本政府逐渐转变发展战略,把基础研究作为科技创新的基本点。依据2010年发布的《第四期科技基本计划框架方案》指出,要加强基础研究,重视科技人才培养,包括加强独创性的、多样性的以及世界领先水平的基础研究。而日本综合科学技术会议基本政策推进专门调查会的报告认为,日本应加强基础研究并应进行基础研究支撑体系的改革。二是节能环保。日本政府发布的《新成长战略》中指出,在绿色创新、科技与信息通信等7个战略领域实施21个国家战略项目。在这21个项目中关于能源环境方面有:建立固定价格电力收购制度;促进可再生能源的利用;发展智能电网,建立以智能电网为基础格局的城市布局与社会系统;实现国内资源的循环再利用;建设低碳社会等。同时,日本颁布的新《能源基本计划》进一步指出,到2030年实现的目标分为两个方面,其一是将自主能源比例提高；其二是能源利用率高、污染少。

日本政府公布通过了雄心勃勃的"登月计划"，指是"登月"型研究开发制度，并制定了克服低生育高龄化、恢复地球环境、新技术开发等3个目标，以及为达目标的25个课题。25个课题将实现目标设定为4个期限，分别为2035年、2040年、2050年和2060年。另外，着手制定了第6期科学技术基本计划。日本在制定计划中增加了全新考量：利用研发成果的创新，同时还在探讨修订《科学技术基本法》。2021—2025年的第6期计划将从新的角度构筑，思考2030年至2050年日本应该成为怎样的国家，怎样的社会形态等问题。

3. 日本政府的科技创新政策对中国的启示

二战后的日本，通过模仿追赶、模仿创新、技术追赶、自主创新、科技创新的发展道路最终成为世界第二号经济强国。这样的发展路线对于我国来说具有重要的借鉴意义。创新相对于经济大国来说是落后国家追赶的有效途径，相对落后的国家可以根据本国的发展情况选择一种适合本国国情的发展路线，从而有效提高国家整体水平及经济实力。

自新中国成立以来，我国的科技创新取得了长足的发展，尤其是改革开放40年取得了实质性的飞跃。但与日本和其他国家相比，科技水平的差距仍然很大。我国应借鉴日本对关于科技创新的成功经验，建立相应的科学地位与技术力量，为构建社会主义和谐提供动力支持。

（1）更加具体、有针对性的制订科技政策。科技创新政策和"科教兴国"战略的许多方面太笼统。虽然包含了很多内容，但具体科技领域无法用指标来衡量，更没有有效地促进新能源领域、通信等高新技术领域。因此，我国应该借鉴日本的经验，要具有针对性的制定发展战略。比如，制定具体的节约能源、发展使用新型、IT产业的发展等战略。

（2）深化科技体制改革。计划在日本全面改革的进入和退出系统，能源分配给研究成本、人才引进以及培养机制，例如研究开发体制改革。这些措施将贯穿于整个日本科技领域的研究，为中国的科技改革指明方向。中国须以必要的科技管理系统集成，使其更多的责任明确，强调市场的作用，减少行政干预，使其更多的指导科学和技术系统。在聘用、引进国内外研究人才等方面增加透明度。与此同时,产学研和其他创新主体必须紧密相连,努力解决权力自由市场与企业的科技环境。

(3)健全"产学研"的相互合作机制。我国产学研合作研究的起步相对较晚,各个时期的研究没能很好的衔接,使脱节较严重,这不利于我国科技的全面发展,也不利于我国科技的战略制定与实施。我国应该多借鉴日本的先进经验,怎样从一个小岛国变成科技强国。首先,政府应建立一个较规范的系统及环境。其次,加强学校与企业的合作沟通,学校培养企业需要的人才,企业积极资助学校的研发,使学校与企业进行良好的互动。最后,建立学校与企业间的相互合作,学校成为企业的基础研发基地,企业提供学校实践实习的基地。此外,应加以利用科研机构与大学的基础研发能力,引进先进的技术与设备进行创新发展,努力促进技术的应用和推广。

我国是一个大的发展中国家,科技水平与日本相比差距很大。然而,21世纪是知识经济的时代,是以高新技术的优劣为主的竞争。我国应紧握住时机,积极借鉴日本的成功经验——科技创造强国。坚持我国应自主创新、实现重点跨越、用科技支撑发展、用知识引领未来的发展方针。

4.2.3 印度政府关于科技创新政策的分析

印度作为一个低增长、社会经济发展缓慢的国家,始终处于需要世界的援助,而就在这一情况下其本国科技发展令世界关注。印度政府于1958年通过了《科学政策决议案》,勾画出印度政府在未来科技发展方面的大致宏图,也为未来印度的科技创新发展奠定基础。随着这项议案的实施,印度迈入了全面建设科技体系时期。

1. 印度的科技创新立法

从《科学政策决议案》实施25年之后,印度的发展使政府坚定了一种理念,即印度的科技能力可以为本国的经济发展提供助力。于是1983年印度政府制定了《技术政策声明》,声明中指出:在引进国外技术的同时要适合本国的需求;提高就业率及报酬;提高传统技术的竞争能力;必须使科技真正应用于生产之中;获得比投入更高的回报率;在科技发展的过程中其硬件及软件必须现代化;尤为注意环境保护及可再生资源的利用、非再生资源使用的控制。该声明中明确规定了科学技术与社会经济发展的关系，并指出要想发展经济必须以科技为基础，同时指出要想发展科技必须实现科技本土化，为科研提供良好的环境、培养人才，使科技的发展最大限度地促进经济的发展。

进入20世纪90年代，随着世界经济全球化的到来，印度的科技政策发展方向也已迈入了全球化时代。为了迎接全球新技术革命的到来，印度政府于1993年制定了《新技术政策声明》，明确规定了印度今后科技发展的重点领域，包括信息技术、生物技术、医疗技术等，全面提高整体实力以实现强国战略。

进入21世纪，继三份文件实施后又一项关于科技创新文件的颁布则进一步推动了印度科技的飞速发展。于2003年在具有小"硅谷"之称的班加罗尔公布了新的《科学技术政策》，为印度参与国际竞争提供了良好的政策支持。该文件明确指出了印度科技发展的目标、规划及行动措施，要大幅度提高科技的投入用来促进印度的整体发展，强调了用科技促进本国经济发展的同时还应注重加强国际间的交流及合作；加强R&D的投入；改善人才培养环境，该文件的颁布使印度朝科技大国的目标又迈进一步。

从印度科技发展的过程不难看出，印度的科技政策发展循序渐进，脉络清晰。《科学政策决议案》明确了印度科技发展的方向，《技术政策声明》使科技更有效的促进经济的发展，《新技术政策声明》指出了印度未来科技发展的重点领域，《科学技术政策》指出要想进一步发展科技，国际间的交流及合作是必不可少的。

这四份文件的颁布实施，在印度科技发展史上起着关键性的作用，为印度科学技术政策的相关法律实施奠定了基础，并且对印度的科技创新发展提供了保障。

2. 印度政府对科技创新的主导

印度能跻身于世界科技发展的前端，主要归功于计算机产业的发展。计算机相关产业的发展带动了印度整体经济的上升，使得印度的科技成为发展中国家的领头羊。

（1）政府的支持、政策的扶持、法律的保障。近年来世界经济发展的重心不仅仅集中于重工业、纺织业的发展，转而青睐于信息产业的发展。以信息产业为主的科技创新发展，在科技发展过程中主要以智力的投入为主，因信息产业的发展具有相对的独立性，无论国家整体经济实力如何都可以在信息产业方面具有较大的突破。在此基础上，印度政府为了提高在世界竞争中的地位、提高经济的快速发展，以信息产业的率先发展来带动国内其他产业的发展。印度政府对信息产业的发展给予相当高的关注，并将计算机产业发展提高到战略的高度。由于信息产业的人员水平要求较高，基础设施的要求也较高，因此印度政府为了信息产业的发展投入大量的物力、财力来用以改善工作条件。

尼赫鲁指出，一个民族想要真正的获得独立与发展，高科技的发展是必经之路，从此以后历届政府都对科技的发展加以重视。80年代政府更是将计算机的发展与应用当成国家发展的重中之重。90年代，政府颁布了一系列有关信息产业的政策，使得信息产业蓬勃发展。

印度政府相继颁布的《科学政策决议》、《技术政策声明》、《新技术政策声明》、《科学技术政策》四份文件中指出，要把科学放在国家的战略规划之中，支持科学研究的全面发展，并且要尊重科学家在科研项目所付出的劳动及取得的成果，大力提倡科学家要具有创新精神，要注重高水平人才的培养及普及高等教育等一系列的战略思想。因此能看出印度政府对于科技的发展给予高度的重视与扶持，这四项文件的制定描绘了印度科技发展的宏观政策框架，并为印度科技的蓬勃发展奠定了坚实的基础。

印度政府非常重视知识产权的保护，相继出台了大量关于知识产权保护方面的律法。1994年印度政府将版权法进行了彻底的修正，用以加强保护由传统知识而产生的科学发现和科技创新成果，明确并系统地指出了关于版权者的相关权利、侵权等相关惩罚措施的具体事宜。

印度政府对信息业的发展也给予了大量的政策扶持，如免征出口软件商的所得税，在投资、信贷等相关领域给予优惠政策；信息产业实行零关税、零流通税等相关的税收优惠及政策支持。

（2）人才的全面培养及开发。发展高等教育，培养高科技人才。信息产业的日新月异、更新换代的速度使发展需要大批的人才，除了少量引进人才外，大部分人才的产生都是由印度本国所培养的。据相关数据统计，印度目前全国设有公立大学250所、公立学院1万多所、私立理工类学院1100多所，每年高等院校的入学人数现已成为继美国、俄罗斯之后的人才培养大国，可见印度政府对高等教育的重视，使高等教育的规模成为屈居美国之下的世界第二。现今，每年毕业于信息领域的高校毕业生就有7万多名，并逐年增加。印度政府对高等教育的重视程度使其产生了众多的科技人才，无论是基础应用型或是科技研发型。在高科技人才的培养上，印度政府提出了一套适合本国发展的战略即"复合型"人才发展战略。战略指出，在培养人员具有高技术水平的同时还应提高其他能力，如团队精神、抗击能力等，还强调要在培养单一学科的基础上培养学科的交叉，这项战略的提出更进一步的推动了科技人才的发展。

尽管印度政府已经提出了相关人才培养的战略，但因信息产业的特殊性，使专业人才仍十分短缺。为了更好的发展信息产业，培养高科技人才，印度政府决定大规模的扩建高等学府，支持去海外留学，促进学术交流。印度政府还认为应提高基础教育水平，鼓励民办、私营的培训机构，用以培养各类信息类的人才。印度政府指出要扩大教育面，尤其要从妇女和孩子抓起。

印度政府认为单纯的闭关锁国式的人才培养道路是行不通的，交流与合作才是人才培养的关键，因此印度政府着力培养国际化复合型人才。印度将培养的大批科技人才输送到美国等发达国家，这些人员在国外进行学习与工作，积累了大量的经验与知识。正是因为印度政府的正确决策，使得目前在全球高新技术领域工作的人员中具有大量的印度人员，提升了印度在科技创新领域的影响力。这些在国外工作的人员并没有忘记自己的祖国，在自己学成之后也为印度的科技发展做出了巨大贡献。在这些人员中，许多人员将大量的客户介绍给国内促进科技及经济的发展，还有许多人员将在国外所学的知识转化成信息传输进国内，或者在本国投资兴建工厂、创建公司。这些接触过科技发展前沿的高科技人才，为印度科技的进一步发展提供了重要的助推力，也成为印度与世界科技接轨的重要桥梁与纽带。

（3）吸引人才回国，减少人才流失。印度的人才"国际化"战略是印度人才政策中的重要组成，与此同时，科技人才外流现象也十分严重，引起了印度政府的重视，采取了一系列的措施吸引人才回国，减少人才外流。直接政策：印度政府于20世纪80年代，拨款并建立了管理印度科技人才归国等相关工作的机构"科学人才库"。印度政府还成立了"国家科技创业人才开发委员会"，进行长久的科技人才培养开发计划，用以解决国内的科技人才相关问题。近几年，随着印度在科技领域的突出表现，使得政府充分的认识到科技人才的重要性，以及在21世纪科技实力的重要性。因此，印度政府积极的采取了相关的政策来吸引人才回国。例如，海外科技人才回国时的待遇应有所提高，并改善工作环境，提高科技人员的社会地位，海外科技人才回国后不应仅仅局限于某一领域的发展，应拓宽发展空间，如果海外科技人才不想放弃外国国籍但还想回国工作，可以放宽回国政策，允许具有双重国籍等，另外为了使旅居外国的印度科技人才更好的了解政府吸引海外人才回国政策，每年在首都新德里都举办"海外印度人日"。间接政策：印度政府在应对人才外流的情况下，除了采取相关的直接政策，还采取了相关的间接措施。例如，在印度国内研究领域是先进领域的则不允许此类人才到国外进行交流、学习、研究等，经过印度政府资助的人员或者是印度政府颁发奖学金并出国学习的人员，学成后必须归国，先进领域的科学家及紧缺领域的科学家不能未经许可移居。

印度的许多科技公司也提出了一系列的相关政策来吸引人才，留住员工。像提高待遇、改善工作环境、提供更多的发展进步空间等。一些大型的公司为了吸引国外人才促进科技发展，给予能到公司工作的人才以高额的报酬，还有的科技公司为了更好的激励员工吸引人才，可以为本公司的工作人员提供优先认股权的政策，不断将公司的股份以优惠的价格专让给员工。印度几乎所有的大型科技公司都拥有本公司的试验中心，科技人员可以更专注于自己的试验。通过印度政府及印度相关公司所实施的政策，印度科技人才流失的情况得到有效的控制。

3. 印度政府的科技创新政策对我国的启示

我国与印度目前都处于社会主义初级阶段，都是发展中国家，也是目前整体实力提升最快的国家之一，中国和印度无论从经济发展趋势还是基本国情来看都有许多相似的地方，印度的科技发展在经济增长方面起到了至关重要的作用，也为我国完善科技创新政策、推动科技创新发展具有重要的借鉴意义。

（1）全面发挥人才的作用。一个国家想提高科技的实力，就是提高整体竞争力，无疑也是想提供给国民更优越、舒适的生存环境及发展空间。科技政策的制定要注重"以人为本"，科学技术的发展关键在于人才。因此，应着力普及对国民的科普教育，整体提升国民的科技素养。还应全面提高科技领域人才的作用，尤其在关于科技政策制定方面，要多采纳专业领域科技人才的意见。要使科技人员充分的参与到科技政策的制定与管理之中，并在此过程也要更好的体现科技人才的想法与构思。而我国相关政策的制定主要集中于行政机关之中，即使有科技方面的人员参加也只是走走形式，根本不能起到任何实质性的作用。尽管科技政策的制定是政府及行政机关的职责，但科技人才的参与能更好的有助于政策制定的科学性和使用性。有了科技人员的参与，也可利用走在国际前端的专业知识对科技领域发展趋势深入了解，政府部门或行政部门在制定科技政策及科技方面重要战略部署时，可以充分的发挥作用并尽量避免失误，提高科技政策的科学性。因此，我国应着重提升科技人员在政策制定中的地位和作用，进一步提高科技决策的正确行使以及科技政策的有效性。

（2）完善科技政策。科技政策的制定不仅要关注世界科技发展的变化，更应该基于本国国情之上。印度政府初期就以这条原则为基本，根据所处时期的世界环境以及国内环境不同，相应的颁布了适合科技发展的政策，并在创业、税收、股权、教育等方面都相应的制定了一系列优惠政策。通过印度现今科技发展的优势可知，这些政策颁布对印度科技发展起到了重要的推动作用。我国始终以构建社会主义和谐社会为目标并作为引领社会的全面发展。因此，科技政策作为国家的宏观政策必须站在全局战略的高度给予重视。我国要按照本国的国情坚持自主创新以推动科技发展，坚持"人才为本"以促进科技提升，充分发挥科技政策在实现人与自然、经济与社会的全面可持续发展中的重要作用。

4.2.3 其他国家政府关于科技创新政策内容

1. 德国科技创新政策相关内容

2010年7月,德国联邦教研部提出了《德国2020高科技战略》;德国教育和德国科学基金会联合发起"德国大学卓越计划"(简称"卓越计划"),以资助大学的年轻科研人员,增加高校与高校、高校与国际学术机构之间的合作;2018年德国在联邦内阁通过并发布了《高技术战略2025》(HTS 2025),新一轮高技术战略明确了德国未来7年研究和创新政策的跨部门任务、标志性目标和重点领域,以"为人研究和创新"为主题,将研究和创新更多地与国家繁荣发展目标,即可持续发展和持续提升生活质量相结合。

德国政府在2019年科技政策呈现出四大亮点:

一是围绕2018年出台的《高科技战略2025》制定后续政策。如启动"抗癌十年计划";支持氢能、合成燃料以及电池领域的研究,以应对气候变化和能源转型;实施"自动驾驶"行动计划等。

二是大力推进人工智能技术发展。针对德国推出的《联邦政府人工智能战略》,2019年联邦政府以及经济部出资用于人工智能研究经费和奖励。推动社会各界就人工智能广泛交流、推出欧洲数据云计划"GAIA-X"、推进科学数据基础设施建设、选定30家科学数据中心等。

三是发布《联邦政府区块链战略》,采取44项措施在德推广区块链技术、出台首个《国家继续教育战略》、更新此前的《数字化战略》、德国教研部启动"量子网络"资助倡议、建设量子通讯示范网等。另外,德国出台了《气候保护计划2030》,希望到2030年德国温室气体排放比1990年减少55%。

四是继续增加高校和科研机构的投入。联邦政府通过精英战略投入5亿欧元支持10所精英大学和1个精英大学联盟,促进大学尖端科研。资助1000个终身教授席位改善年轻学者的职业晋升渠道。联邦和地方政府签署第四期《研究与创新公约》,从2021年至2030年,将共同为德国大学以外重要科研机构提供总计1200亿欧元的科研经费支持。

2. 英国科技创新政策相关内容

2011年12月,英国政府出台了名为《以增长为目标的创新与研究战略》，提出政府要从5大方面采取措施驱动经济发展；2012年9月，英国政府发布了《英国产业战略：行业分析报告》，指出政府要与产业界建立长久的战略伙伴关系；2014年12月17日，英国政府发布《我们的增长计划：科学和创新》战略文件，以卓越、敏捷、合作、地点和开放为原则，指出优先重点、人才培养、科研设施、一流研究、刺激创新和国际化等6项战略要素；英国2015年底发布的《英国学徒制：2020年发展愿景》制定了五年发展规划，到2020年将创造300万个学徒岗位，进一步提高学徒的数量和质量。

英国政府为减少"脱欧"在各方面领域所带来的负面影响，则在科技方面推出三大举措：一是继续增加对研发活动的投入力度，并在年度计划中把改善商业环境、促进地区发展、鼓励新思想和新创意、培养人才、改善基础设施建设和国际合作等六个方面作为研发和创新活动的主要任务。二是确定新一轮产业技术研发重点领域。英政府将通过"产业战略挑战基金"对一些重大行业领域的技术研发和产业发展进行强力资助，具体七方面重点包括疾病发现、数字安全、电力革命、工业脱碳、制造业智能化、低成本核能和智能化可持续塑料包装等。三是加强对新兴产业技术研发活动的扶持。为全速推进量子技术商业化，英国政府和工业界联合投资3.5亿英镑之后，又通过"产业战略挑战基金"增加1.53亿英镑资金用于量子技术的商业化，这使得英国对国家量子技术项目的总投资提高到了10亿英镑以上。

3. 俄罗斯、欧盟、法国科技创新政策相关内容

2012年12月，由俄罗斯教育科学部牵头制定的《俄罗斯国家科技发展规划（2013—2020年）》，指出在2013—2020年间，俄罗斯将完成五项任务，该规划确定的五大具体任务是：发展基础科学研究；在科技发展优先方向建立前沿性的科技储备；统筹科技研发部门的发展，完善其结构、管理体系及经费制度，促进科学和教育的结合；构建科技研发部门现代化的技术装备等基础设施；保障俄罗斯研发部门与国际科技平台接轨。该规划还设定了至2020年俄罗斯科技发展的若干具体指标，其中包括：被收录于Web of Science索引数据库的俄罗斯科学家论文比重占到3%；被收录于Scopus索引数据库的俄罗斯科学家论文比重升至13%；研究人员平均年龄降至43岁；研发投入占GDP比重达到3%；研究人员平均工资达到所在地区平均水平的2倍。2013—

2020年间，俄罗斯政府将投入1.6万亿卢布（约合530亿美元），专门用于该规划的实施。

2014年欧盟发布《欧盟2020发展战略》，正式启动了"地平线2020"计划，该计划周期为7年（2014—2020年），预算总额约为770.28亿欧元。该计划的目的是助力科研人员获得新发现、突破和创新以及促进技术成果转化；2017年9月，欧盟委员会发布了《面向2018—2020年的H2020ICT工作计划》草案，提出了欧洲工业数字化技术、欧洲数据基础设施、5G、下一代互联网等技术的研发计划。

法国总理爱德华·菲利普在国家科学研究中心成立80周年大会上首次公布，将制定首份历时多年的国家研究战略，并于2021年开始实施。该战略旨在为各级科学家——尤其是年轻科学家提供稳定的资金资助和更好的职业前景，新战略将以一项国防战略为蓝本，"确保法国仍是科学强国"。

4.2.4 国外政府关于技术创新政策的评价

技术创新起着一国经济增长的强大推动作用，各国也不断加强对技术创新研究的投入力度，不断完善与调整科技创新政策。

1. 注重科技创新立法

美国作为世界经济强国，美国政府在科技创新立法方面起到了非常关键的作用。美国政府重视科技创新立法，并以根本大法来保障科技的发展；日本在《科学技术基本法》强调，日本新科技政策的基本目标为"从整体上有计划的推进与振兴科学技术相关的各项方针政策，以在谋求日本经济社会发展和国民生活水平提高的同时，为世界科技进步和人类社会发展做出贡献"。这是一部关于科技发展的纲领性法规并且规定了国家科技发展的宏观导向，这部法律的实施体现着日本逐步迈向科技创新大国的行列。这些科技创新立法领域在发展的同时，也提升了国家的竞争力。

2. 加强技术创新政策导向并组建趋于绿色科技创新

各国政府认为要实现本国经济快速并可持续发展，则必须依靠科技创新。而各国在发展环境、能源、信息技术、新材料、气候变化等新型问题领域的研究将处于技术创新的重要方面。美国以新能源领域的发展为重点，同时大力加强清洁能源、医疗卫生、环境及气候变化等领域的研发，并且在国家空间、信息通信、材料与制造等相关领域也相继出台了若干新计划、新政策。同时美国政府把绿色能源发展作为引领未来经济发展的重要方面，大力提倡向清洁能源经济转型，力图在清洁能源技术领域取得主导权；日本政府把技术创新作为经济政策的重点，其战略布局的重要方面为科技创新，并通过推动能源、医疗、环境等领域共同发展实现经济的快速提升；印度虽然是发展中国家，经济实力远不如发达国家，但印度政府已经充分认识到可再生能源的重要性，已在环境、能源、医疗等方面加大关注力度，并且出台了有关先进太阳能项目等具体的政策。

3. 加强国际间的交流与合作

各国政府充分的认识到了科技外交实践、国际科技合作的重要性，纷纷采取相关措施。美国正逐年增加派往世界各国，尤其是中东及北非的科技外交官人数，并派特使前往穆斯林国家及非穆斯林国家与相关人士接触，提出对国际科技合作等方面的建议；日本与世界各国的科技合作都比较紧密，主要的合作伙伴为G7国家和亚太地区的主要国家；印度政府表示将扩大在本国具有优势的领域进行对外技术援助，帮助纳米比亚建设塑料技术示范中心、支持老挝万象建立信息技术中心，并扩大对最不发达国家的技术支持，具体技术领域涉及林业技术以及适应技术等。

4.3　中国政府科技创新政策导向的现状

从上述各国的科技政策举措来看，如美国这样历来崇尚市场自由竞争的国家，政府也都进行科技创新政策的制定，并亲自领导和组织，将政策付诸实践，以不断取得在创新方面的突破，推动国家经济发展，实现国家核心竞争力大幅提升。另外，相关学者提出：技术创新离不开主体，关于"谁在进行创新"的问题，涉及到技术创新研究更本质的层面。在创新研究中，只有确认并深刻理解了技术创新主体，才能更准确地说明各种技术创新现象，也才能更好地制定相关的创新政策。我国虽然是发展中国家，但自新中国成立以来政府始终重视科技创新政策的制定，扶持科技创新。

4.3.1 中国科技创新政策的历史追溯

当代的创新活动与"工业革命"和"古典市场经济"时期的创新活动有着很大的不同。在当今的创新活动中，政府不能成为单纯的"旁观者"或"守夜人"，而是要积极引导和推动以企业为主体的创新活动，制定一个国家或地区的创新政策，是政府发挥在创新方面的导引力和助动力的表现。

1. 新中国建国初期的科技创新政策

改革开放之前的30年，中国人民在共产党的领导下积极进取、努力奋斗，使经济文化建设达到了一个前所未有的高度，其经济社会的发展成果也得到了世界各国的赞扬。在新中国建国初期，我国始终走的是计划经济的道路。虽然经济在一段时间内持续了较高的增长速度，但是从其本质上来看创新仍然不是经济发展的主要动力。就当时的中国而言，主要实施的是计划式的科技体系，实行的是赶超发展的规划战略，将有限的资源全部运用于目标领域，建立了相对系统的科技组织与基础设施以及科技创新政策的框架。

2. 改革开放初期的科技创新政策

1978年十一届三中全会以来，中国开始实行改革开放，自此中国从学习借鉴苏联式的指令性发展模式转变为市场力量占主导地位的发展模式转型期。尤其是1992年邓小平在"南方谈话"以来，社会主义市场经济理论的创新极大推动了中国市场经济改革的进程，加快了我国科技进步的步伐，缩小了与世界先进国家的差距并取得了巨大成就，为创新型国家建设奠定了基础。

自改革开放以来，我国科技创新政策经历了三个阶段的飞跃：第一，"面向、依靠"战略；第二，"科教兴国"战略；第三，"自主创新"战略。这三个战略的提出体现了我国科技创新政策的与时俱进，引领了改革开放之后发展的主要脉络。

（1）"面向、依靠"战略。改革开放以后，第一次全国科学技术大会的召开确立了科学技术的正确指导思想，迎来了"科学技术的春天"。1982年，中央明确提出了"经济建设必须依靠科学技术，科学技术工作必须面向经济建设"的战略方针，其中心点是经济的发展要依靠科学技术的发展而提高，而科学技术的发展要为经济的提高提供保障。这一战略的提出为今后各项科技体制改革和政策立法提供了理论支持。

中共中央于1985年颁布了《关于科学技术体制改革的决定》，该决定发布标志着自1978年科技界进行的自发性、探索性的科技体制改革迈入有组织、有规模、有领导的全面开展阶段。《关于科学技术体制改革的决定》明确指出："使科学技术成果迅速地、广泛地应用于生产，使科学技术人员的作用得到充分发挥，大大解放科学技术生产，促进科技和社会的发展"，为体制改革的根本目的。《1986—2000年中国科学技术发展长远规划》，对调动科技力量为国民经济服务发挥了重要作用。

1987年至20世纪80年代中期：《1978—1985年全国科学技术发展规划纲要》、《技术政策蓝皮书》、《1986—2000年中国科学技术发展长远规划》等政策的实施意义为拨乱反正，确立科学技术的正确指导思想，迎来了"科学的春天"。政策目标为部分重要的科技领域接近或达到20世纪70年代的世界先进水平、专业科学研究人员达到80万人、拥有一批现代化科学实验基地、建成全国科学技术研究体系。

20世纪80年代中期至90年代中期：《中共中央关于科学技术体制改革的决定》、《关于深化科技体制改革若干问题的决定》、《关于促进科技人员合理流动的通知》、"国家重点技术发展项目计划"、"国家科技攻关计划"、"星火计划"、"863计划"、"国家重点技术发展项目计划"等政策意义为改变原有高度集中型科技体制的弊端，解决科技与经济间存在的"两张皮"现象，建立新特点的科技体制。用改革拨款制度、开放技术市场、改革科技单位的管理模式、支持和鼓励民营科技企业发展等政策手段达到使科技成果迅速地、广泛地应用于生产，使科学技术人员的作用得到充分发挥，大大解放科学技术生产力，促进科技和社会发展等政策目标。

（2）"科教兴国"战略。"科教兴国"战略是20世纪90年代中期以来，党和国家洞察世界科技发展态势，根据我国现实情况，面向21世纪作出的重大战略决策，是"科学技术是第一生产力"的实践和发展。"科教兴国"战略集中体现了我国跨世纪的科技发展指导思想。

20世纪90年代中期至2005年：1995年中共中央、国务院颁布的《关于加速科学技术进步的决定》、《中华人民共和国国民经济和社会发展"九五"计划和2010年远景目标纲要》、《科技进步法》、《中国教育改革和发展纲要》、《关于进一步做好教育科技经费预算安排和确保教师工资按时发放的通知》等政策意义为要求全面落实科学技术是第一生产力的思想，坚持教育为本，把科技和教育摆在经济、社会发展的重要位置，提高全民族的科技文化素质，以优化科技系统结构、分流人才、加速培养优秀科技人才、增加科技投入为政策手段实现依靠科技进步，加速科技成果向现实生产力的转化，把经济建设转移到依靠科技进步和提高劳动者素质的轨道上来，加速国民经济增长从外延型向效益型的战略转变的政策目标。

3. 新时期的科技创新政策

自2005年以来，"自主创新"政策引起社会各界的广泛关注，国内外研究逐渐加强。在中国的"自主创新"政策发展，特别是2006年确定自主创新和创新型国家的发展战略，并使科学技术创新政策成为有关部门研究的重点。

我国科技创新发展过程中由于存在历史差距、认知差距、投入差距、能力差距、信息化差距、结构差距、高科技质量差距、导向差距、人才差距、市场化差距等10个方面的差距，使得科技创新政策的制定就不能单纯的从原始角度考虑，也不能过分重视模仿其他国家的科技创新政策。

2006年全国科技大会进一步明确了中国特色自主创新道路，建成创新型国家的奋斗目标，部署实施《国家中长期科学和技术发展规划纲要（2006—2020年）》（以下简称《纲要》）。《纲要》指出，中国未来十五年科技发展的目标是2020年建成创新型国家，使科技发展成为经济社会发展的有力支撑。《纲要》指出要求从财税金融政策、产业政策、高新技术产业开发区政策和知识产权保护政策等四个放面力促中国科技体制改革的推进，并要求到2020年，中国科技进步对经济增长的贡献率要提高到6%左右，研发投入占GDP的比重提高到2.5%。《国家中期科学和技术发展规划纲要（2006—2020年）》、《中共中央国务院关于实施科技规划纲要增强自主创新能力的决定》等政策颁布与实施的意义在于站在历史的新高度，以增强自主创新能力为主线，以建设创新型国家为奋斗目标，对我国未来15年科学与技术发展全面规划和部署。以鼓励企业成为技术创新主体，深化科技体制改革，加大科技投入，扩大开放程度为政策手段达到自主创新能力显著增强，科技促进经济社会发展和保障国家安全的能力，以及基础科学和前沿技术研究综合实力显著增强等目标。

2010年至今，中国科技创新政策关于人才培养领域引起社会各界广泛高度关注。《国家中长期人才发展规划纲要（2010—2020年）》的总体目标是：培养和造就规模宏大、结构优化、布局合理、素质优良的人才队伍，确立国家人才竞争比较优势，进入世界人才强国行列，为在本世纪中叶基本实现社会主义现代化奠定人才基础；《国家中长期教育改革和发展规划纲要（2010—2020年）》在高等教育领域提出了全面提高高等教育质量、提高人才培养质量、提升科学研究水平、增强社会服务能力、优化结构办出特色，在人才培养体制改革方面提出了更新人才培养观念、创新人才培养模式、改革教育质量评价和人才评价制度；《国家中长期科技人才发展规划（2010—2020年）的通知》指出造就一支具有原始创新能力的科学家队伍、重点建设优秀科技创新团队、造就一支具有国际竞争力的工程技术人才队伍等六项主要任务；2016年《关于深化人才发展体制机制改革的意见》目标指出：通过深化改革，到2020年，在人才发展体制机制的重要领域和关键环节上取得突破性进展，人才管理体制更加科学高效，人才评价、流动、激励机制更加完善，全社会识才爱才敬才用才氛围更加浓厚；《落实<中长期青年发展规划（2016—2025年）>实施方案》主要任务包括提高学校育人质量、强化社会实践教育、培育青年人才队伍等。通过以上近些年人才培养体制机制等政策的全面实施，则加快了我国从教育大国向教育强国，从人才资源大国向人力资源强国迈进的步伐，为加快我国创新驱动发展战略奠定了人才基础，是实现中华民族伟大复兴的必然选择。

基于本文研究内容指出近年来关于支持以企业、政府、高校、科研机构等官产学研深度融合、协同创新的政策文件有如：

2012年《关于深化科技体制改革加快国家创新体系建设的意见》指出：建立企业主导产业技术研发创新的体制机制，加快建立企业为主体、市场为导向、产学研用紧密结合的技术创新体系。2013年《关于强化企业技术创新主体地位全面提升企业创新能力的意见》指出：强化科研院所和高等学校对企业技术创新的源头支持。鼓励科研院所和高等学校与企业共建研发机构。2015年《关于深化体制机制改革加快实施创新驱动发展战略的若干意见》指出：完善企业为主体的产业技术创新机制市场导向明确的科技项目由企业牵头、政府引导、联合高等学校和科研院所实施。鼓励构建以企业为主导、产学研合作的产业技术创新战略联盟。2015年《深化科技体制改革实施方案》指出：建立企业主导的产业技术创新机制，激发企业创新内生动力，市场导向明确的科技项目由企业牵头、政府引导、联合高等学校和科研院所实施。2015年《中共中央关于制定国民经济和社会发展第十三个五年规划的建议》指出：深化科技体制改革，引导构建产业技术创新联盟，推动跨领域跨行业协同创新。2016年《国家创新驱动发展战略纲要》明确指出各类创新主体在创新链不同环节的功能定位，激发主体活力，系统提升各类主体创新能力，夯实创新发展的基础。2018年《关于全面加强基础科学研究的若干意见》指出：创新体制机制，推动基础研究、应用研究与产业化对接融通，促进科研院所、高校、企业、创客等各类创新主体协作融通。2018年《关于坚持以习近平新时代中国特色社会主义思想为指导推进科技创新重大任务落实深化机构改革加快建设创新型国家的意见》指出：着力构建高效协同的科技研发体系，开放共享的创新能力支撑体系。2019年《关于以习近平新时代中国特色社会主义思想为指导 凝心聚力 决胜进入创新型国家行列的意见》指出：推动产学研用深度融合，促进创新要素顺畅流动等。

总体来看，自改革开放以来，我国在科学技术方面取得了令人瞩目的成就，与发达国家的差距已经明显缩小。科学研究方面，我国已经从科技落后国家逐渐发展成为今日新兴的科学技术大国。科技强国的地位日益凸显，我们正处于建设创新型国家的重要历史机遇期。

4.3.2 中国科技创新政策的优势分析

1. 科研经费的投入以及财政的增长大幅度提高

我国相关一系列财政政策加强对科技事业的支持，用以促进科技的进步。进入21世纪之后，国民生产总值不断提高，科技投入力度加强。我国的科技经费逐年保持较高增长，基础研究不断提高，从整体上看处于全球领先地位。我国科研经费的投入主要用于支持一些规模较大的科研计划，例如星火计划、863计划等。与此同时还建立自然科学基金、创立国家重点扶持的大型实验室、科研院所等。经过近几十年的不解追求所取得的成果是显著的，其中基础性研究取得的成绩是有目共睹的，研发成果在许多新型领域的研发能力已处于世界领先水平。

2.科技参与主体多元化

自改革开放以来，始终以国家战略所突出强调的科技应与经济相结合思想的引领，不断前进探索科技与经济相结合的模式。从最初的国有体制到后来的转制，从科技人员自主创业到产学研相结合，建立高新科技园区，都在不断促进科技研究和经济的相互促进作用，科技创新的主体也从单一的科研机构转变为产学研多方参与的模式。

3.高学历人才总量增加

自科教兴国战略决策实行之后，高校成为了培养科技人才的摇篮，并得到了政府与社会各界的支持。高校是科技投入的重中之重，特别是近年来扩招政策的实行，使得高校每年为社会培育愈来愈多的高科技人才，为国家科技创新战略的实施提供了人力资源的储备。

4.3.3 中国科技创新政策的问题分析

1.基于技术创新方面政府职能的不足，惯性的规划制度仍然存在

在过渡期内不完善的市场经济条件下，政府仍然在某些领域过多干预，仍然不能自由地行使宏观调控职能，市场在资源配置中的作用仍然存在明显不足，尤其是缺乏市场需求的拉动，需要政府做好引导调控工作。创新涉及多个部门，不同角色的各部门分工、各部门之间缺乏协调资源分配之间的接口。政府、研究机构、大学、企业之间缺乏有机联系，需要政府、企业、大学、科研院所等之间的密切合作，以便各个方面之间协调一致，进行有效的系统操作。许多公司企业并没有充分重视技术创新，在一些主要的国家级科技项目中，承担者主要为科研院所、高校，企业很少参与，同时政府与市场之间的良性互动创新模式尚未建立。在传统体制下，企业资金技术改造费用

远远超过了它的科技经费的投入规模。从现状来看，在国家技术创新行动系统的制度化安排中，并没有形成系统独立的技术创新政策和法规体系，技术创新行动所遵循的制度规范往往存在于经济与科技的政策和法规体系中，创新规范和制度的分化不彻底，中介机构和服务体系尚显薄弱，中介机构尚未达到社会化和网络化的要求，还不能满足科技创新所要求的社会互动与交流，从而在科技创新的信息、产业化、合作等方面受到限制，服务体系的建设还有很长的路要走。创新系统作用的外部环境不健全，从目前阶段来看，创新系统作用的外部环境仍不健全，如作为知识载体的人的流动还存在许多障碍（工资、住房、社会保障体系等），人力政策与社会保障政策、分配政策等政策之间缺乏衔接和配套。

2. 技术创新政策的制定不健全，需要加强科技创新政策的理论研究

我国的研究重点是技术创新的政策，主要集中在如何推广应用科学技术和经济发展水平，而忽略了研究科技创新的相关政策。科技政策的政策战略、决策过程、政策评估等理论问题的研究还显薄弱，这直接影响科技创新的质量。因此需要加强科技创新政策的系统研究。科技创新政策研究，应该是一个全面的系统工程，虽然我们对科技创新政策的研究较多，但缺乏完整性和全面性。大多数研究都是从某个特定的方面展开，科技创新政策研究中尚未形成一个完整的体系。一般情况下，科学创新政策有一个战略性和系统性的特点。科技创新是战略方针，以科技服务经济为战略目标，不只是在目标方面的服务。政策制定和实施的系统方法涉及到许多经济和社会部门，以及需要多部门合作和协调，并避免因这些政策而产生矛盾。虽然中国有一系列单向的科技创新政策和技术政策、产业政策，但这些政策还没有形成一个完整的体系，经济科技体制改革滞后，科技创新金融投资体系尚未建立，科技创新政策管理能力与治理水平不强，从而无法有效地推动科技创新。因此，科技创新政策以及管理治理能力水平的研究有待于深化。

本土化的研究需要加强，科技创新政策研究现状依然没有摆脱对国外研究的依赖，缺乏本土化的深入研究。介绍国外的研究成果很大程度上是参考，与本土实效性的结合不多，虽然研究本土化数量不少，但是高质量的不多。

科技创新政策的研究方法有待加强，尤其是实证研究。这方面科技创新

政策研究方法多是定性分析，定量分析不足。学者们在科技创新政策的研究多采用比较的方法，其中文献较多，但实证分析相对较少。所以造成科技创新政策研究目前存在质量不优，缺乏重大创新性成果的状况。此外，科技创新的政策失效多是因为实施技术创新政策的监测体系不健全，研究人员可以专注于科技创新的配套政策和策略实施技术创新，同时监管系统的研究和技术政策方面的问题研究也需要跟上来。因此，要实现科技创新，建立和完善国家创新体系和改革发展大步前进，我们的科技创新政策研究还有很长的路要走，各个方面都需要继续系统深化。

4.4 中国政府关于科技创新政策的对策建议

我国目前科技创新能力不强，政府科技创新政策体系并不完善，科技创新很多方面还依赖于国外，要想扭转这种局面，我国政府应该持续增强科技创新投入力度，不断加深科技创新体制机制改革，逐渐形成系统、全面的科技创新政策体系。

4.4.1 建立和完善科技创新政策的制定机制

政府应切实完善科技创新政策的制定机制，形成由政府主导协调的科技创新方式，建立起相对健全的科技创新政策体系。

1. 选择科学合理的科技创新政策评价与制定方法进行顶层设计

围绕国家整体发展战略进行顶层设计，设计出战略性、前瞻性、系统性的政策。制定科技创新政策在数字量化各类相关的数据、信息以及资料文件时，应尽可能的采用现代科学方法，如计量经济学和统计学方法、定量分析方法以及现代预测分析方法等，因为所选择的决策程序以及决策方法是否是科学合理的，将直接影响科技创新政策的科学性和合理性。因此，借助于建设先进的数据模型和精确计算等以获得最优解，使政策制定最终决策将更加有利于技术创新。

科技创新问题的研究不仅有利于制定正确的科技政策，而且可以为科技创新发展提供良好的市场环境，有助于增强我国自主创新能力，加速我国经济结构的转型。

2. 科技创新政策需要扩大覆盖面

在市场经济的背景下，创新主体有着非常明显的多元化发展趋势。以往的情况，我国的科技创新主体主要是一些高等院校或是科研机构，但是现阶段又增加了企业的研发机构、民营科研机构以及外资合资的研究所和试验室等科研力量，这些科研人员创新动力更大，在主观上也更愿意从事科技创新活动，因此这些力量也能较好的保持科技创新活动的活力。而要想更好地提升这些机构创新能力，政府在政策方面就应给予更大的支持，使科研人员享有应有的待遇，提供在市场上一个公平竞争的机会，同时也能更好地激发从事的主动性和积极性技术创新活动。随着加剧市场竞争环境，也能促使科学技术更好地发展，从而提升科学和技术创新活动运行效率。因此，我们应该扩大科技创新政策的覆盖范围，让所有主要的科学技术创新主体都能够得到健康发展，从而促进科技创新作为一个有机整体健康发展。

3. 科技创新政策的修改和制定应是动态的

在我国科技创新政策逐步完善的进程中，有些政策看上去十分完善，但现实中可操作性不强，在执行上是十分困难的。有些科技创新政策已经无法像之前那样发挥作用，甚至某种程度可能已经阻碍了科技创新工作的发展，因此应进行相应的动态调整和完善。另外，在我国加入了WTO之后，各级政府应对与新形势下的科技创新发展规律相悖的政策及时废除。根据市场经济规律以及国家法律，应尽快补充和健全科技创新政策的规范标准和法律法规并保证发挥应有的作用。

4. 产学研共同主导科技创新政策的制定方式

传统的科技创新政策制定方式是以政府为主体的集产、学、研为一体的制定方式，在经济体制深化改革的过程中所制定的科技创新政策会有一定的局限性和片面性。因此，政府部门对其他相关部门的情况也不再能够全面的了解和掌握，政府、企业、科研机构以及高等院校都应参与到科技创新政策的制定过程，各方相互协调并兼顾各自利益，使得各方在执行政策时才会更加的积极主动，从而制定出更加科学合理的科技创新政策，只有这样制定出来的政策，才能在保证各方的利益的同时，促进社会整体发展。

4.4.2 完善科技创新政策的监督和执行机制

我国近年来的科技创新政策已经形成了一个比较完整的体系。但是科技创新政策在实践过程中仍存在不足之处，需要发展与完善，为此应从以下几个方面进行系统设计。

1. 设立专门负责协调科技创新工作部门

（1）科技创新工作是需要多部门、多环节共同协作来完成的，同时对于资金与技术的融合以及管理与组织的集成等是有着很高的要求，尤其需要具有一定行政管理职能的部门指导统筹，这个部门应能够聚集各方面的力量共同作战，因此应设立专门负责协调科技创新工作的机构以保证各个方面的人力、物力以及财力都能够得到合理使用，在制定和实施科技创新政策过程中，发现的问题应及时协调和反馈，执行妥善的解决对策，尽可能避免政策制定和实施中出现阻滞。

（2）适当转变政府行政部门的职能，提高全员的科技创新意识。政府在科技创新体系中是有着很重要的作用，从传统的组织科技创新活动逐步转向为宏观调控，为创新主体提供良好的市场环境，为提供更好的政策服务和指导，尽可能减少繁复的规章制度，简化各环节的程序，这样企业、科研机构、高校的负担减轻了，政府的工作效率也相应提高了。另外，政府是科技创新活动的引导者和保护者，也是科技创新政策的制定主体，并且政府人员的素质高低也将直接影响科技创新的质量。因此，政府应逐渐转变职能，还要对政府相关人员进行与创新活动相关的培训工作，引导全员敢于创新，提高科技创新意识、业务技能和专业素质，将创新精神融入到政府的管理体制中，保证政策执行的实效性。

（3）加强对政策执行情况的监督机制。技术创新活动是具有很大的不确定性和风险性，需要政策执行不断完善的一个动态过程，执行时难免会遇到新问题，并且实际的执行效果与预期效果也会有一定差距。因此，很多时候执行人员只能依据政策目标，逐步地摸索并完善执行方案。这时就会出现一些不利于政策执行的因素，就要求政府必须建立强有力的监督反馈机制，对政策的执行情况进行跟踪和评价，同时建立赏罚制度，真正发挥出政府和监督机构的监督职能。

2.引进构建国际间科技创新政策同行评价机制

科技创新政策的完善是一个全面工程，其中包含了很多方面内容，比如科技创新政策的制定机制、监督机制以及执行机制等方面组成。我们应该借鉴发达国家较成熟的经验，引入国际同行评价机制，鼓励政府、学校、科研机构等参与评估过程，并进行同行评价，这将会不断完善科技创新政策的制定。同时，也可以建立起相应的跨部门、跨行业、跨学科的交叉性中立评估部门，用以跟踪及评估科技创新政策的系统性、规范性和科学性。实现科技创新政策的制定、实施及效果与经济和社会发展的促进程度进行评价，从而提高我国的综合国力。科技创新政策是一个宏观与微观有机结合的过程，是政府制定相应的规章制度和执行人员互相作用的结果。有关科技创新政策制定的方方面面都应纳入评价体系之中。政府科技创新政策的监督与执行机制都需要相关部门执行，政府既是科技创新政策的制定者也应是科技创新政策的监督者与执行者。通过对相关部门、相关人员进行国际比较的方式来进行评价，会对科技创新政策的制定、监督、执行方式产生重大而深远的影响。

企业、高校及科研机构是科技创新主体，制定与产学研相应的评价机制，有利于更好的贯彻落实政府科技创新政策的实施。科技创新活动过程中最基础的部分，也是科技创新活动过程中最有效的载体即是企业。而企业之中的科技创新评价标准涵盖了许多内容，例如，科研经费的投入及使用情况、科技创新的基础设施、科技创新型人才的培养、与政府和高校的结合、科技创新型产品的开发及推广、国际间企业的创新能力及竞争力都理应当做评价企业科技创新能力的重要方面。建议提高企业自主创新能力、完善科技创新政策与制度、形成产学研有效机制、鼓励企业成为自主创新的主力军等；高等学校是承担着教书育人、文化传承、基础研发的巨大使命，也为国家培养优秀的创新型人才。用高质量的教育环境培养高水平的人才，用高水平的人才提高科技创新的质量，是我国高等教育的使命，也是以高等教育强国的必由之路。高校对于科技创新政策的贯彻落实要考虑其科研的特点，建立评价标准以及评估体系。高校的科技创新活动中的主要方面是基础研究，而基础研究也是高校的支撑点，因此应当把基础研究当成评价的重要方面；

科研机构是体现一个国家科技创新实力的重要部门，拥有着强大的创新与研发能力，在促进我国的政治、经济、文化及教育等方面发挥了重大的作用，其重要性不可替代。从"知识创新工程"实施以来，我国科研机构的科研环境、基础条件、设备配置等方面都有显著的提高，已经拥有了进行重大科技创新研究的条件。所以，科技创新政策评价的重点应是较好的健全科研机构的评价及评估体系，完善国际科技创新政策的可比性评价指标。

4.4.3　发挥政府的创新主导效应

政府在各技术创新主体的创新过程中起到了宏观重要调控的作用，政府制定的各种创新促进政策对各个创新主体的创新发展产生了重大影响，同时各创新主体行为一方面需要政府政策导向约束的同时，政府也为各个创新主体提供了良好创新环境。

1. 政府是创新的参与者

政府不仅仅在宏观上进行调控，也同时履行具体的微观经济职能。在技术创新能力的培养过程中，政府作为技术创新主体参与到科技创新活动同其他各个创新主体有直接的联系和影响，为技术创新能力的提高提供基础支撑。

2. 政府是创新的协调者

技术创新能力培养体系的其他创新主体往往会出于自身利益的考虑，造成创新资源浪费、要素配置不合理，这样就会造成系统失灵。而市场无法解决系统失灵的问题，这就要求政府从中协调，可以全面、客观的制定整体规划，采取适当的方式优化创新资源配置。

3. 政府是创新的激励者

由于市场本身存在无法解决的缺陷，在激励企业创新的同时存在导致市场失灵的可能，政府此时就需要通过各种优惠政策以及调节手段来弥补因技术创新的外部性、创新的不确定性以及创新产品的公共性造成的市场失灵。

4.4.4　建立二维主体互动模式

政府与企业、高校、科研机构这些创新主体的互动模式主要体现在财政支持、政策导向以及引导合作项目三个方面。

1. 政府与企业互动模式

（1）政府应该有选择、有重点地支持企业科技投入以及科技创新活动。政府通过直接投资、税收以及财政的优惠来提升社会科技创新投入的积极性，政府应为企业技术创新创造合作机会以提升企业的技术创新能力。政府在原有的科技创新基础上从以下方面进行调节：第一，在资金有限的前提下，有侧重的通过研究委托合同以及采购合同的方式，为企业提供稳定市场；第二，为企业增加自我积累提供税收减免及优惠政策；第三，在政府拨款为后盾的银行投资的支持下，建立以企业为中心的多元化创新能力提升模式。

（2）政府为企业技术创新提供宽松的指导和政策环境。政府的作用主要体现在软环境和硬环境的建设上。软环境就是整个人文环境，包括服务、法制及政策环境。硬环境就是基础设施及生态环境等。目前，科技创新能力提升体系中政府对企业环境、制度建设主要包括以下方面：第一，建立并维护竞争性的市场环境；第二，健全企业科技创新政策及制度；第三，对技术市场加强建设、对技术创新格局进行优化、对技术创新速率进行提高。

（3）政府推动企业间的合作并促进企业资源流动。政府为企业科技创新提供政策、税收及项目上的支持，促使企业进行自主研发，刺激企业自主创新欲望，加强企业间的联系，提倡共同开发、共同支持、共建研发企业，加快新兴产业群的形成与发展。

2. 政府与高校、科研机构互动模式

（1）政府加大对高校、科研机构的财政投入。政府支持高等院校和科研院所的科技创新活动，不仅提供较大额度的教育财政拨款，而且给予其他方面的资金支持。

（2）政府对高校、科研机构提供政策支持。政府为高等院校和科研院所提供科技成果产业化以及人才引进上的政策倾斜，为高等院校和科研院所提供良好政策及制度环境。

（3）高校、科研机构的合作项目得到政府支持。政府对高等院校和科研机构的合作项目给予支持，主要对象包括重大的创新项目和课题，同时，为高等院校和科研院所提供国际科技合作以及交流的机会。

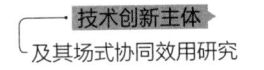

第五章　产学研联盟中的高校主体

高校负担着人才培养、知识创新、社会服务等重要任务，在建设创新型国家中具有先导性和基础性的地位。高校教育是传播知识和培养人才，高校的科研作用主要是知识的生产和转移。在产学研合作中高校是关键角色，高校技术创新能力在推动国家科技创新能力的提高方面发挥着至关重要的作用。产学研合作作为区域技术创新能力的主要手段，可以有效推动高校技术创新的开展，使高校在区域创新体系以及在高校的技术创新活动中必然占据重要位置。

5.1　高校技术创新能力分析

5.1.1　高校技术创新能力的内涵

高校作为技术创新主体的技术创新能力主要是指，高校建立技术创新管理体制，利用科技创新资源组织高校科技团队进行科技创新活动，产出高水平技术创新成果，生成一定的社会经济效益。从系统的观点来看，高校的技术创新能力体现在：首先是高校拥有利用技术创新资源实力，体现在人力资源、实验条件、科研活动资金等构成高校的技术创新资源，这种资源丰富与否以及如何优化配置与利用这些资源来创造新技术和新知识，同时培养出优秀的人才。其次是高校技术创新活动数量与质量，包括知识创新、技术创新、科技成果转化创新和科技交流等。再次是高校技术创新成果，这是高校的技术创新能力最重要的体现，包括：所发表的论文著作及专利的质量与数量、所完成的纵向和横向课题即各种科技奖励等直接成果、创新人才培养质量与数量等，尤其是这些成果转化所产生的经济、社会效益是高校的科技创新能力核心内容。

在这里，给高校技术创新能力的定义是：高校培养和输出技术创新人才，创造新知识和新技术，使新产品、新工艺以及新服务由新知识和新技术转化完成，达到推动区域经济、科技以及社会发展的能力。

5.1.2 高校技术创新能力的构成

根据上述高校技术创新能力的内涵可以看出，高校技术创新能力主要由知识创新能力、人才培养能力和科技成果转化能力三个方面组成：

1. 知识创新能力

高校技术创新能力的核心就是知识创新能力。知识创新是在科学研究的过程中，获得新的自然科学技术知识。知识创新的目的是探索新规律、创立新学说，同时也包括对新方法的创造以及知识的积累。知识创新作为技术创新的基础，促进了社会经济的增长和科技进步。而高校作为国家与区域创新系统中知识传播、知识创新系统的核心，对知识传播、知识创新和转移以及技术创新起到了关键作用，同时知识创新也是增加整个人类知识财富的活动。

追求科学真理，不断地进行科学发现以及发明对高校而言是永恒的主题，高校科研水平从高校的科技创新能力的强弱中体现出来，同时也作为高校整体水平的重要衡量标准之一。

2. 人才培养能力

高校技术创新能力的基础以及重要内容是人才培养能力。传播知识、培养高素质人才是作为知识传播核心的高校不能推卸的责任。高校技术创新活动的最终目的是最大限度地培养人才创新实力。高校技术创新能力的重要组成部分也包括高素质人才培养，从而体现出人才培养不仅是创新的潜力，也是技术创新系统中各要素联系的纽带。

3. 科技成果转化能力

技术创新能力是作为高校的新增功能以及辅助功能，实现生产要素的一种从未有过的组合是技术创新的原始涵义，但作为高校技术创新能力，还体现在将具有商业前景的应用科技成果实现产业化的过程。我国高校承担着知识生产、转移、传播以及人才培养和科技创新的任务，成果转化的过程就是高校科技创新的过程，高校科技成果转化为生产力的程度与高校技术创新能力息息相关，高校科技与经济的结合程度也是高校技术创新能力的一种体现。

5.2 高校科技创新能力状况案例分析

我国政府提出，要加快转变经济发展方式。转变经济发展方式的一个重要方面，是经济增长由主要依靠增加物质资源消耗转向主要依靠科技进步、劳动者素质提高和管理创新。实现这个转变，需要高等教育提供强有力的支撑，通过知识创新与创新人才培养，提高国家自主科技创新能力。而能提供这一支撑知识创新与科技创新人才培养的主力在高校。

5.2.1 黑龙江高校科技创新能力的优势

据中华人民共和国教育部科学技术司编《2017年高等学校科技统计资料汇编》评价结果看，黑龙江省高校总体科技竞争力较强，在31个省（直辖）市中排名第14位。从这一排名可以看出，黑龙江省高校科技竞争力有相对较强的优势。

1. 黑龙江高校办学规模实现了跨越式发展，人、财、物投入逐年增加，总体布局趋于合理

2017年黑龙江省分地区高等教育总投入49.9亿元。截至2017年年底，黑龙江省有普通高校共计80所，在校生达到近90万人。目前黑龙江普通高校有专任教师4.6万人，经过不到二十年的发展，专任教师人数增加了194%。在教育部组织的全国第四轮学科水平评估中，黑龙江省高校A类学科共23个，在全国排第10位，其中，黑龙江省高校有80个一级学科进入全国前30%，比2013年公布的全国第三轮评估结果的47个增加了33个，增加率为70.2%。2019年，黑龙江高校共有7所国际一流建设高校、12所国内一流建设高校、26个国际一流建设学科、54个国内一流建设学科，开设专业涵盖教育部普通高校本科目录全部门类。

2. 黑龙江省高校在人才培养方面提高素质水平的同时，更注重实用性培养

2003年以来，黑龙江省高校加快专业结构调整和人才培养步伐，新增为老工业基地服务的相关专业1257个，占新增专业点总数的82%。同时，加强建立校企合作人才培养、培训基地等加快了中高级实用技能人才培养、培训，尤其是加快研究生培养科技创新基地建设及高级经营管理人才培养、培训，已建立37个研究生培养科技创新基地，联合培养有实际操作能力的研究生，实施"村村大学生计划"、选派大学生志愿者到乡村工作等。

3. 黑龙江高校拥有一批科技创新人才队伍

高层次人才队伍建设取得重大进展，现有国家级重点实验室10个，国家级技术转移示范机构11个，2017年教育部"长江学者奖励计划"入选名单人数为14人；实施"龙江学者计划"，引进优秀海外学人，面向海内外公开特聘教授，评选"龙江学者"；黑龙江省两院院士达41人；积极开展青年学术骨干支持计划，确定青年学术骨干给予重点支持；开展海外学人科研资助项目计划，5年累计投入1000多万元，资助200多个科研项目。

4. 黑龙江高校大学科技园具有一定的规模

黑龙江省现有大学科技园6个，其中国家级大学科技园5个。现有国家文化和科技融合示范基地1个，科技企业孵化器及众创空间190个，国家国际科技合作基地19个，省高校人文社会科学重点研究基地24个。

5. 以黑龙江高校为主建设了一批工程技术研究中心

即依托哈尔滨工业大学和哈尔滨工程大学建设电子信息和制造业信息化工程技术研究中心；依托东北农业大学、东北林业大学和黑龙江省农科院建设现代农业、良种繁育工程技术研究中心；依托哈尔滨医科大学、黑龙江中医药大学、祖国医药研究所和哈尔滨医药集团建设北药和新药工程技术研究中心；依托哈尔滨工业大学、黑龙江省科学院、哈尔滨焊接所等建设焊接、石化、新材料、电站设备、支线飞机五个工程技术研究中心。

5.2.2 黑龙江高校科技创新能力的劣势

黑龙江高校科技创新主体发展优势虽然明显，但是问题也比较突出。主要体现在科技人力投入不足、科技创新财力投入不足、科技创新成果产出能力不足以及科技创新成果转化不足几个方面，下面就每一方面进行详细说明，文中数据来源于教育部《高等学校科技统计资料汇编》、《黑龙江统计年鉴》、黑龙江省科技厅网等。

1. 科技人力投入不足

黑龙江地区高校科技人力资源指标从2012年位居全国第10位下降到2017年的全国第14位，在这些指标中，万人大专以上学历人数、万人专业技术人员数组成近年来处于增长状态，但是增速缓慢，与其他省比较，明显落后；高等院校扩招、人才外流对科技人力资源指标的影响也比较大。2017年黑龙江省大专以上学历人员同上一年相比减少3.6万人，同年黑龙江省高校毕业生共14.5万人，导致黑龙江省该指标继2012年下降2位后，又一次下降2位，该指标全国排名已下降至第14位。（如图5.1所示）

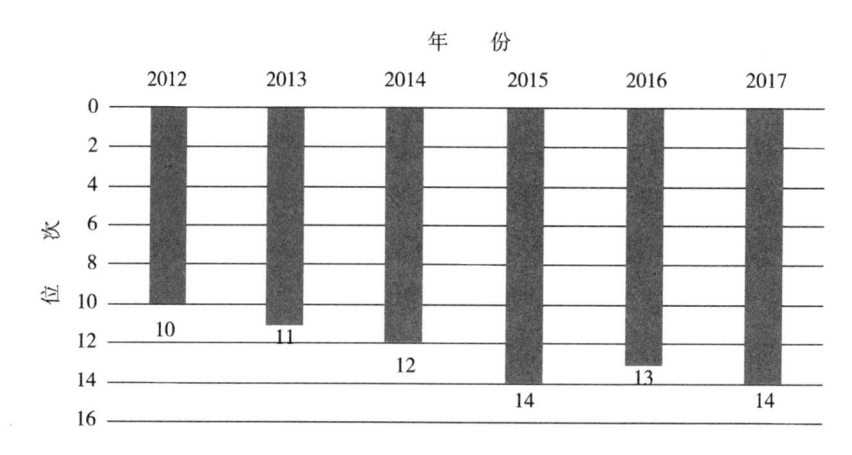

图5.1 科技人力资源指标位次趋势（2012—2017）

黑龙江地区高等学校教学与科研人员的数量由2012年的36082人发展到2017年的35937人，而科学家和工程师的数量由2012年的35304人发展到2017年的35249人。2012到2015年科学家与工程师的人数分别占科技人员总人数的97.84%、97.89%、97.94%、98.41%，从2015年开始，科技人员的数量和科学家与工程师的数量增长距离发生微小程度的拉开，2016年科技人员的人数为36291人，而科学家和工程师的人数为35592人，科学家与工程师的人数占科技人员总人数的98.07%，2017年为98.08%，较上一年保持平衡。（如图5.2所示）

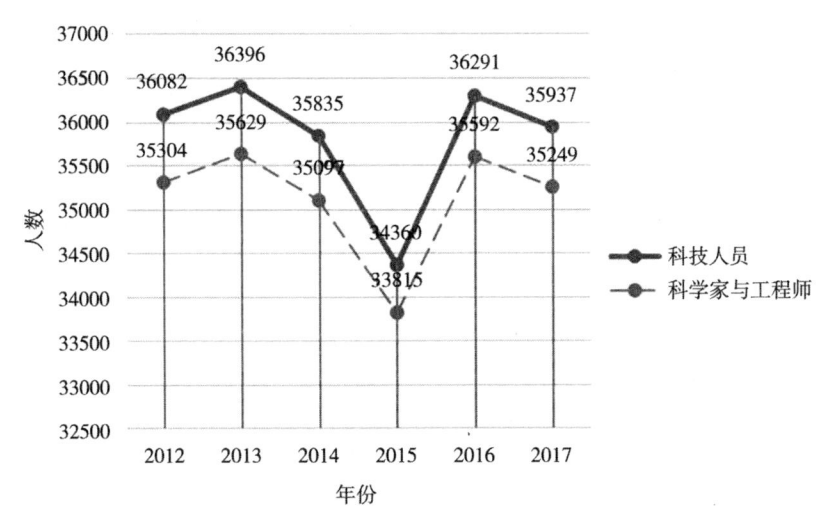

图5.2 黑龙江科技人员及科学家与工程师数量变化图（2012—2017）

从图5.2中分析可以看出，黑龙江高校科学家与工程师高端人才的人数较为不稳定。

2.科技创新财力投入有待于进一步加强

黑龙江高等学校R&D成果应用及科技服务经费等指标反映了黑龙江高校科技投入能力的问题。2017年黑龙江R&D成果应用及科技服务经费投入4.26亿，比2012年减少了21%，2017年R&D成果应用及科技服务经费支出比2012年减少了11%，位次比2012年下降了3位，现位居第14位。（如图5.3所示）

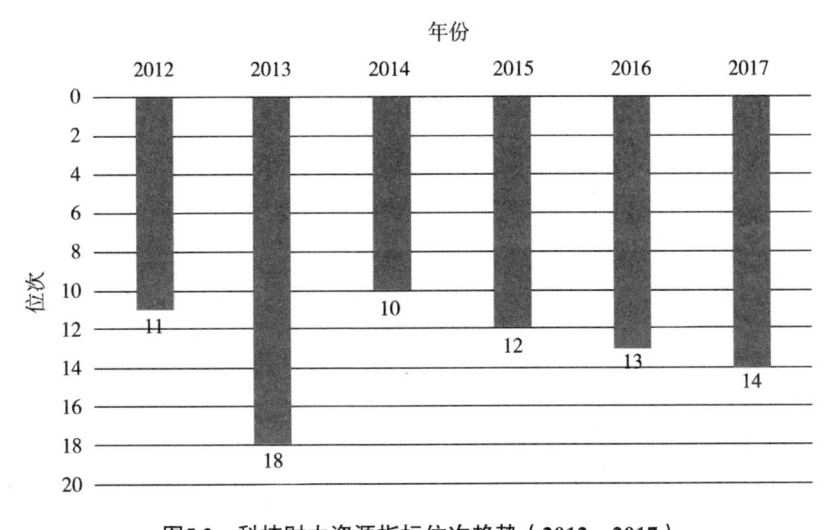

图5.3 科技财力资源指标位次趋势（2012—2017）

2012年和2014年当年R&D成果应用及科技服务经费的拨入和支出差值为1亿，2013年R&D成果应用及科技服务经费的拨入和支出差值为0.15亿，2015年差值为0.6亿，到2017年差值逐渐减小。从2015年到2017年间的R&D成果应用及科技服务经费的拨入和支出较2014年相比差距都较大，虽然2015年到2017年的R&D成果应用及科技服务经费的拨入和支出的差值逐渐减小，但从2015年开始R&D经费支出增长缓慢。

3.科技创新成果产出能力有待于进一步提高

2017年黑龙江省高校获国家科技进步奖6项，位居全国第8位，与2016年相比，位次上升了9位。2017年黑龙江省获国家科技奖励项目14项，较上一年多两项。2017年黑龙江省高校发表学术论文29247篇，位居全国第13位；2016年发表学术论文30932篇，位居全国第12位。2017年出版科技著作517部，位居全国第14位；2016年出版科技著作592部，位居全国第10位。2017年黑龙江省专利申请30958件，有效发明20007件，每万人口发明专利拥有量达到5.266件。2016年全省专利申请35293件，企业申请专利12118件，高校院所申请专利13304件，每万人口发明专利拥有量达到4.208件。2017年高校技术转让合同数203项，位居全国第17位；2016年技术转让合同数108项，位居全国第21位。2017年高校专利出售总金额0.09亿，位居全国第16位；2016年专利出售总金额0.02亿，位居全国第21位。

黑龙江近几年的科技论文、专利、成果及奖励指标变化较大，按申请授权量和申请受理量两方面来看。近几年黑龙江高校申请受理量一直处于上升的趋势，从2012年的7054件到2017年的8083件，5年间黑龙江高校的申请受理量增加了14%。但是占全国高校申请受理量的总数比重较低，2012年和2017年比重都为3%。（如图5.4所示）

黑龙江高校申请授权量也有较大变化，2012年高校申请授权量为4084件，2017年申请授权量为6407件，5年间增长了57%，但2014年出现一定幅度负增长，2015年出现大幅度增长，从2015年到2017年一直保持平稳，从2013年到2017年高校申请授权量与黑龙江申请授权总量的数值接近。（如图5.5所示）

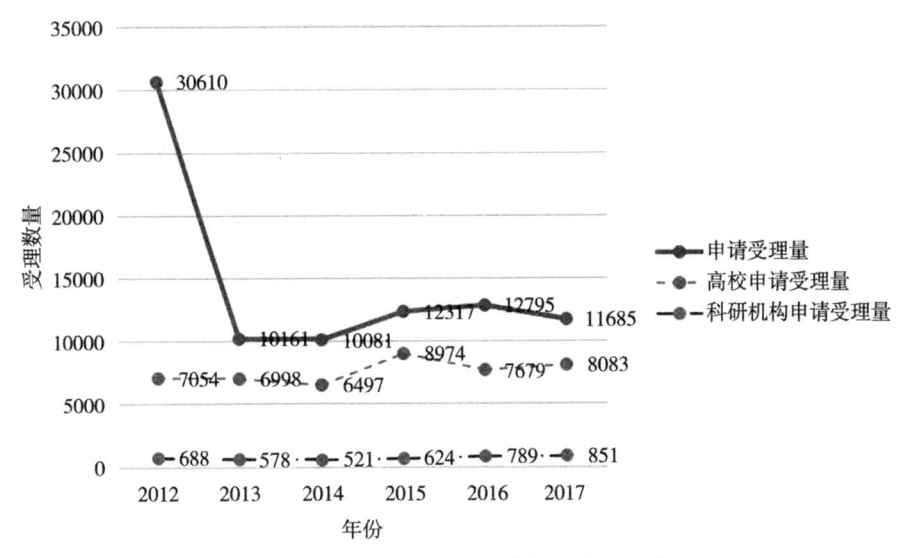

图5.4　黑龙江2012—2017高校申请受理量

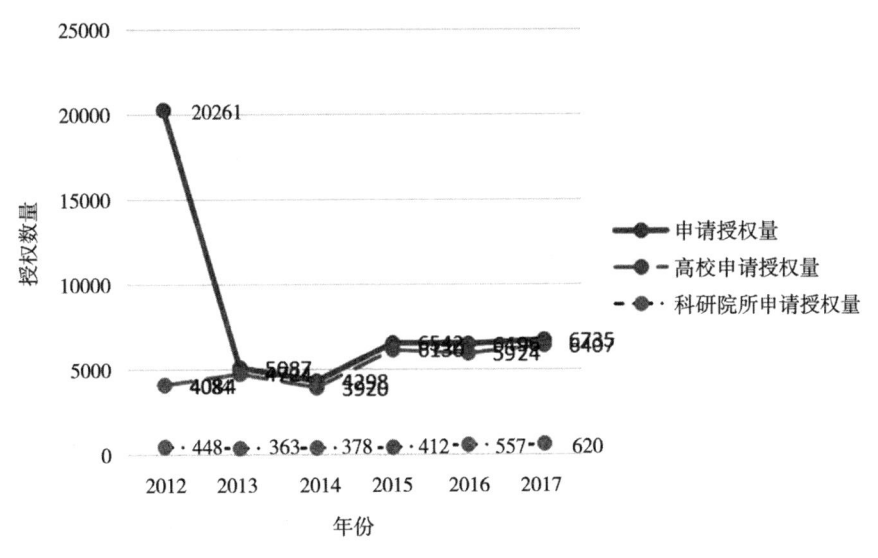

图5.5　黑龙江2012—2017高校申请授权量

4. 科技创新成果转化需要进一步推进

近几年黑龙江省科技成果一直保持稳定势态，2001年黑龙江科技成果只有912项，2012年已经增长到1461项，增长了60%。从2001年到2012年增长较为显著，2012年开始增加较为缓慢，但2015年数量出现回落，2016年与2017年保持平衡。2012到2017年之间，除了2015年，其他保持总数在1450～1500

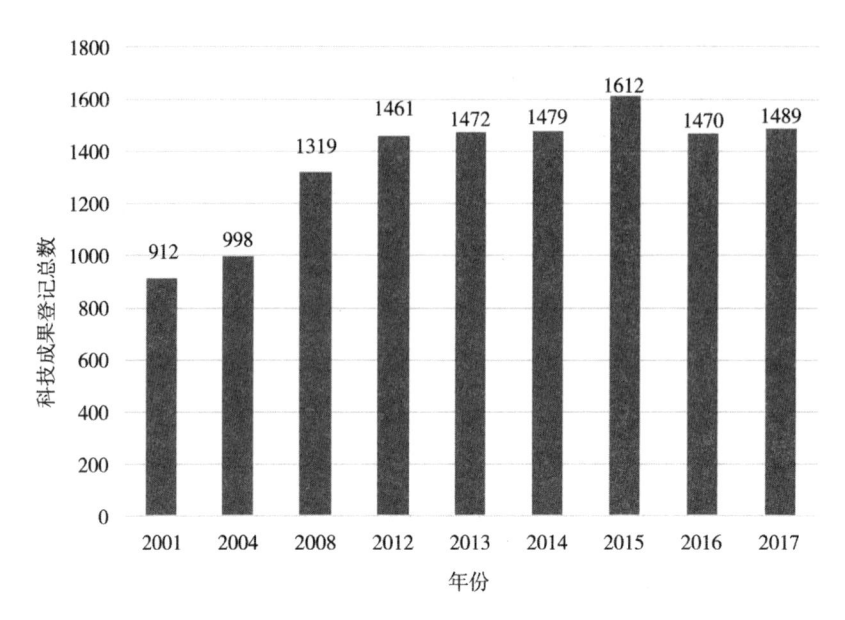

项之间，可看出科技成果总数没有明显的增幅比例。（如图5.6所示）

图5.6　黑龙江省2001—2017科技成果完成单位情况

5.3　高校技术创新能力的培养机制

高校技术创新主体存在着一些问题，诸如上述案例分析可以看出，存在着主体技术人力投入、技术创新财力投入、技术创新成果产出能力以及技术创新成果转化等均显不足，造成这样不足的主要症结是产学研合作不利。产学研合作培养模式的建立对高校技术创新主体的客观问题带来了解决的方法，本章节就基于产学研理论建立高校技术创新主体能力培养模型，以及具体的能力培养机制。以高校为中心的科技园区建立，可有效解决技术人力投入以及技术创新财力方面的问题，大学将有实力的高新技术企业吸引到大学周围并形成工业科技园，随着规模近一步扩大，就可以形成大学-工业合作研究中心，大学牵头的孵化器培养模式建立则有效地带动技术创新成果转化。

高校主体技术创新能力是一个累积的学习过程，前面谈到企业的技术创新能力是积累的、渐进的和有差别的。事实上，高校的技术创新能力也一样需要积累经验，都需要一个日积月累的过程。不同类型的高校技术创新能力有着很大的差别性，这样的差别性为高校提高技术创新能力提供多种选择。同时我们说技术创新能力的发展是一个学习过程，在科研、教学中不断学习、提高技术创新能力是高校的核心。

5.3.1 培养教师与科研人员的技术创新能力

上述高校技术创新能力的内涵与构成，即高校技术创新能力主要由知识创新能力、人才培养能力和技术创新成果转化能力三个方面组成。这三方面的核心与主导就是高校的教师与科研人员。高校技术能力培养重点是教师与科研人员，教师是人才培养、知识创造的关键。

丁学良博士曾给出评价高水平研究型大学的九类标准：一是教师的素质；二是学生的素质；三是常规课程开设的广度和深度；四是通过公开竞争获得的研究基金项目与额度；五是在校的师生比例；六是大学硬件设备的数量和质量；七是大学财政来源；八是学校历届毕业生的声望和成就；九是学校本身的学术声望。可以说在这九条标准中，其中有七条与教师的素质密切相关，即在国外评价研究型大学的指标体系中，绝大部分指标都与教师有关，符合这些指标就是高水平研究型大学需要的教师。那么如何培养高校教师的素质，西方发达国家高校对教师的培养机制、经验是值得我们借鉴的。

1. 要培养大学的科学探索精神并形成大学特有的精神气质

德国的大学"不断地去研究不为人知的东西、不断地去研究新东西、不断地去向真理逼近、不断地增进人类新知识"这种科学探索和终身学习观念构成了大学的核心理念。另外要有一个促使教师形成终身学习的观念。比如在美国教师中，如果教学科研水平不高、成果不多，则会被辞退或通过降低待遇和工作条件等办法迫使教师自动辞职，所以，美国高校这种机制促进教师的研究、教学和服务水平不断提高。

从大学形成与发展的历史看，大学从根本上表现出来的是一种特有的精神气质——追求卓越。这突出表现为人才培养和科学研究上的高定位、高要求，其核心是对学术价值的强烈追求以及由此形成的崇尚学术，并以学术为大学之本的精神气质。美国国家工程科学院院士丹·莫特教授对研究型大学的内涵和氛围作了如下描述：知识的传播和创造、教学和科研是大学密不可分的两个方面，大学教授用自己的研究向学生传授最新成果，使学生感到学知识是一种创造行为。

2. 增加拥有博士学位教师数量，提高一流大学博士研究生质量

在美国，不管排名是前20位，还是后20位，拥有博士学位已成为美国大学中教师的"基本资格"，而且美国大部分教师都是在世界著名大学获得博士学位的。从某种意义上说，一流大学培养的研究生尤其是博士研究生，就是日后一流大学的师资。因此，提高高校的博士研究生质量，是提高高等教育整体水平以及确保大学教师队伍可持续发展的基本保障。

3. 利用访学和学术交流提高在职教师的学术水平和国际化水平

利用访学和学术交流，拓展高水平大学中的在职教师到国内外一流大学中进修、访问、学术交流，在保证学习和进修时间一定的基础上，增加出国访问和进修的教师人数，提高在职教师的学术水平。

4. 营造有利于大师脱颖而出的人才生态环境

一流师资水平是一流大学的重要标志。因此，要创建一流大学，必须要有学术大师。比如，美国加州大学伯克利分校之所以能成为一流大学，就是因为有劳伦斯等人，劳伦斯在加州大学伯克利设计和制造了第一台高能粒子回旋加速器，并建立了美国顶级国家实验室——劳伦斯伯克利国家实验室，在劳伦斯的加州大学伯克利物理系迅速崛起，劳伦斯本人也获得了1939年的诺贝尔物理学奖。

5. 教师培养管理机制效果

一般地来讲，大学发展的主要问题不是物质基础，而是机制。在我国的许多高校，一方面，教师的主体地位不够突出，学术氛围不浓厚，相当一部分水平不高的教师没有学术压力和生存危机意识。这一点美国的"非升即走"是一个很好的范例。另一方面，良性的竞争机制没有真正建立起来，待遇与水平并没有真正挂起钩来。如何建立良性机制，这一点越来越为人们所重视。机制必须体现以人为本，最大限度地激发人们的积极性。这就需要高校营造一个宽松的学术氛围，建立一个公平合理竞争的机制，通过这种良性的机制作用，使人才真正流动起来。

6.改善高水平大学的教师学缘结构

值得我们注意的是，国外的教师一般不会在某所大学中工作停留很长时间，绝大多数教师都拥有不同学校的从教经历，从学缘结构层面来提高教师的水平值得借鉴，在高校通过改善教师队伍学缘结构是当务之急。

在与美国大学相关的调研分析中，多数大学教师中拥有本校博士学位的比例低于10%。除此以外，美国著名大学中的很多人虽然已经获得了终身教职的资格，但这些人一般也不会在某所大学中停留很长时间，大部分教师都拥有不同学校的从教经历。例如，加州理工学院有超过50%的教师都有在其他学校工作的经历，这样教师学缘结构无论对教师本人素质还是对学校的发展都是非常有利的。

7.鼓励大学教师参与企业技术研究和技术改造

法国高校鼓励大学教师与科研人员之间的流动，鼓励大学教师参与企业的技术研究和技术改造，把教师与企业合作情况作为考核教师和教师晋升的重要指标之一。在德国，有企业实际工作经历和从事科学研究的经历被视为理工科院校的教师胜任本职工作的重要条件之一。这种做法对教师、企业和社会都有利，可谓一箭双雕。

应该指出，国外大学在教师的激励与培养方面，值得我们学习，但是也不是绝对的，如目前国外终身教授制受到这样或那样的批评一样，更应在教授终身制问题上提高警惕，这里就要将工作重心放到岗位聘后考核上来。又如"非升即走"经验的引用要做出相应调整，给予未能继续聘用的教师一定的缓冲时间，改革的推进必须循序渐进，更人本化，更适合国情省情。健全各项配套改革，如考核制度、社会保障制度等，营造良好的工作生活环境，活化人才流动机制，实现"能进能出，能上能下"的高校教师培养机制改革目标。

5.3.2 把握人才成长规律培养技术创新人才

前面谈到的培养人才是高校技术创新能力三个方面之一，某种意义上说，高校不仅是其本身，而且也是企业、政府科研院所等科技创新组织机构的人才输送基地，所以，高校如何培养科技创新人才就显得尤为重要了。这方面谈起来涉及方方面面很多的内容、方式等，这里值得强调的有两个方面：

1. 要把握科技人才成长规律以培养全面、有个性的人才

高校要按照人才成长的规律培养学生，要从指导思想、教学内容、教育制度等方面来进行：注意人文教育与科学教育的统一；完善教学内容，改革教育制度，以利于培养学生的创新精神和创新能力；完善教学评价制度，以提高学生的创新能力作为教学效果的评价标准。

2. 结合创新实践培养创新人才

"使用是最好的培养"，在培养中把学生吸纳到各种科研项目、科研基地、博士后流动站等，同时把学术交流与合作项目结合起来，以订单培养、校企共建等形式选送人才到国内外知名高校和企业学习实践，真正实现创新型人才培养。

5.3.3 创设内外部协同共享机制

协同论的核心是指系统的组成要素的协同会产生放大效应即1+1>2的效应。高校科技创新体系包括教学体制、科研体制、管理体制等各方面内容，按照协同论的创立者哈肯的观点，协同就是系统中诸多子系统的相互协调的、合作的或同步的联合作用，属于集体行为，协同是系统整体性、相关性的内在表现。高校作为一个开放系统，明显地具有一般系统所具有的复杂性。

构成高等学校系统的各教学科研单位之间是一个联系广泛而紧密的网络。每个单位环节的变化都会受到其他单位变化的影响，并会引起其他单位的变化。如高等学校的各个教学科研组织是学校的基本组织单位，它们之间有紧密的联系，形成有机网络，教学科研组织之间相互联系、交叉、重新组合等，产生了大学内部的形式多样、丰富多彩的教学科研活动。

高等学校具有多层次、多功能结构，其中的每一层次均成为构筑其上一层次的单位，同时也有助于系统的某一功能的实现。如教学组织可以分为校、院（系）两级管理或者校、院、系三级管理，各级层次清楚，功能各异，又能相互补充。

高等学校在改革发展过程中能够不断对层次结构与功能结构进行重组和完善。高等学校根据战略目标或战略重点的调整，组织结构也会相应地发生调整和变化，组织形式同时也会发生变化。

所以，具体操作要把握好几个方面的协同：一是要加强多目标（职能）协调。大学的各个部门、单位有自己的职能、任务、发展目标，占有着一定的人、财、物、信息资源和空间，有着各自的工作特点和运行规律。以政策和制度引导和规范相互之间的协作和竞争，提高协调沟通效果，从而达到1+1＞2的协同效应，从而提高高校的技术创新能力水平。二是要加强各级多层次协同。大学无论是二级管理还是三级管理，都有层次性，不同层次具有不同的认识水平、不同的职责分工。多层次协调，用优化的政策调动人，用科学的制度鼓励人，上下联动，互相支撑，才能形成合力。三是加强多因素协同，研究型大学核心竞争力是由多种因素合成的，不同因素在核心竞争力形成的过程中具有不同的作用和地位。高校培养技术创新能力就是要不断协调各个内部环节，以使高校主体技术创新能力得到提升。

作为社会系统、高等教育系统的子系统，存在与其他子系统（诸如政府管理部门、高校、企业等）的合作协同机制与竞争。以高等学校为主体的外部协同模式主要表现在，大学只有加强同其他系统之间的竞争与合作，才能够有效地不断获取办学资源，提高办学质量和水平，培养办学特色，为社会经济发展，尤其是为区域、行业经济发展提供实用型人才，才能实现与区域、行业经济的协调同步，从而培育和持续提高大学本身的技术创新能力。

1. 以高校为中心的科技工作园区培养模式

世界主要科技工业园区的建立模式十分相似，它们几乎都建立在著名的高校和大学城周围，以著名大学的研发力量为依托，积极促进校企合作，高校老师及学生的自主创业发展成为众多高科技企业，从而有力的促进经济的发展。发达国家在科技工作园区的经验丰富，高校科技创新主体要想克服现存问题，需要借鉴发达国家在建设科技工作园区的丰富经验。

世界上最早的科技工业园"斯坦福研究园"于1951年由斯坦福大学创建。特曼教授提出"技术专家社区"的建议，即将校园中未开发的土地租给公司，从而把高新技术企业与大学雄厚的科研力量结合起来，使最新的科研成果顺利产业化，整个地区也因为研究园的建立鼎盛起来，并为美国西海岸高新技术发展奠定了基础，"硅谷"就是在这样的基础上成长起来的。"硅谷"经历了50年已经成为全世界最大的电子工业基地，"硅谷"的一大特点就是把研究型大学与企业紧密联系起来。

高校应努力提升科研能力，吸引高校技术企业，从而将大学的雄厚科研能力与高校技术企业结合起来，形成具有特色的科技工业园，从而有效的提升技术创新能力。

2. 以高校为中心的企业孵化器培养模式

企业孵化器的产学研合作模式是为新产品和小企业服务的一种模式，孵化的对象是具有商业前景的高新技术成果，孵化出的是新产品和小企业，也就是利用孵化器模式为新产品和小企业提供成长环境。

各个大学也应加入企业孵化器的产学研合作模式，大学和科研机构共同主办的孵化器可有效的提升高新技术产品的竞争实力，同时对科研成果的推广及吸收高科技人才起到十分重要的作用。企业孵化器模式和科技工业园模式能很好的互补，科技工业园的重点并不在小企业上，而是建立大学和企业之间的联系，建立技术交流平台，加强技术转让，吸引成熟型企业等。

3. 以高校为中心的工业–大学合作研究培养模式

工业–大学研究方案由美国于1990年实施，组织形式有三种：一是一个大学与多个企业联合形成中心，即单一有限伙伴关系，占55%~60%；二是多个学校与多个企业的合作形式，占20%~30%；三是工业–大学研究方案广泛与大学、企业签订合作合同，即分布的计划书合作形式，约占10%。为了加强大学和工业的联系，第二种形式正在不断的扩大。这些附属于大学的中心与企业界联系紧密，他们会根据企业的具体需要开展课题研究。

高校可以借鉴美国发展经验，高校应利用自身的优势吸引企业，与企业建立有效联系，最终形成以大学为中心的，大学–工业合作的技术创新能力培养模式。

4. 以高校为中心的产学研互动模型

高校作为技术创新能力的主体，起到了基础研究、提供人才的关键作用，高等院校在产学研合作的平台上，以自身科学研究为基础，对技术创新的后续阶段进行扩展、对技术进行开发、对生产进行试制、进行市场营销，紧密的把四个阶段联系起来，从而将产学研有机结合为一个整体并成为单一的产学研组织模式。这种模式的特点是以学校为主体，通过建立校办工厂等形式逐渐形成产学研合作的平台。

（1）高校、企业、科研机构联合培养模式能有效地解决人才投入、资金投入的问题，高校、企业以及科研机构以一种合约的形式结合为一个统一整体，企业为高校解决资金投入问题，高校有了充足的创新资金，有了良好的创新环境，就能增强自身吸引人才的实力，使高校人才外流的状况得到有效的改善，而且这种培养模式不受地理区域的限制，高校可以在不限地域的前提下，与企业广泛合作，从而使技术创新能力得到有效提升。

（2）高校、企业以及科研机构共建平台的培养模式是高校技术创新主体解决自身问题的最佳途径，共建模式是以创建新的合作体完成的联合，在创建过程中，企业与高校、科研机构通过共享资源的方式保障资源发挥最大化效益。在这种模式下，共同分享信息、技术、人才和资金等方面的资源，使资源配置达到最优的程度，高校、企业及科研机构都会从中受益，三方相互依赖、优势互补，合作形式趋于稳定，在权责明确的前提下，实现不同组织间的技术传播。主要包括建立新的科技学院、合作基地、高新技术产业园、产学研联盟等形式。

（3）以高校为中心，通过各个创新主体的协同参与，解决高校技术创新主体在科技创新中的实际问题，培养模型的建立将会在问题解决的基础上，进一步提升高校主体以及整体的技术创新能力。

第六章　创新系统中的科研院所主体

技术创新过程是一个复杂的系统工程和组织过程，对于科研院所而言基本要求是将自己的技术能力与科研需要相结合。从本质上说，科研院所的技术创新过程是技术的价值追求过程和战略优势的形成过程，这不单单是新的科研成果和科研进步的问题，而是实现科研院所作为技术创新主体实现科技现代化的问题。科研院所作为国家设立的科学研究机构，如何增强其科研实力，迎接知识经济的挑战，在日趋激烈的竞争环境中立于不败之地，加强科研院所的技术创新能力研究是一项重要任务。

6.1　复杂适应系统科学理论概述

系统科学是一类新兴的学科群，是20世纪初叶以来发展最快的一大类横断性、综合性科学。随着系统科学多年来的不断发展，关于系统科学的理论体系与思维方式也日臻完善。

6.1.1　系统科学概述

1. 系统科学

系统科学与其他学科一样，也以客观世界为研究对象，但是作为一门新兴学科，又显示出一些与其他学科不同的特点。系统科学以"系统"为研究对象，"系统"是随着系统科学的不断发展，逐渐区分出"系统"与"复杂系统"两大类研究对象，界点的侧重点也有所不同。以"系统"作为研究对象的代表贝塔朗菲与克勒尔认为，系统科学着重考察各类系统的关系和属性，揭示出活动规律，探讨有关系统的各种理论、方法及其应用。以霍兰和福罗特为代表则将"复杂系统"作为研究对象，强调系统科学以揭示客观世界中各种复杂系统在演化过程中所共同遵守的内在规律为根本任务，是一门研究复杂系统之种类特性与演化机制的现代前沿科学。

这两种对于系统科学研究对象的界定以先从相对简单的线性系统入手，再到非线性系统，最后到复杂系统。自然界中客观存在的系统在某种意义上绝大多数都是复杂系统，几乎不存在简单的线性系统。所以，可以近似地认为系统科学的研究对象就是复杂系统。从这一观点出发来考察科技创新系统并发现运动过程充满了复杂性，这种复杂性是由多种创新要素与创新资源相互影响、相互促进和重新组合所导致的。所以本文主要借助"复杂系统"为研究对象的相关系统理论研究来探讨科技创新系统的复杂性。首先要对系统科学的几个特点进行整体把握：

（1）系统科学的主要任务不是研究某一特定的或某一类具体的系统，而是要研究所有具体系统共同遵守的一般规律，即抽象的"一般系统"。所以系统科学的研究核心是揭示各类不同性质、不同领域、不同表象的系统之间所展现出来的存在方式和运动方式上的一致性，也就是所有系统在运动和演化中所共同遵循的一般规律。

（2）系统科学主要研究各类系统中的"系统性"性质，而不是"事物性"的性质，这也是系统科学与经典科学研究的不同之处。经典科学的学科是以具体事物为导向的研究，实体论就反映了这一点，而系统科学是一种以系统内各部分之间的关系为导向的研究，主要以系统为中心。经典科学和系统科学在探索和认识客观世界中发挥着同等重要的作用，是现代科学两个互补的维度。

（3）系统科学具有跨学科性。具体表现为：一是不同的具体系统和不同的传统学科知识以及相关的问题，在系统科学中，作为整体而不是分门别类地进行研究，具有交叉性；二是系统科学的成熟理论和方法论也适用于经典科学，具有横断性和综合性。系统科学的这种跨学科性对于不断划分甚至断裂为无数狭隘专业的经典科学具有统一的影响，提供了统一的原理来超越它们相互之间的边界。这里突出强调如下系统的整体涌现性与自组织性。

2. 系统的整体涌现性与自组织性

（1）系统的整体涌现性

贝塔朗菲最先把涌现概念引入系统科学当中，并作为系统科学的基本问题，指明了系统科学的发展方向。简言之，系统科学是一门研究整体涌现性的基础科学，以揭示系统产生涌现性的条件、机制、规律、原理，制定刻画涌现的基本方法为主要任务。关于涌现性的实质，贝塔朗菲借用亚里士多德的著名命题"整体大于部分之和"来表述，已被系统科学界普遍接受，最简洁的表述为"1+1＞2"。但这只是一种形象的比喻，不能把涌现性简单地归结为一个定量问题，整体涌现是个定性问题，其实质是指整体具有部分或部分之和所没有的性质、特征、行为、功能等，称为整体质或系统质，不能用大于、等于或小于等量化关系来表达，涌现性包含非线性但是不同于非线性。所以涌现性应该表达为整体具有而其组成部分以及部分之总和不具有的功能与特性。

随着系统科学的兴起与深入研究，对于整体涌现性的产生机制，已经提供了初步的答案。

首先，非线性相互作用。相互作用有线性与非线性之分，现实世界存在的相互作用几乎都是非线性的。如果相互作用的非线性程度非常弱，那么可以忽略不计，此时则把相互作用看成是线性的。只要存在相互作用，就会产生涌现现象。线性作用产生的涌现效果是极其微小的，而非线性作用所产生的涌现效果则是大尺度的。系统整体涌现性产生的原因就在于组分与组分之间、系统与环境之间，由非线性的相互作用所激发出的效果。

其次，差异的整合。涌现的前提是存在多样性和差异性，特别是系统内部的种种差异。只有一个组分不成为系统，组分多比组分少更利于出现涌现现象。组分多而品种单一的系统，能够产生的涌现现象也单一。组分种类多，批次差异大的系统，即异质性显著的系统，则能够产生丰富多彩的、不平庸的整体涌现特性。

最后，等级层次结构。系统经过一个从简单逐步走向复杂的过程，既组分层次经过多次的逐级整合、多次的逐级涌现，最后改变整体层次的功能与特性的过程。假设系统需要经过N次整合，第一次把元素整合为若干N

级分系统，第二次把N级分系统整合为若干N-1级分系统，第三次把N-1级分系统整合为若干N-2级分系统，如此逐级整合，直到把所有分系统整合为完整的总系统为止。在这一过程中，每一次整合都完成一部分的质变，经过N次"部分"的质变后，最后完成了系统总的质变，获得整个系统的整体涌现性。

（2）系统的自组织性

客观世界的各个系统在组织过程中，无论是所需要的时间，还是呈现出的结构和模式都是不尽相同的，但也必定要遵循一种普遍的原理，这就是自组织理论。虽然现代科学还不能将此理论完全揭示出来，但是也已具有了较为深入的认识。

首先是基于自组织的涌现原理。在上文中已经提到，一个自行组织起来的系统是通过诸多组分相互之间的非线性作用在整体上涌现出来的组织效应，是由各组分自下而上、由简入繁自发产生的。二是开放性原理。自组织的开放性主要表现在系统与外界环境的相互作用上，系统对环境开放，只有与外界进行物质、能量、信息等的交换，才能产生自组织运动，倘若一个系统与环境没有任何交换，是不会出现自组织行为的。三是反馈原理。把系统当前行为的结果看作是系统未来行为的影响因素，这就是反馈效应。现行行为结果对未来行为效果的加强与消弱，称之为正或负反馈。四是涨落原理。系统在某一阶段的状态值与平均值发生偏离的现象，称为涨落。涨落的作用极其重要，可以引发系统中旧结构的失衡，在分叉点上依靠涨落实现对称破缺的选择，从而建立新的系统结构，这方面下文复杂适应系统进行详细解读。

6.1.2 CAS系统理论的核心思想

复杂适应系统（简称CAS）理论于1994年由霍兰在《隐秩序》中提出，他认为系统的复杂性使得人们对客观世界所表现出的一些现象认识不清，因此应该重点研究复杂性的产生机制，即"适应性"是造就复杂性的根本原因。其核心思想是"适应性造就复杂性"，这一观点在随后的另一著作《涌现》中加以展开和深化。

（1）CAS理论的核心思想首先强调适应性主体的主动性与目的性

CAS中的主体是有生命的、活的主体，并具有主动性与目的性，这也是CAS和其他建模方法的重要区别所在。由于这个特点使得CAS理论可以有效地运用在社会系统、经济系统、创新系统、生态系统、文化系统等其他理论方法无法应用的复杂系统之中。传统的系统理论观点，普遍把系统的构成要素称为元素、部件或子系统，这是一个与系统宏观、整体和全局相对的概念，是一个被动的、微观的、局部的概念，认为系统要素是静止的和无生命的，完全掩埋了系统要素的主动性与目的性。而主体概念的提出则把系统要素的能动性提高到了系统进化的基本动因的位置上来，看作是系统由简单向复杂进化的基础，是研究和考察复杂系统的出发点。复杂性正是系统内的各个主体在非线性的相互作用中形成和产生的，主体不能脱离宏观系统和内外部环境而单独存在，同样系统也不能凌驾于主体之上，主体的主动程度与适应程度决定了宏观系统的进化程度和复杂程度。

（2）强调主体自身与外环境的相互作用

对于CAS中某个主体来讲，区别于自身的其他主体都可视其为外环境的一部分，主体与外环境（包括主体之间，主体与系统外环境之间）的相互作用与相互适应是系统演化的主要动力。传统的系统建模方法一般更注重主体自身的内在属性并作为研究系统的主要对象，而并不重视主体之间，以及主体与环境之间的关联。主体是构成系统的基础，并非单独的、孤立的存在，只有用联系的、发展的眼光看待系统，才能更好地探究系统的复杂性。主体之间相互的非线性作用是系统得以涌现的基础，而系统的复杂性也正是源于这种涌现，非线性的作用越强，涌现尺度则越大，系统就越复杂。

（3）强调宏观与微观的有机结合

CAS宏观整体对外环境的适应性，是以内部微观主体对环境的适应性改变为基础转化过来的，各个微观主体的适应性越强，系统整体的适应能力则越高，是一种宏观与微观的有机结合。

通常"还原论"观点认为，系统的宏观现象仅仅是微观作用的线性加和，否认其中存在质变。倘若系统的构成要素不具有主动性和适应性，那么他们之间运动的相互关系的确可以用简单的线性加和的方式进行处理，并且系统也不会具有复杂性，反之则不能利用一般的统计学方法加以描述。所以，在整体与部分相互关系问题上采取了一种对复杂问题全新的解释观点，区别于单纯的线性理论。

6.1.3　CAS系统理论的主要特点

所谓复杂适应系统就是由那些用规则描述的、相互作用的适应性主体所组成的系统。霍兰教授经过研究，认为复杂适应系统有7个基本点，包括4个特性（聚集、非线性、流动性、多样性）和3个机制（标识、内部模型、积木）。

1. 聚集

单个适应性主体的行为比较简单，适应能力也有限，但是众多适应性主体聚集在一起，就可能涌现出十分强大的适应能力。动物群体、城市、市场、学术界等一切CAS都是这种由大量适应性主体聚集而成的存在物。众多小规模的聚集体可以进一步聚集，形成较大规模的聚集体。正是这种聚集体的再次聚集，形成CAS的层次结构。

2. 标识

在发生聚集的过程中，有一种贯穿始终的机制引领着主体确认方向、确定目标、选择行为方式，这一机制霍兰教授称之为"标识"。标识是聚集体的一面旗帜，或一个组织纲领，CAS利用标识操纵对称性。聚集需要选择，选择前的可能性空间是对称的，有各种各样的可能选择方案意味着必须打破对称性，依靠标识去实现对称破缺选择。标识能促进选择性相互作用，提供具有协调发展性和选择性的聚集体，解释层次结构的形成。

3. 非线性

支配聚集过程中的行动者之间以及和外部环境之间的相互作用在本质上是非线性的，相互适应不可能是线性的。线性特征是平庸的，非线性特性才有创造性。CAS的复杂性是由非线性因素引起的，线性相互作用只能产生简单性。特别是各种正负反馈形成的环路，再交叉、缠绕而形成复杂的网络。但现在的建模方法大多建立在线性假设上，为CAS建立模型所关心的应该是非线性相互作用的效果如何反映在模型中。

4. 流动性

CAS是具有开放性的非平衡系统，这种非平衡性也导致系统内部的物质、能量与信息时时刻刻都进行着流动与交换。把适应主体看作是节点，把相互作用看成边，CAS可以表示成网络，再把其中流动的物质、能量、信息统称为资源，则一个CAS就是一个三元组，由节点、边、资源构成。三元组的存续运行要靠资源分配来实现，关键是限定主要连接的相互作用，用标识来定义网络。

5. 多样性

CAS多样性的含义是多方面的，适应性主体的多样性、相互作用的多样性、标识的多样性、响应规则的多样性、环境的多样性等，多样性并非偶然出现，而是适应性主体不断运动的结果，呈现出一种动态模式。

6. 内部模型

CAS中主体的适应性依赖于它的预测能力，而这种预测机制产生于主体的内部模型。主体在大量涌入的信息中进行识别，选择最恰当的对象进行协作，剔除细节，将经验提炼成各种图式，这些图式的集合就是内部模型。

7. 积木

这个"积木"指的是构筑行为规则的积木，搭建内部模型的积木，不是作为适应性主体或系统实际组分的积木。内部模型是一个规则的有限集合，但它面对的是一个不断变化的环境，能够在不断变化的环境中反复出现的模型才有意义。对CAS的规则加以分析就会发现，尽管规则在变化，或增添新规则、或淘汰旧规则、或设置临时规则，但一些基本的积木还是存在的，大量看似不同的规则由这些积木组装搭建而成。规则可以重组，重组就是创新，大量新事物都是重组原有事物的结果，全新的创造总是少量的。特别是对具有层次结构的系统来说，较高层次的积木是由较低层次的积木进行重新整合与组织而涌现出来的，处于某一层次上的若干积木通过有选择性地聚集与重组，就会生成高一层次的、包含更多规则的积木。

6.1.4 CAS系统发展的一般过程

复杂适应系统理论强调了聚集、非线性、流动性与多样性四个基本特点，但是没有明确地对四个特点之间的逻辑关系进行探讨，国内外其他学者对此问题也鲜有涉及。然而我们可以从生物圈的进化过程中得到一些启示。美国生物学家莱文在《脆弱的领地》一书中这样写道："（生物圈）经过漫长的演化过程，不仅生物的多样性日益增加，而且各物种之间也逐渐形成了一种趋于稳定的相互协作方式，共同构成了一个以物质流、能量流与信息流为特征的整体网络，在时间与空间的尺度上总展现出一种规律性。"他主要强调了生物圈复杂性的形成是由不同的生物或种群通过对自然环境的适应而涌现出来的，有异质性、非线性、层级机构和流动性四个特征。组分的异质性为生物种群提供了选择的多样性，进而通过组分中非线性的作用分层次地进入下一更高层级的结构排列当中，在这期间伴随着信息流和能量流的相互作用。由此可见，生态圈的基本特性完全符合了霍兰所提出的复杂适应系统中聚集、多样性、非线性和流动性的四个基本特性。

根据自然界进化的基本规律可以推导出，一个复杂适应系统的发展过程首先是具有主动性和目的性的主体对周围环境进行选择，找到最适合自身生存的区域范围，并与在此区域内的其他主体发生聚集，形成更新的、更高级的、更复杂的、更具适应性的聚集体。随后各主体之间以及主体与环境之间进行非线性的作用，在作用的过程中，主体通过学习和积累经验使内部结构发生改变，当新结构逐渐稳定后，系统内全部主体便构成了一个能够使信息流、能量流、物质流等交替周转的网络，促使系统的发展。随着非线性作用的不断深入与新的适应性主体的生成，整个系统的适应能力也大幅提高，所以决不会因为某一个主体的功能缺失而导致整个系统的毁灭。这些新形成的适应性主体又会重新聚集，变得更加复杂，从而使整个系统持续发展。

6.2 技术创新系统分析

技术创新系统是一个具有特定结构和功能的开放系统，与外部环境不断地进行物质、能量和信息的流动与交换。由于创新主体与主体之间的作用都具有多样化的特征，所以构成的整体也呈现出多个不同层次，导致技术创新系统整体的行为表现和进化过程变得更加复杂和难以琢磨。

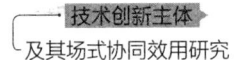

6.2.1 技术创新系统的演变过程

21世纪，科学技术已经渗透到人类生活的各个方面，而自身的演化过程也对社会、经济与文化等诸多领域有着至关重要的影响。为了更为深刻的认识这一过程，有必要对技术创新的动因进行历史的考察。

1. 技术创新动因的历史考察

技术推动论与需求拉动论这两类极具代表性的思想，也一直是学术界争论的焦点。技术推动论学者认为，科技创新的根本原因在于科学技术自身的发展，新知识和新理论的日臻完善与技术的逐步深化推动着科技不断进行创新。技术推动论代表如前面提到的熊彼特提出，因为科学技术的发展改变了生产方式，创造出更高品质、更低价格的商品，才引起了市场需求的变化。如技术史学家巴拉萨所说："以内燃机为动力的发明创造了对汽车运输的需求，而汽车的发明绝不是由于全世界范围内的马荒或马匹短缺引起的。"由于一系列在科学知识与理论上的重大发现，才为技术创新提供了主要动力，从而掀起了技术创新的革命。"技术决定论"代表人物埃吕尔也是技术推动论的拥护者，他从认识论与本体论的角度出发探讨技术自身的发展规律时指出，技术会遵循自身的内在逻辑向前发展，不会因为人类的意志而改变，市场的需求仅仅是影响技术进步的一个外在方面，其发展的根本原因还是在于知识与技术的社会积累。如果科学技术没有发展到某种人们预期的程度，就算是市场的需求量再大，也会由于缺乏满足这种需求的手段而致使这种需求在一段时间内无法得到满足。从19世纪下半叶的科学发展，特别是物理学的发展历程中不难看出，技术创新大部分都是在当时现存的知识的基础之上孕育而生的，那些新发明的图纸早已潜藏在科学理论之中了。从基础研究到应用研究，再到开发研究，知识与技术一系列的相互作用，推动着技术不断地革新。

技术作为创新的基础是毋庸置疑的，但基础并不能代表原因，需求拉动者们对技术创新的主要动机仍持有不同的态度。他们普遍认为技术创新的导向与所需要的研究经费毫无疑问地源自市场的需求，技术创新是一项以获得商业利益为目的的活动，必须以市场需求为最根本出发点。按照市场经济的发展规律，消费者对新产品的功能与性质提出明确的要求，企业主要以制造令消费者满意的商品为目的来开展技术创新活动，所以开发适销产品、扩大市场份额、满足市场需求才是创新的根本动力。施穆克勒通过对美国一些行业的研究表明，创新活动的成功在很大程度上依赖于资本投入的力度，而资本绝对是因满足市场需求而逐步累积的，发明专利的数目与资本投入的额度密切相关，投资越多，满足这一行业所需的新产品也就越多，因此需求拉动的因素必然是先于科技推动的因素。罗伯特曾对市场需求与创新之间的变化关系做过一份比较权威的统计，结果表明大约有80%左右的创新产品是由需求因素引起的，而技术的发展仅仅推动了不到20%发明。

这两种观点的争论一直持续到20世纪80年代，直到美国斯坦福大学教授莫厄里的研究成果问世后才得以终止。莫厄里认为技术创新是一个非常复杂的过程，任何因素都不能确定为创新活动唯一的或决定性的因素，而是应该由需求与技术两个因素共同决定，需求决定了创新的价值与回报，技术决定了创新的成功概率与成本。

2. 创新系统模型

把创新看作是科学家或企业家等的个体行为，仅注重创新过程中某一特定环节或要素的影响，而忽视了创新活动内在的复杂性、系统性和非线性过程，这种观点显然已经不符合现代实际的创新概念。自20世纪80年代开始，人们逐渐开始从系统的角度对创新过程进行分析。随着新的系统范式的产生，人们对创新活动的认识也达到了一个新的高度。如前面所述，系统在科学技术的层面上通常是指由相互制约的各部分组成的具有一定功能的整体，这一定义主要强调系统的功能。在创新活动中，从基础研究、开发研究、应用研究到产品设计、组织计划、市场营销等一系列行为都是以实现特定的功能为目标，所以，系统的本质是具有各种特定的功能。以系统的定义为基础，那么创新活动就可以理解为围绕某一特定的创新目标，通过不同创新主体与主体之间、主体与外环境之间的相互作用、相互联系而形成的一个有机整体。事实上，无论是知识创新、技术创新还是科技创新，在本质上都是这种具有系统性的行为过程。

技术创新系统的演变也是一个逐步深化的过程。无论科技推动理论还是需求拉动理论都只是用一种线性模型来概括科技创新的过程，这显然已经无法解释大科学时代中这种学科综合性、交叉性强并且投资巨大的现代创新模式。在这种线性模型中，知识以一种非常简单的流动方式贯穿在创新活动之中，认为只要在创新活动的起始点增加科学研究的投入，必然会提高创新活动成功的概率。但是，实践的过程表明，创新思想的来源是十分广泛的，可以产生在基础研究、开发研究、应用研究、创新成果商品化或市场营销等任何一个阶段。新知识的出现不断导致技术的变化，所以创新活动也并不只是遵循简单的线性过程，而是产生于系统的循环反馈之中。随着学者们对科技创新研究的不断深入与系统科学理论的发展与完善，发现将科技创新活动置于系统之中考虑，更能揭示其复杂性与非线性的特征，也更符合实际的创新概念。事实证明，科技创新系统自身结构的复杂性、市场需求的不确定性和外界环境的多变性等因素都是导致科技创新行为产生非线性特点的原因。所以，用一种非线性的系统回路模型（如图6.1所示）来取代线性模型，更有助于人类对科技创新活动进行研究。

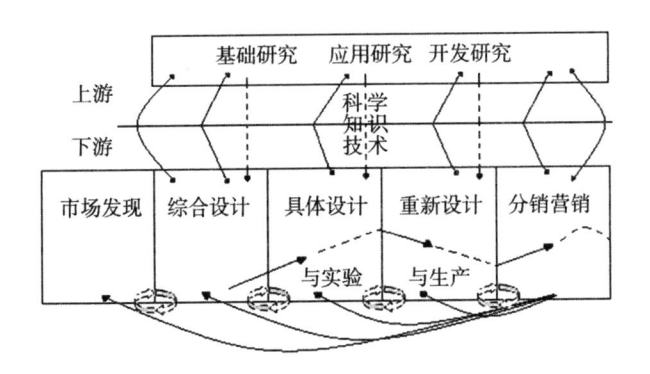

图6.1 创新系统回路模型

在近代，当系统科学中的信息论与控制论被应用于创新活动之中并充当关键步骤的时候，标志着系统科学已经成为推动科技创新活动的重要理论思想。非线性和复杂性可以弥补过去线性创新模式的不足，更适应于理解和掌握创新过程，而科技创新也愈发以一种"系统的"形式被人们所考虑。学者武显微等指出："事物的复杂与否不在于其构成要素的多少或能量如何，而是在于要素之间的作用是线性的还是非线性的，倘若是线性作用，即使构成的要素再多、体积再庞大，其整体的性质也仅是部分性质的简单叠加，其行为也是简单的。"①因此，运用系统科学的相关理论来探讨创新系统中各主体要素的变化规律与主体要素间的相互作用，能够更好地了解创新过程，有计划、有目的的组织创新活动。在当代，科技创新活动已经由传统的线性模式转变为一种系统的回路模型。从某种意义上说，创新活动的系统模式形成，正是人们对创新系统的复杂性有了新认识的结果。

6.2.2 技术创新系统的CAS表征

1. 技术创新系统的复杂性研究

在技术创新活动中，技术创新系统所表现出来的复杂性与系统性同样重要，且二者又密切相关。从技术创新系统的主体要素和对象要素方面来看，正像其他系统可以分析元素与元素之间的关系一样，技术创新系统的复杂性可以从创新主体之间的关系方面进行分析，可以更具体的认为，是从各主体主要的职能和创新对象之间的相互作用方面来进行分析。

（1）按照系统科学的观点，系统中存在元素的数量和元素的多样性是评价系统复杂性的客观标准。系统中存在的元素种类越多、数量越大，所构成的系统也就越复杂。技术创新系统亦是如此，系统中有需要识别的要素种类较多，需要区分主体的部分较多，需要计算的数量较多，致使需要建立若干模型去认识该系统。像这样需要更多的时间去计算更多数据的系统，就是具有较大复杂性的系统。

（2）系统内各元素之间的相互关系越紧密，相互联系的范围越广泛，也就意味着系统越复杂。技术创新系统内诸多创新主体的关系十分密切，各自的特征也十分明显，彼此之间相互约束、相互依赖和相互规定的作用也十分强烈，要对其中之一进行了解，也必定需要了解与之相关的其他元素，对创新系统整体的认识也依赖于我们对部分的分析，而分析部分也必须对整体进行了解。所以对于技术创新系统，很难做到具体分析细节部分而不破坏整体系统自身，但是不对细节部分进行详细研究又难以深入认识

---

① 武显微等. 从简单到复杂——非线性是系数复杂性之根源[J]. 科学技术与辩证法, 2005(8).

整体。这样无论是研究部分还是研究整体都显得更为困难，从而呈现出一种较为复杂的局面。

复杂性的基本特征主要是某种相互关系的性质，着重从信息、计算和描述的角度来研究这些问题。综合系统科学和技术创新的相关理论，可以将技术创新系统复杂性的基本特征归结为以下四点：第一，技术创新系统中存在相当数量的各不相同的创新主体，且各主体之间有十分密切的相互联系，即创新主体与相互联系都呈现多样性。第二，这些联系具有非线性的关系。技术创新系统中无处不包含非线性的相互关系和相互作用。非线性作用就是为何一些细小的变化可以涌现出巨大改变的原因。第三，这些联系具有非对称性的关系。技术创新系统中的创新主体总是会出现非对称性或对称性破缺的性质。如果一个系统中元素关系的对称性越大，其本身的机构就越简单，反之则越复杂。第四，这些联系处于有序和混沌之间。如果一个系统是完全有序的或者是完全无序的，都不具有真正的复杂性。但是技术创新系统恰恰处在有序与混沌（即无序）之间，所以具有很高的复杂性。

2. 技术创新系统与CAS的耦合

从技术创新系统演化的一般进程上看，在大体上是按照生物进化的规律逐渐形成的，自身就具备复杂性、适应性、动态性等生物的一般特性，所以也总是呈现出一些与同样符合生物圈进化规律的复杂适应系统相同的现象。这些现象可以从五个方面进行把握：第一，由多种不同特性的主体构成，并根据各种不同的动机、目标、经验及规则来运行；第二，系统总体上符合自组织特征，是自组织系统；第三，主要是由反馈机制与信息流通构成的循环网络；第四，在任何时间段内，系统的结果都是不可预测的；第五，系统的进化过程主要依靠涌现现象，故系统不会遵循严格的、均衡的定量回报机制进行运转。

将这两个系统的现象与特征相比对，可以明显看出，"技术创新系统就是一个具有结构复杂、主动学习、积累经验、变换规则、不断适应环境、动态进化和历史演变等特征的复杂适应系统"。[1]下面通过二者的组成结构、主

---

[1] 金吾伦, 郭元林. 运用复杂适应系统理论推进国家创新系统建设[J]. 湖南社会科学, 2004(6)：8.

体种类、数量、流动性与主体之间的非线性关系等方面进行对比，进一步说明创新系统与复杂适应系统之间的关系。

首先基于二者的组成结构进行分析。从图6.2中可以看出，技术创新系统与复杂适应系统的组成结构几乎是一致的。（如图6.2所示）

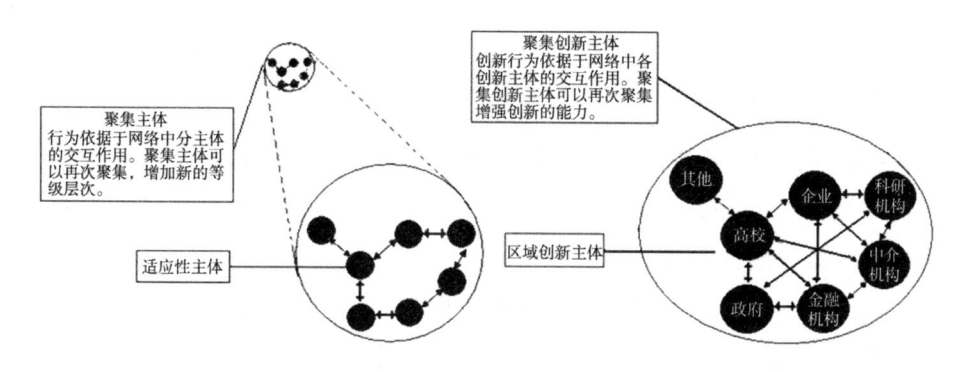

图6.2　技术创新系统与复杂适应系统比较

两个系统中都存在诸多不同属性的主体，只是复杂适应系统中的适应性主体个数要比技术创新系统中的多，但事实上技术创新系统主体的数量也不仅仅是这些，凡是与技术创新活动有关系的实体，都可以称之为技术创新主体，图中仅列出了其中比较重要的一部分。因此，二者在组成结构、要素的种类、数量及相互作用等方面是完全相同的。

其次，技术创新系统的流动性及非线性特征与复杂适应系统也几乎是完全耦合的。技术创新系统所展现出来的功能并非是各个创新主体的功能的线性加和与偶然堆积，而是各主体通过非线性的相互作用涌现出的效果。技术创新系统中高校、企业、政府等机构都是知识、人才、信息流动的主体，各主体之间通过非线性的联系与作用，形成极具复杂性的流通网络，使系统整体呈现出单个主体不具备的功能与特性。

技术创新系统具有构成主体多样性，主体之间的联系呈现非线性、非对称性、处于有序与混沌之间等特点，而这也是具有复杂性的基本原因。在与复杂适应系统的对比中可以发现，技术创新系统具有复杂适应系统的一切特征，其自身就是一个复杂适应系统。复杂适应系统理论正是研究复杂性产生机制的理论体系，所以就可以借助这一理论，将技术创新系统逐层解构为各个创新主体,当创新主体的复杂性被揭示出以后,技术创新系统就可清晰地展现出来。

6.3 以科研院所为主体的技术创新系统性分析

6.3.1 科研院所技术创新能力的内涵

在系统科学的视域下,科研院所技术创新的内涵应包括宏观与微观两方面的特征:从宏观层面上看,科研院所是一个具有复杂性的、开放性有机整体;微观层面上讲,构成系统的各个要素之间的相互作用呈现出动态性、非线性和适应性的特征。基于此,科研院所技术创新系统的内涵可以理解为系统内部各要素之间相互关系与系统外部环境因素之间相互关系的集合,在新知识与新技术的产生、创造、扩散和使用的过程中所形成的复杂集合体。

科研院所的创新主要服务于社会发展战略和科技发展战略,特别是地方科研院所主要围绕地方经济社会发展中的重大难点、热点问题等重点开展共性与关键技术创新,兼顾知识创新和知识与技术扩散。也就是说,科研院所创新的主要目标是通过研究开发活动促进新知识、新技术、新产品的产生,并且通过创新成果的推广,服务于地方经济社会的健康、持续、稳定发展。所以,科研院所的技术创新活动主要开展研究开发活动和知识与技术的推广扩散活动。

综上所述,科研院所的技术创新能力可以概括为主要由科研水平进步和创新成果的扩散能力构成。科研水平主要看从事的研究是否处于学科前沿、是否具有独创性、是否属于新发现以及新发明或者技术方法上的重大突破。而创新成果的扩散能力主要包括创新资源、人才、信息、设备、政策等几个方面。

6.3.2 科研院所技术创新主体的系统特征

从系统科学的角度出发对科研院所技术创新主体进行分析,可以发现科研院所也是一个以创新为目的，不断演化，与外界环境既有能量交换，又有物质交换的开放系统，可简称为科研院所技术创新系统。首先，科研院所在进行技术创新活动过程中所需要的人才流、资金流、信息流以及设备等科研资源必须从系统外部环境获取。其次，还要获得有利于开展科技创新活动的相关政策和制度等支持。同时，科研院所向外界输出高素质的创新型人才和最新的科研成果，并且与其他相关的创新系统保持着密切交流与合作。人、财、物输入的过程，也是科研院所技术创新系统创造新的知识或技术资源的过程。当系统输入达到一定的阈值时，就会打破原有的平衡，推动系统进入远离平衡的状态从而形成耗散结构，使系统向更高层次进行演化。

在一定意义上讲，科研院所技术创新系统就是一个标准的自组织系统，符合"通过涨落达到有序"的基本原理。由于内外部因素不断地相互作用与影响，该系统中涨落现象是必然且普遍存在着的。科研院所技术创新系统主要以知识的创新、整合、传播与扩散为主要任务，以具有"溢出效应"的知识为中心开展工作，所以耗散结构的形成有利于知识功能的放大，开放性有利于知识的流通与变化，增加知识的储存量。随着创新系统内成员知识的不断增加，在非线性的作用下，使得各学科的知识能够达到深度交流与融合，形成知识双向溢出的效应，具体表现为创新系统整体认知能力的提高。当知识融贯到一定程度以后，则会涌现出成员个体不具备但是系统整体具备的知识创新能力，形成质的飞跃。

在科研院所技术创新系统演化的过程中，各要素之间的相互作用呈现出非线性的特点，主要表现为三个方面：第一，系统内知识、技术与科研人员之间的正负反馈作用；第二，基础知识的创新、应用技术的创新、先进工艺的创新与新市场的开发之间的相互作用；第三，在大项目攻关过程中，系统内各创新要素之间存在协同作用。科研院所技术创新系统的各个对象要素之间存在着知识创造的深度合作以及知识的交流与共享，各要素之间的复杂作用经过创新系统的运作表现为一种"1+1＞2"的协同增益，这是一种典型的非线性作用机制。稳定的新结构代替失稳的旧结构，是科研院所技术创新系统自组织演变的一般过程。系统内的每一个组分对系统都存在着有差异的、或大或小的影响，导致系统向不平衡、非对称性结构演变。当系统内的变化达到一定阈值并超过分叉点时,系统将进入极其不稳定的状态。根据协同学理论,此时系统自动区分出快变量与慢变量,慢变量成为序参量,慢变量则主宰着系统的进化过程,支配着快变量的行为。当所有要素的相互作用趋于稳定,此时标识着系统新结构的形成,成为一个具有新功能与新特性的更高级系统。通过对科研院所技术创新系统内部的各主体要素之间相互作用过程的分析,有助于认识系统自组织演化的客观规律。

科研院所技术创新系统作为一个远离平衡态的开放系统,以维持自身的有序结构为目的,需要不断地与外界进行资源交换。R&D资源与非R&D资源的输入与新技术、新工艺和新产品的输出是系统动态性的主要表现。首先,科研院所与政府、高校、企业等其他不同性质和行为的创新主体,在需求信息、科学知识、应用研究、创新人才、扶持政策和资金等创新活动所必需的要素上进行频繁的流动;其次,技术创新系统内部的各主体通过建立"双赢"的对外交流机制以保证彼此之间稳定的互惠关系,顺利地进行沟通、交流与合作。只有通过相互联系和相互作用才能各取所需、各展所能,完成科技创新的总目标。一般来说,倘若系统没有反馈机制或是不具备对反馈信息的反应功能,那么系统很难长久存在下去。科技创新活动是科学、技术、市场、经济等诸多因素相互作用的动态过程,创新主体通过获取外界反馈信息不断对自身做出适应性调整,以实现向更高创新水平的进化。

6.3.3 科研院所技术创新系统的构成要素

科研院所技术创新系统主要包含三个要素,即技术创新人才的培养、技术创新团队的建构与技术创新平台的搭建。

1. 技术创新人才的培养

人才培养尤其是创新型、综合型人才培养是科研院所技术创新系统的基础。人才既是创新活动的潜在力量,也是技术创新系统中各主体要素连接的纽带,所以归根结底,科研院所技术创新活动的最终目的也是最大限度地培养、提高人才的创新能力。科研院所与其他创新主体最大的不同之处在于更注重基础学术研究,不仅为加速消化和吸收发达国家的高新技术提供科学和人才基础,也为国家高科技产业发展提供了有力支撑,有助于提高国家的综合竞争实力。基础研究是塑造创新型人才的最佳途径，所以科研院所也理所当然地成为了孕育各类型高层次人才的土壤，培养科技工作人员探索精神、求实精神和创新精神的圣地，不仅为提高自身的创新能力不断造就大量创新型人才，而且也向其他领域的创新主体输送了具有解决综合问题能力和创新能力的优秀人才。

2. 技术创新团队的建设

科学的综合性发展趋势使得传统学科之间的界限更加难以划分，多学科的相互交叉与融贯已经成为创造新知识的重要途径，所以科研院所技术创新团队——这一汇聚众多学科中高素质人才的新型合作研究组织也随之孕育而生。对于科研院所技术创新团队的建设与培育现已成为科技工作中一项重要内容，同时与一般的师资队伍和企业中的创新团队相比，科研院所技术创新团队的优势更为明显：首先，科研院所涉及的学科众多且门类齐全，对解决综合性强、科技含量高、学科跨度大的前沿课题拥有得天独厚的条件。其次，科研院所具有其他创新主体无法比拟的物质基础与技术保障。特别是在物质基础方面，科研院所具有门类齐全、专业划分详细的省级或国家级实验室，可以为技术创新团队提供良好的实验条件。再次，科研院所与高校协同合作，进行科研的方向众多且每一学科都有深厚的知识储备，不仅包括基础性研究和应用性研究，同时还有科技成果商品化和市场化研究。最后，对于高水平科技创新团队的建设问题已经在科研院所技术创新系统中达成共识，众多科研院所纷纷以充分发挥组织优势，整合、优化有限基础资源，凝聚科研力量为目的进行政策调整，为技术创新团队的建设提供制度保障。

3. 技术创新平台的搭建

科研院所技术创新平台与技术创新团队二者是相辅相成、密不可分的关系。一个优秀的创新团队必然需要一个载体来承载并进行运作，而技术创新平台就是这个载体。同样，良好的技术创新平台也必定需要优秀的技术创新团队来运作。我国科研院所已凝聚了众多高水平的技术创新团队，建设了各具特色的基础性研究与应用研究相结合的各级重点实验室，这些都是搭建具有交叉性、渗透性和开放性的技术创新平台的重要基础保障。技术创新平台与其他的科研组织相比，仪器设备先进、实验数据准确可靠、专业文献充足，并且稳定地汇聚着一支或多支科研能力强、信誉度高的研究团队，与其他领域的创新主体联系密切，可以为创新活动提供一流的实验条件和环境，在若干领域能够长期持续地攻关，推动相关学科的建设和发展，促进科学技术交流与合作，不仅是重要的学术交流活动中心，而且是创新型人才培养的基地，在争取国家和企业的科研投入上也具有明显优势，在技术创新系统中发挥着重要的功能。

6.3.4 科研院所技术创新系统的体制与机制

科研院所技术创新系统的演化步骤可简化为：开放系统通过与外环境的资源交换形成耗散结构，各主体要素之间的非线性相互作用导致系统远离平衡态，再通过涨落行为最终形成新的稳定结构，即形成了更高层次的系统。那么如何使外环境中的资源最大地加以利用，如何引导和协调各要素之间的相互作用，如何能涌现出最大尺度的涨落行为，对于科研院所技术创新系统来说，就是研究如何构建最佳的管理体制与运行机制。

体制与机制可以称为系统的"硬件"与"软件"。体制就是系统组织结构和功能，作用在于确定系统内各主体要素的位置、层次以及相互之间的关系，是要素之间相互联系、相互作用的一种静态表述。机制包括各项制度与政策，是主体要素之间关系的一种动态表述，也是影响各要素选择某种规则和发出某种行为的主要原因，决定了系统的动能和效能。体制与机制共同制约着主体要素相互作用的有序化程度。只有系统的体制、机制、主体要素与功能四者相匹配，才能不断向高层次演化。科研院所技术创新系统体制和机制选择与设计应以系统功能的最大发挥为基础，以完成系统目标为根本任务。系统目标由5个子目标构成（如图6.3所示），在一定条件下，体制与机制起着决定性作用。

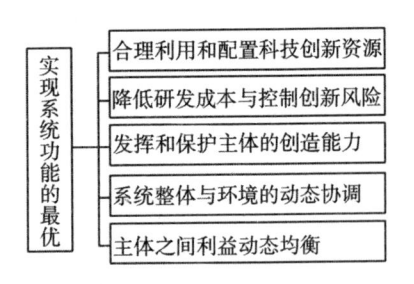

实现系统功能的最优：
- 合理利用和配置科技创新资源
- 降低研发成本与控制创新风险
- 发挥和保护主体的创造能力
- 系统整体与环境的动态协调
- 主体之间利益动态均衡

图6.3 科研院所技术创新系统子目标示意图

基于系统科学的视域，科研院所技术创新系统的体制选择与设计原则如下：

1. 系统目标与功能相协同的原则

力求系统内各主体的功能得到最大发挥，实现系统目标。从系统科学的角度来看，功能与结构的关系最为紧密，开放系统与外界环境的密切联系以功能为中介，而功能是在系统结构与环境的相互作用中得以实现。一般看来，系统功能的变化通常是由结构的变化而引发，所以使系统内部结构得到最合理的安排，系统才能发挥最大功能。

2. 系统内部主体相匹配的原则

力求科研院所技术创新系统内每个主体都能在最合适的空间位置，以最恰当的方式相互作用，从结构上控制系统内耗的产生。根据科技创新活动的特殊性与创新主体自身的特点，可以在横向的、扁平的、网状的组织结构与柔性的、弹性的或是刚性的管理模式中进行选择。网状结构与矩阵结构是目前比较被认可的能够使系统内主体自行找到适合的空间位置和匹配关系，而且不影响或者妨碍其他主体功能的最优组织结构。

3. 合理配置和利用科技创新资源的原则

科研院所技术创新系统正是由于和外界环境不断进行物质、信息和能量的交换，才能产生创新成果。所以，资源是科技创新活动的基础与保障，科研院所需要制定相应的规章与制度，使创新资源能够更高效的得以利用。"不求所有，但求所用"是当下对如何利用科技创新资源的一种普遍看法，倘若制定相对宽松和变通的体制，有益于促进需要获得"使用权"的机构向拥有"所有权"的机构协调与沟通，真正做到"物尽其用"。

4. 对外环境变化的快速适应原则

系统总是处于一个不断变化的外界环境之中，随着环境的变化，系统自身的结构也必须快速做出反应与调整以适应这种变化，即从有序结构到无序，再到有序结构的适应性转变。

合适的体制为系统完成目标提供了必要的条件，为每个主体确定了适合发挥最大特长的空间和位置，但还要有合适的运行机制，才能使主体在有序的竞争条件下发挥各自最大的能力。构建科研院所技术创新系统应依据下面三个原则：

首先是激励原则。在科技创新的过程中，不同任务、领域和学科背景的创新主体只有通过互助互补、协同合作才能共同完成系统的最终目标。根据具体情况，恰当地利用物质奖励与精神奖励相配合的方式，对各相关主体积极地进行信息沟通和知识交流进行激励，促进科学思想的碰撞，迸发出科技创新的火花。制定科学、公平、公正的考核机制、监督机制与评价机制也是必不可少的。科研院所技术创新系统以系统构成主体、系统的输入与输出、系统风险的控制与防范为考核、监督和评价的对象，包括事前、事中和事后评价。

其次是约束原则。在科技创新活动中，科研人员最担心自己的科研成果在未公开之前就被合作伙伴剽窃，或本属于自己应得的利益而被他人"强势"占有。国家知识产权保护法只能对已公开的知识产权进行保护，对未公开的或仍处于创新阶段的"理论假说"是不给予保护的。所以，科研院所在鼓励学术交流的同时，对制止和惩罚侵权行为的约束机制也应该给予高度重视，应该依靠系统内部制度和程序化规范来进行约束和保护。

最后是调节原则。科研院所技术创新系统由于具有多样性的子系统与主体要素，所以需要对各种角色之间的关系进行协调。例如科研院所的行政与科研之间关于资源分配的协调、科技研发者与技术持有者之间利益关系的协调等，主要以系统功能与外部环境的协调性为核心进行调节与制定。既然主要是协调工作，那么就要对系统在自组织当中出现的各种无法预见的因素加以观察与控制，使科研院所知识创新系统始终保持动态协同的性质。

6.4 科研院所技术创新系统应对问题的解决方法

6.4.1 创新性思维培养是技术创新的前提

科研院所作为技术创新的主体，思想观念的创新是技术创新的首要前提。要求科研工作人员变稳性思维为创新性思维，尊重知识、吸收新知识、更新知识、开拓新思维促进技术创新。

技术创新的动力来自于市场的需求和企业增强市场竞争力的需求，企业为了自身的生存和发展，必须依靠科学技术提高产品的功能和质量，改进企业经营管理以占领和扩大市场取得规模经济效益。科研院所的技术创新体现在研究、中试、试销三个过程，即技术部门专门从事产品的前期开发；生产部门负责成果的中试；专业技术人员负责试销的售后服务和信息反馈，是汇集技术部门、生产部门和市场部门的系统工程。依据协同学的观点，在产学研的整个技术创新系统中，各个技术创新主体间存在着相互影响而又相互合作的关系，而每个主体又都具备协同学的相关特点。为了缩短产品的开发周期、提高产品质量、降低成本，必须围绕产品重新组织人员，将从事研究、生产、销售、管理的人员组织到一起，应在技术创新活动中建立项目管理思想，从产品开发到市场销售进行全过程管理。

6.4.2　正确发展战略是技术创新的关键

自主研究，掌握科研核心技术，取得自己的知识产权，建立重点学科的重中之重就是转变发展战略——由仿转创。过去在资金短缺、技术落后的现实条件下，可以采取仿制和跟踪的战略，着重引进、消化和吸收新技术，以最快最省的方式赶上科技发展的前沿。但是在知识经济的今天，要建设技术创新型国家，核心是提高自主创新能力，因为一味靠技术引进，就永远摆脱不了技术落后的局面。

科研院所最大特点是强调针对生产的实际问题和需要进行，合理安排科技发展计划。短期项目目标明确、针对性强、见效明显，可以充分调动广大科研人员的积极性，为解决生产第一线遇到的一些具体问题提出解决方案，在技术理论上为生产流水作业提供支持与保障；中长期项目则为新产品开发项目和关键技术开发。在"生产一代、试制一代、研究一代"的原则下，要正确安排好研发资金、中试资金和批量生产的投资比例。技术创新是科技活动的核心，而科研院所的发展战略为技术创新提供最明确的指引方向。

6.4.3　创新性人才战略是技术创新的保障

人才是技术创新的关键，现代科技的竞争归根到底是人才的竞争。要解决科研院所人才流失要双管齐下，首先在物质上为科技工作者提供保障，与此同时要关心员工的个人发展，为他们创造发展空间，将人的潜能发挥至极点，充分发挥个人的优势。

在物质上建立科学合理的分配制度，完善奖励机制。极大地调动科技工作者的积极性，增强个人及团体的荣誉感、责任感。按"以岗定酬，同岗同酬"的原则实施工资分配，根据劳动强度、复杂程度和劳动条件制定岗位工资，根据完成的产量、质量、效益等情况确定奖金，使工资薪酬接近市场水平。

在学术上开展实际有效的培养活动，建立以提高职业素质和创新能力为主的继续教育体制，提供进修的良好环境，多层次、多渠道开展继续教育，如派人外出进修学习，加强基础理论、基本操作技能训练；支持青年技术人员报考硕士生、博士生；鼓励青年职工上夜大等。一方面要求科研院所的工作人员不断更新知识、开拓思维；另一方面积极引进外来优秀人才，以补人才资源不足，使科研队伍达到梯队衔接、专业配套的要求，为科技的发展奠定基础。同时建立起内部竞争制度，真正把竞争机制引入干部的选拔和任用上。遵循资格限制、公开竞争的原则，只要具备特定岗位的任职资格，均可竞聘岗位。建立严格的考评制度，考评可分自评、同事互评、主管领导考评、征求下属意见等方式，要实行淘汰制，每年年终各部门需解聘不合格人员。另外，通过培训来提高科管人员素质和管理能力，稳定和发展科技管理队伍并不断提高科研管理水平，进而促进科技发展。

总之，我国科技创新体制机制尤其自主创新能力与发达国家相比明显不足，主要表现在技术创新主体的任务与创新对象不明确，"官、产、学、研"合作的紧密程度不够，创新活动游离于市场需求之外等方面。这是由于随着技术创新的重要作用之不断凸显，越来越多的机构比如科研院所参与到创新活动之中，导致技术创新主体的复杂性与不确定性日益增加，创新活动难以体系化、规范化、有序化的进行。所以，有必要运用一种新方法来分析科研院所创新主体的行为，更为全面地考虑技术创新过程和行为结果，为政策制定提供有力依据。系统科学的发展为人们正确认识世界提供了一种新的理论方法，自提出以来，便迅速得到认可与发展。将科技创新置于系统当中进行研究，有助于人们对创新行为过程有更加清晰和确切的认识。

第七章　科技中介在官产学研协同创新中的意义

科技创新活动是一个复杂的网络系统，创新主体间的协调合作，才能使科技发明、创新、转化取得预期的效果，从而促进经济的发展与社会发展。在产学研合作中科技中介起了重要的作用。

7.1　官产学研协同创新的概述

7.1.1　官产学研协同创新的内涵

广义的产学研合作是指以产业（或企业）、高等学校、研究机构为三大基本主体与政府、中介机构、金融机构等相关主体在社会主义市场经济条件下，按照一定的机制或规则进行结合，形成某种联盟进行合作研发，不断进行知识传递、知识消化、知识转移、知识创新的非线性复杂过程，创造某种未知的需求和价值，以实现技术创新、人才培养、社会服务、产业发展、经济进步等功能。

7.1.2　科技中介在官产学研协同创新中的职能

在国家创新体系中，科技中介是不可或缺的组成部分，是促成政府、企业、高校以及科研院所之间共同进行技术创新的重要力量。科技中介是指为技术创新主体提供社会化、专业化服务以支撑和促进创新活动的机构，对政府、各类创新主体与市场之间的知识流动和技术转移发挥着关键性的促进作用，是促进科技成果商业化和技术创新的重要工具，对提高本国企业在全球经济中的竞争力有着重要的影响，科技中介有如下职能：

1. 科技中介是产学研结合中的纽带和桥梁

科技中介作为科技成果发源地与产业界之间的桥梁和纽带，是促进高校技术转移和企业技术创新的一条有效途径。通过科技中介有效的工作，可以促使高等学校和产业界发挥各自的优势，把高等学校技术资源优势转化为现实生产力，把企业的设想和需求变成现实科技。随着产学研结合工作的不断推进、产学研结合层次的不断提高、产学研结合内容的日益复杂化，科技中介的纽带和桥梁作用将越来越重要。中国经济已经进入以自主创新为主导的战略发展阶段，实现自主创新发展，就必须依靠科技创新，科学技术是第一生产力。科技中介机构是各类创新主体的粘合剂和创新活动的催化剂，是技术创新转化为企业效益与竞争力的重要途径。技术创新是企业发展的原动力和核心竞争力，企业是技术创新的主体和获益者。科技中介机构的发展建设是提升企业，特别是中小企业竞争力的重要途径。中小企业的技术创新活动开展需要像科技中介机构这样的机构提供社会化服务。

2. 科技中介是为官产学研服务的体现，而为高校服务职能更为突出

一般地，高校的职能被定位为育人为本，教学、科研、社会服务协调发展。国家经济建设发展从根本上说也是依靠教育才有可能实现，而科技中介机构更多的职能用以整合和组织高校科技资源，开发和扩散行业共性技术，参与企业技术创新体系建设，促进高校技术转移，加强科技、教育与经济的联系。科技中介成为助力完善高等学校为社会服务功能的必要环节，也是促使高校社会服务职能实体化、具体化的一种体现。

3. 科技中介与政府的联系

在各类中介组织中，科技中介属于知识密集型服务业，是国家创新体系的重要组成部分，它的主要功能是在各类市场主体中推动技术扩散、促进成果转化、开展科技评估、创新资源配置、创新决策和管理咨询等专业化服务，在工业化进程中比其他中介组织更具有提升全社会科技创新能力的重要作用。科技中介机构的发展建设离不开政府政策的支持与引导，政府通过制定完善的政策，采取强有力的措施，保证科技中介机构能按照市场经济规律规范化、科学化高效运作。

7.2 国外科技中介在官产学研协同创新中的表现及借鉴

7.2.1 国外科技中介协同创新中的表现

1. 美国的科技中介机构

美国的科技中介在产学研结合中发挥着桥梁和润滑剂的重要作用,主要是为创新和产业化提供信息资源和技术支撑服务,其类型非常多,发挥着各自不同的作用。主要类型是非营利性科技中介机构:国家设立的数量很少但规模比较大的国家技术转让中心(NTTC)和联邦实验室技术转让联合体(FLC)及民间设立的综合性较强的科技中介机构,如北弗吉尼亚高技术企业协会等;营利性中介机构:主要包括技术咨询机构、大学和研究机构的技术转移办公室、孵化器、技术评估组织、技术测试与示范机构等。同时,美国制定和完善了相关的法律体系,针对不同的科技中介主体实施差异化政策激励措施,有效地促进了科技创新活动,保障了科技中介的健康发展。

美国科技中介组织的发展大致可以分为辅助企业建立、服务功能系统化、企业化或公司化运行、网络集成和产业化各个阶段。美国科技中介服务业的主导形式是国家技术转移中心,主要功能是满足美国商业界利用已成熟的技术、设备、管理和营销模式与世界一流实验室合作的实际需求,以实现科技成果产业化。同时,美国国家技术转移中心还建立了企业技术需求数据库,有利于增加技术创新供需双方的合作机会。

2. 日本的科技中介

日本在推进科技中介机构发展,全面提升国家创新能力,加速培育高新技术产业过程中取得了良好的效果。日本科技中介机构的类型主要有以下几种:一是外资系统和银行系统的大型咨询机构;二是政府制定的事业法人机构;三是民间的科技中介机构。

外资系统和银行系统的大型咨询机构,这些机构有丰富的咨询实践经验和产业经验,一般都有大型财团、金融机构为后盾,主要为政府各部门、大中型企业集团和跨国集团提供决策、技术、工程和管理等咨询服务。政府制定的事业法人机构，是由政府制定的法人依法承担中央政府或地方政府委托的事业，主要为中小企业提供全方位的事业支援，并承担政府专项拨款的实施和组织有关的资格认证考试，实际上是行使部分政府职能。如日本中小企业事业团（特殊法人）、中小企业诊断会（社团法人）、日本科学技术振兴事业团等。民间的科技中介机构包括独立开业的咨询公司和各类高校、科研单位或企业创办或从中分离出来的机构，主要针对行业内或相关领域提供多层次的科技服务，如NTT经营研究所（株式会社）、富士通总研和大阪的木村经营所等。

3. 西欧国家的科技中介机构

英国的科技中介机构。英国政府在贸工部设立了政府科技办公室负责宏观科技政策的制定和实施以及科学预算分配。英国的科技中介服务体系有全方位、多层次的合理结构的特点，其中作为英国科技中介机构的主体是以营利为目的的私人中介公司，英国的小型公司占绝大多数而大中型公司只是少数，所以英国的科技中介公司在数量上呈现出J字型的分布。

德国的科技中介机构。德国最初由私人出资的民办官助的全国性的技术转移组织是史太白经济促进基金会。德国成立了40多个国家的分公司，共有专兼职人员4000多人，史太白经济促进基金会已经成为全世界技术转移中最活跃的科技机构之一。

西班牙的科技中介。西班牙专门成立了中小企业信息部，目的是为中小企业提供帮助，主要工作是通过部标委员会的研究分析得到适合中小企业发展的财政制度。同时部标委员会下设的部标小组为中小企业制定协调措施，为研究中小企业在运行中出现的问题，还成立了中小企业观察局；负责为政策部门提供咨询，小企业在该部门的帮助下走向国际，并在机构的帮助下找到国外的合作伙伴。

虽然美国、英国、日本、德国和西班牙的科技中介机构的运行主导模式具有一定的差异，但都建立了保障和促进科技中介服务业发展的运行平台，政府、法律、政策的导向、支撑作用对促进科技中介的快速发展具有重要意义。同时，美国、英国、日本、德国和西班牙的科技中介服务在不断创新的基础上，具有向外拓展的开放趋势，使服务内容更加符合科技创新和技术市场的需求。

7.2.2 国外科技中介的发展的借鉴意义

由于国内区域经济发展水平具有较大差异，导致各地区、省份的科技中介发展有较大差异，科技中介服务的整体水平与美国、英国和日本相比存在一定距离，科技创新及成果转化的周期长、成本高、效益差。目前，我国科技中介机构基本依靠政府资助，具有事业单位属性，盈利性中介机构存在数量少、规模小、生存能力较弱，科技中介机构资金短缺，缺乏吸引人才的引进机制，没有形成网络化体系，缺乏公共信息平台。

通过对国外科技中介机构发展状况的考察，分析国外科技中介机构特点的基础上，为我国科技中介机构的完善提供有益的启迪。

1. 政府职能的转变

发达国家的政府不直接参与科技中介组织的管理，一般只通过宏观的政策和法规来引导和规范科技中介行业，提供一个充分发挥的健康舞台。在法律规范的外部条件下，这些科技中介组织通过行业协会组织进行内部的自律性管理。政府以公共服务监督者的身份，宏观把握总体的市场经济走向，而将行业的管理交由行业本身，使行业在充分了解科技中介组织的条件下，进行准确而有效的管理，既避免政府的不正当干预，又保障了科技中介组织的发展的灵活性。

2. 区域发展行业协会化

科技中介服务的地区发展以行业协会为主要组织形式，一方面，行业协会代表了科技中介组织的利益，与政府进行沟通，研究相关的政策问题，为科技中介组织争取一定的优惠条件。同时，将政府的政策、对行业的建议等及时传达到行业协会内的各中介机构，保持中介行业的发展与社会发展的一致性。另一方面，行业协会通过统一制定的准则和业内标准，来规范协会成员的行为，对于搞不正当竞争、损害同行、侵犯消费者利益等行为，行业协会可以采取多种惩罚手段。例如取消行业协会会员资格，禁止继续在本行从业，甚至可以用法律手段来解决问题，以此保证科技中介行业的服务水平，保障市场运行秩序，实现市场主体服务规范化、标准化管理。

3. 加强桥梁纽带作用

随着科学研究的边缘化，综合交叉研究越来越成为一种发展趋势，单独一个科技中介并不能很好地解决科技成果的转化问题。而科技中介之间的链接、科技中介与政府的链接、科技中介与大学及科研院所的链接、科技中介与科技企业之间的链接是提高科技成果转化效率、促进科技发展的一种有效途径。日本的科技服务中介与大学、科研机构以及与政府联系密切程度作为科技中介成熟和发展方向的一个合理指标，充分说明了他们对科技中介服务网的链接关系的重视程度。因而，我国科技服务中介需要加强与政府、企业、科研机构的联系，加强科技交流，克服目前单个科技中介机构的设施、人才和信息资源不足的情况以降低科技成果转化的交易成本，提高资源的利用效率和科技成果转化效率，形成使企业能更加有效利用创新资源进行创新的机制。

4. 拓宽资金来源

国外科技中介机构的资金来源不是全部依赖政府，而是主要来自私营企业和慈善机构的赞助或投资。这是国外科技中介机构能独立于政府之外，客观而有效运作的基础，也是这些机构服务意识强、服务到位、较易解决运作所需资金的根本原因。我国科技中介机构的发展应积极引导社会资金的投入，大力发展民营科技中介机构，逐步完善风险投资体系、投融资担保体系、科技转让和退出机制等，加大股份合作制科技中介机构规范运作的力度，给予示范型科技服务中介机构以无偿的启动资金，通过建立正常的市场退出淘汰机制来增加我国科技中介机构的整体竞争力。

第三篇　建构篇

第八章　主体间的二维主导互动模型

技术创新涉及的范围广、领域多，但是无论是哪个层面的技术创新，主导者都是作为主体的人及由人组成的各级组织与机构。创新思想的提出、创新活动的展开、创新成果的应用都是人，以人为核心的科技创新活动是一项非常复杂的工作。只有解决好主体的问题，才能使科技创新得以顺利进行并取得成功，因此需要把握技术创新系统的主体——相关的政府、企业、高校、科研院所以及科技服务中介等科技活动主体现状与动态的发展过程。本章从多维创新主体视觉的层面对技术创新进行分析，对五大主体在技术创新活动中各自发挥的主导效用以及相互之间关联性、互补性和协调性模式进行剖析与建构。

8.1　政府主体的主导效用及协同模型

作为技术创新活动主体之一，政府的职能作用是不可或缺的，其自身的开放性也尤为重要，主要体现在统筹社会各方面创新能力的职能。

政府科技创新政策是政府职能的一种重要表现形式。政府机构或运用其行政规范及职能来指导社会个人以及组织的创新技术行为，或调动各种社会创新资源的决定及主张。政府必须相互配合、相互协调，才能制定出各种相关的科技创新政策。而要想成为一种完整的创新政策体系，营造良好的政策环境，才有可能大幅地提高科技创新活动的积极主动性，保证科技创新活动长久运行，政府应当根据区域范围的不同情况来制定相应的有利政策，并协调各区域创新主体积极配合，保证政策的落实。在保证政策制定、落实的同时，还应注重制度环境建设。与此同时，政府科技政策导向仅仅是政府职能的一种实现方式，除此之外，还应具有行政措施、规范条列、法律法规、经济措施等实现方式。

政府只有加强自身的开放性，才能不断地与外界环境，如高等教育场所、科研院所、相关企业、科技中介服务机构等进行各个方面的交换服务，成功消除各创新主体间的多元合作障碍。科技创新活动是一个复杂的网络系统，政府通过科技政策导向、创新环境优化、知识资源整合以及专项资金的投入，全面细致地为技术创新能力的培养提供制度、环境、资金等各方面的支持（如图8.1所示）。

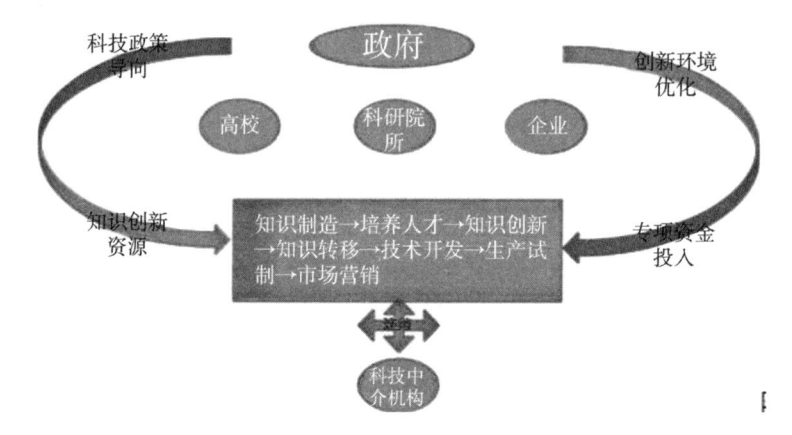

图8.1　政府作为主体的科技创新模型

并且在技术创新活动中要充分了解其中困难，为高等教育场所、相关企业、科研院所等主体在各方面允许的条件下提供相应支持及保障。

8.2　企业主体的主导效用及协同模型

根据前文所述，熊彼特系统研究了企业创新理论，提出创新是实现生产要素的一种前所未有的新结合。熊彼特的创新包含的核心要素是：新产品的开发；新技术的引用；新市场的开辟；原材料的供应来源；新工业组织的出现。在熊彼特看来，创新是一个社会过程，不仅仅是一种技术的或者经济的现象，经济发展还是一个以创新为核心的演进过程。国务院印发的《国家中长期科学和技术发展规划纲要（2006—2020年）》中指出：要将"支持鼓励企业成为技术创新主体",以"建立企业为主体、产学研结合的技术创新体系为突破口"作为科技体制改革的指导思想,作为当前和今后一个时期科技体制改革的一项重点内容。毋庸置疑,企业在技术创新中占据着重要主体地位。

首先,企业成为技术创新的主体,是科技成果转化为生产力的客观要求。可以说,国家经济的发展,是需要将所有种类技术通过企业的生产转化为现实生产力。国家以及地方政府若要把对技术创新在人力资源、物力资源、财力资源的投入上的政策性效用全部发挥出来,则需要将企业作为技术创新的主体,以避免科技创新成果转化为生产力的高成本化和科研院所与高校的科技创新成果的空置化。其次,应对市场竞争乃至国际竞争的必然性要求,也要把企业作为技术创新主体。对企业来说,知识经济时代、市场的竞争已经从生产经营的竞争转化为技术创新的竞争。企业通过科学研究、技术开发、生产试验,最终投入外部市场进行市场营销,以赚取高额利润再次投入科技创新产业(如图8.2所示),在这里企业只有作为主导主体,通过科技中介分别与政府、高校、科研院所形成二维互动模型。企业与高校、科研院所联盟进行基础科学研究,为后续环节奠定基础。同时借助政府宏观调控,促进科学研究、技术开发、生产试验、市场营销等顺利实现。反之,如不确定好企业技术创新的主体地位,就会削弱企业技术创新能力。

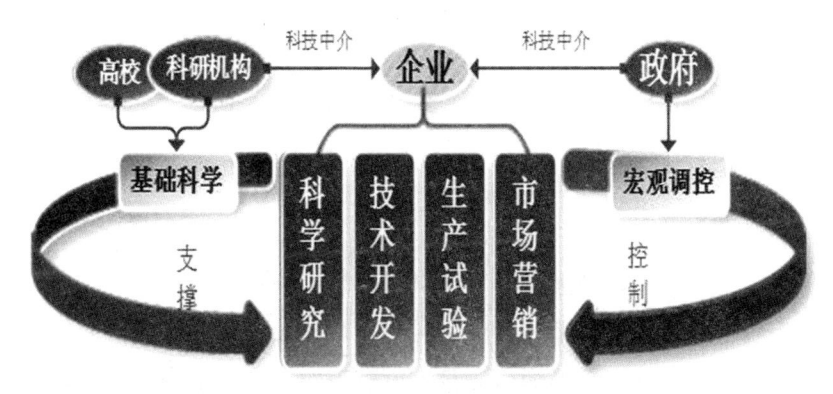

图8.2 企业作为主体的科技创新模型

因此,为避免科研与生产、市场的脱节现象,势必要以企业作为技术创新的主体,才能将创新成果转化为生产力。

143

8.3 高校主体的主导效用及协同模型

当代知识逐渐成为经济发展的核心要素，也是全球经济增长最重要的影响因素。知识经济早已不单单是一种建立各个领域上的新型经济形态，而是逐渐成为一种以技术创新为重点的发展动力新模式，知识的起源、发展、传播、更新将逐渐成为经济增长的根源。高等院校不仅是肩负育人、科研和服务等功能的场所，更成为整合知识的起源、发展、传播、更新的主导主体。

高等院校作为技术创新能力的主导主体，在基础储备环节起到了至关重要的作用。高等院校有效的解决了人才培养，并解决了知识创新、信息生产加工传递、资金投入、技术研究等问题。在（如图8.3所示）中，高校作为主导主体，企业以及科研机构以一种合约的形式结合为一个统一的整体，政府进行宏观调控以建设良好的创新环境，而科研中介机构则有效地起到了润滑剂的作用，这样五位一体相互依赖、优势互补，产学研合作形式趋于完美协同。

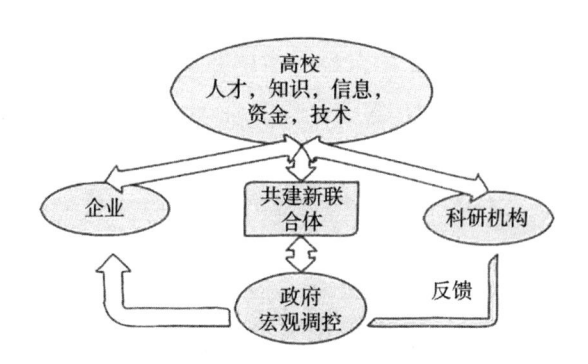

图8.3　高校作为主体的科技创新模式

高等院校是知识创新系统和知识传播系统的核心，也是科学知识的孵化器，在科技创新活动中所做的贡献是不可磨灭的。高等院校建立的越全面，各学科间交叉渗透的程度越深，其在国家经济发展中所能起到的各方面作用就越突出。高等院校不仅要源源不断为国家输送新型人才，还要始终处于科技活动的最前端，促进科学技术不断前行。

8.4 科研院所主体的主导效用及协同模型

技术创新主体之一的科研院所，在创新的目的和内容方面具有鲜明的特点，同时也遵循服务社会发展和科技发展两大战略。以点带面的地方科研院所，则主要是围绕着当地实际情况中的经济以及社会发展的难点、热点问题，以科技中介为纽带，以政府为导向，与高校协同提出新课题、创造新知识并通过企业、社会成果效益转化，着重开展关键技术创新，兼顾知识层面创新与扩散。也就是得出其主要目的是通过研究开发活动来促进新课题、新知识、新技术、新产品的生产，随着创新成果得到广泛应用，从而更有利于服务社会经济发展。

在整个科研院所的科技创新研究中，普遍会经历和所有其他企业一样的先期条件采集、决策层讨论整理、集中研究开发、多次检验测试、批量成果转化生产、生产成果销售这样的全过程。但不同的是前三个甚至前四个是技术创新的必然过程，成果转化效益等则并不是必须的过程。科研院所创新活动的核心为研究开发课题、创造新技术和新成果。推广则是依托与企业建立互助平台进行科技成果检验与工业性试验，并提供后期技术咨询服务等。包括已经转制的科研院所，在其本质属性上也不同于一般的生产性企业，仍承担着一般科研机构的研究开发任务和科技成果转化与扩散的责任（如图8.4所示）。

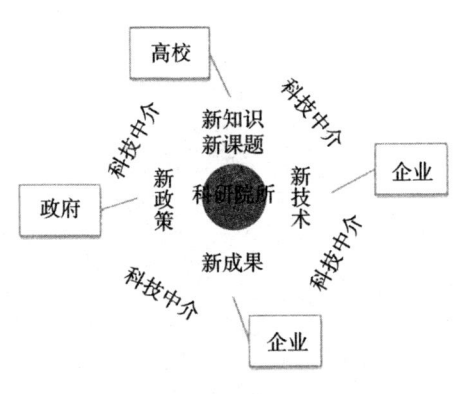

图8.4 科研院所作为主体的科技创新模式

所以，作为技术创新活动承载主体的科研院所主要承担的是开展研究开发活动以及科技创新知识与成果的推广活动这两项任务。

8.5 科技中介主体的主导效用及协同模型

科技服务中介是指在整个技术创新活动过程中提供包括科技成果鉴定、转化成果评估、技术后期咨询等服务的机构，具有非政府属性，是为科技的供需双方提供纽带与桥梁的服务平台。

科技中介机构可以不断增强技术买卖双方之间的信息沟通和联系，借助有效技术商品信息的时空传递，促进技术信息的流动与技术商品的流通，有助于技术成果的转化、拓展技术扩散的渠道，特别是利于中小企业对外部技术的获取。科技中介机构是创新主体与创新活动的催化剂与润滑剂，它活跃于技术的供需之间，促成高校、研究机构和成果转化单位之间的技术流动，提升创新体系内各主体间互动性，并通过提供技术搜寻、评估传播推广等后期保障服务来增强各创新主体的有效联系（如图8.5所示）。

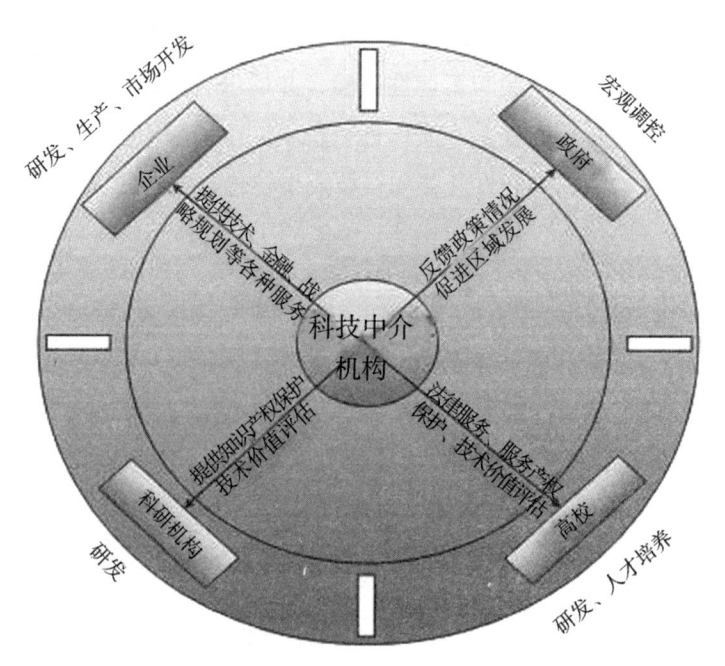

图8.5 科技中介机构作为主体的科技创新模式

8.6 技术创新多元主体的两两互动协同模型

技术创新是一个多元主体的存在，其中纵向主要涉及了政府、企业、高校、科研院所、科技中介服务机构等多个主体，涉及涵盖了人才、资金、科技基础、知识产权、制度建设、创新氛围、社会公众参与程度等多个要素。科技创新是由上述所提及的多元创新主体和各个复杂要素共同作用的结果。但是，一个由多个主体组成的系统，必然存在某一阶段或某一语境下占主导地位的主体，其他主体作为协同主体与主导主体相互合作，共同完成该阶段的创新活动。如潘德均教授所划分的三个主体系统下必然紧密联系着三个从属子系统，即知识创新系统、技术创新系统与科技扩散系统，和三个支撑系统，即创新人才培养系统、政策与管理系统、社会支撑服务系统。科技创新多元主体的协同发展是复杂交互作用下的一种反应现象，是多元因素多元主体参与的复杂过程（如图8.6所示）。只有创新主体间的协调合作，才能使科技发明、创新、扩散取得最大的成功，从而促进经济的发展。

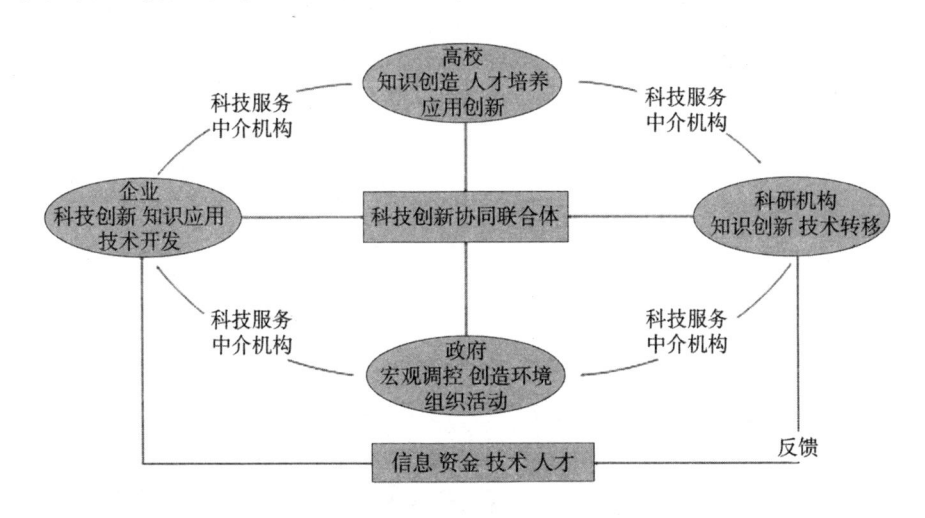

图8.6 技术创新多元主体的协同

总之，技术创新系统的主体是人及由人组成的团队组织。技术创新涉及的范围广、领域多，但是无论是哪个层面的科技创新，都是由主体设计完成的。创新思想的提出、创新活动的展开、创新成果的应用都取决于人及团队组织。以人为核心的主体科技创新活动是一项非常复杂的工作。只有解决好主体的问题，才能使技术创新得以顺利进行并达到预期效果，因此需要对技术创新系统多维主体明确的界定并对其主导效用进行深入的分析，把握技术创新系统主体——相关的政府、企业、高校、科研院所以及科技服务中介等科技活动主体现状与动态的发展过程。从多维创新主体视角的层面对技术创新进行分析，明确技术创新主体的内涵，同时对五大主体在技术创新活动中各自发挥的主导效用以及相互之间关联性、互补性和协调性模式进行探索与建构，形成主导主体为核心的技术创新主体的二维系统协同模型，真正有效推动经济发展、科技进步。

第九章　三螺旋场式结构中技术创新主体场式协同

基于三螺旋的大学科研院所–企业–政府三方在创新中形成密切合作、相互作用，共同进行创新行动的有机整体场域，而同时每一方都能在创新活动中保持自己的独立身份，是一种创新模式，该模式由纽约州立大学石溪分校和珀彻斯分校政策研究中心主任亨瑞·埃茨科威兹（Henry Etzkowitz）所创立，目的是通过三螺旋来研究大学、产业与政府之间的关系。

9.1　三螺旋场式模型的概述

9.1.1　三螺旋场式模型的内涵

三螺旋模型的概念由埃茨科瓦茨（Etzkowitz）在1997年提出，核心是以解释政府、企业、学校三者间在知识经济时代共同作用所产生的技术创新效应。雷德斯道（Leydesdof）对此概念进行了扩展并提供模型的理论系统。三螺旋理论利用一个螺旋型的创新模型，描述了在知识商品化的不同阶段、不同技术创新机构（公共、个体和学术）之间的多重关系。在他的理论之中，区域创新体系在空间上形成了一个类似螺旋状的相互关联形式，这种螺旋形的结构由三个部分组成，一个是区域内区域政府及区域政府旗下的相关事业单位所组成的行政链条；一个是横向联系与纵向联系的所有企业共同构成的生产链条；一个是由大学、科研院所共同构成的科学–技术链条。

在三螺旋结构中，新的产品被定义为创新的核心要素，在这个基础上，政府提供政策支持，企业提供生产环境，而学校科研院所提供科技支持以及人才输送，三者有机结合互相缠绕，最终形成完整有机的三螺旋模型。三者既相互依存影响，又相互独立、互相界限，成为创新过程中稳定的创新流。

9.1.2 三螺旋场式模型的特征

三螺旋具有以下的一些特征：

1. 独立性

在三螺旋结构中，企业、政府、学校及研究机构三者之间存在密切联系，但是首先要保证的是各自的独立性，即三者中的每一个部分都必须保有其作为三螺旋结构一个成分的独立存在的特质。在这个层面上，三者又必须保证各自有各自的独立效用和独立存在的要素。比如说，企业需要有独立的生产能力以及一定的自身研发能力，同时要有完整的组织架构及生产形式，而这些是企业自身所决定的。同样，政府需要有自身完整的政策制定机制，学校需要拥有自身的科学技术研发能力和人才培养能力，这正是三者在三螺旋结构中的"内核心"，是保证三螺旋结构的基本。

2. 界限性

在以往的区域创新体系理解中，三者似乎不存在界限，但是实际上，三者各自有其影响范围。比如，企业拥有一定研发及人才培养的能力，但不能代替大学的科技领域的研发和专业化以及普适性的人才培养；大学有一定的政策建议及政策理论，但是代替不了政府的整体政策制定思考及区域内的大局观考虑。三者中每一个组成部分，都有各自的极限，这也是它们在三螺旋结构中的界限性。

3. 相关性

在独立性和界限性的基础上，企业、政府、学校将以"场"的方式进行关联，也就是说，三者间的相互作用可以理解为物理学中的"场"，借用物理学引力场的方法理解，这个时候，每一个单位都可以理解为空间中的质量球体，三者通过各自的场相互作用，进而对整个空间产生整体性的影响。

4. 均衡性

在互相影响的条件下，三者要保证一定的均衡性，否则，当一个场的影响过大时，会吞噬另一个组分，以至于摧毁其内核作用，进而使得该组分在三螺旋结构中失去作用，使得整个三螺旋系统出现问题。相关学者指出，判定一个系统是否满足远离平衡态的方法是研究体系的各个组成部分是否均衡一致，系统的各个部分之间的差异越大，系统离开平衡态就越远。所以，在理想模式下，三者应各自有其独特位置、独特贡献和独特作用。

5. 进化性

分为各自的纵向进化和整体的螺旋上升，在各自进化之中，通过三者"场"的互相作用，互相之间形成影响，并各自进行演化，这部分进化既包含其他组分的影响，又涵盖自身独立的进化。在整体的螺旋上升之中，既要考虑到每个单一组分所引领的上升情况，又要考虑整个系统的整体性，而后者更是整个三螺旋系统的主要进化形式。

另外，有学者认为，大学-产业-政府技术创新系统具有开放性，这首先表现为构成这一系统的各子系统都具有开放性。对此，在这几个特性的基础上，三螺旋结构能够完整的形成，并真正起到互相结合、相互呼应的技术创新倍增效应。政府、企业、学校形成整个模型之中户型独立的子系统，在整体的运作之中保证着其独立性，是独立性、整体性和开放性的共同体现。

9.1.3 三螺旋场式模型的结构

三螺旋结构，指的是政府、企业、学校结合的技术创新体系，三螺旋就是一种创新模式，是指政府、企业、学校三方在创新过程密切合作、相互作用，这三个机构每一方都表现出另外两方的一些能力，同时每一方都保持自己的独立身份。它们根据市场要求而联结起来，形成了三种力量交叉影响的三螺旋关系，这就是所谓的三螺旋理论。三螺旋理论的核心在于随着知识经济的出现，在区域内的科研院所与大学成为主要知识资产，具有更高的价值；在成熟的创新区域内，科研院所与大学通过组织结构最下层的研究中心、科研小组以及个人等建立起与市场经济活动良好的接口，在区域内发挥了强大的技术创新辐射作用。

由此可知，三螺旋结构之中，政府、企业、学校三者各自成为整个系统中的子系统，三者相互独立，又相互联系并共同完成技术创新过程。由此，我们可以将三螺旋的意义概念扩大化：

首先，政府代表政策支持，这正是库克所说的区域经济的重要影响因素之一，它既在系统之中，又对系统整体起到促进作用，既作为部分独立存在，又有着对整个系统影响的整体性因素。在这个概念上，政府可以在模型之中分成两个层次进行理解，一个层次是作为整个系统的一部分，即子系统，参与技术创新过程，通过组织创新的方式完成技术创新；另一个层次，是作为系统的整体概念，为这个系统的组织结构提供框架性的可行性指导，即做为整个系统的重要影响因素。

接下来，企业在整个系统中既可以是一个企业，又可以是多个企业乃至整个的工业区，在与政府、学校联动的情况下，企业作为整体形式出现，成为一个统一的有机整体，并且作为整个技术创新体系中的一个子系统出现，通过企业所特有的企业家精神、生产销售环节等多个部分对整个系统产生影响。同时，当企业与企业之间相互作用的时候，又可以从三个方式上互相影响，一个是产品与原材料供应的纵向联系；一个是同行业的竞争与促进关系；另一个是市场与出产的反馈关系。在这三个基础上，企业与企业相互联动，各自既是独立的子系统，又对整体企业作为整个技术创新体系的子系统起到关键作用。

同样作为子系统，高校的位置比较特殊，它一部分处于系统之中，另一部分独立于系统之外。高校在系统中的部分有着以下的特点：第一，技术创新过程中，高校为企业提供专业化的人才，接受企业所需要的部分技术方面的研发过程，同时也会吸取企业的资金支持，用于技术及科学领域的开发和研究；第二，高校接受政府提供的政策支持，进而进行专项的技术开发与研究，同时又会反馈政府信息，用于对政策变革及相关制度提出意见与建议，处于既独立存在，又融入于整体系统之中的子系统成分。

在系统之外的部分主要代表着科学方向的研究与探索，在这个层面上，提供了对整个系统影响的外界因素，既是科学向技术层面上的转换，同时又进行独立的科学研究和科学人才培养。

综上所述，企业、政府、学校三者各自成为技术创新体系中的一部分子系统，各自独立又互相影响，既作为单一的技术创新主体，又在区域中体现整体性。企业、政府、学校三者共同构成了完整的技术创新体系,同时也是相互独立的个体,分别从个体入手,就可以勾勒出整个技术创新体系的创新过程,而三者之间互相的影响因素,也是技术创新影响因素的重要组成部分。

9.2 建立三螺旋场式模型的影响因素及途径

9.2.1 三螺旋场式模型的影响因素

由于产学研结合的运行机制和市场化机制没有完全形成和建立,虽然近年来政府对产学研的结合上加大投入力度也取得了一些成效,但总体上看,还存在不少问题,发展速度还不够理想,要素主体合作的总体效率还很低。通过分析产学研合作的机制,可以看出还有如下问题:

1. 产学研结合的投资机制不够完善

市场需求是企业创新的拉动力,企业在产学研三方合作中承担主要的资金投入。然而,由于创新的不稳定性和最终目的性,企业在投资中还存在企业本身资金投入的风险、资本实力薄弱等引发的创新意识不强等方面的阻碍因素。而对于参与产学研合作的高校和科研机构来说,自身性质的原因使其不具备创新的大量资金,无法实现自我技术的转化,还需要企业的大力支持。资本市场的不完善也导致政府的投入具有局限性。资金的充足是产学研合作的保证,来自企业、高校、科研机构以及政府的这些因素造成了产学研协同创新投资机制等的不完善。

2. 利益分配机制的不完善影响产学研合作

在产学研结合的过程中,企业、高等院校和科研机构合作的积极性在初期都是十分高的。但是,由于产学研各方的利益关系和利益分配的不合理,各方对科技成果及其产业化的价值存在着认识上的不同,使得合作的过程变得非常艰难。另外,由于有些企业自身技术力量薄弱,与科研方技术水平距离过大,企业常常一味要求科研方将科技成果直接送到生产线上,并负责技术支持和人员的培训,甚至要求科研方承担绝大部分的风险，这种不合理方式或者说是沟通不畅，无疑大大阻碍了产学研的有效结合，需要进一步完善。

3. 政府在产学研结合中实施的扶持机制不完善

政府在产学研结合上组织和引导起到了一定作用，但是整体上看还存在许多的不足。首先，政府宏观调控的积极引导作用还没有得到有效发挥，利用计划方式对科技资源进行配置的做法在很大程度上还存在问题。其次，在产学研结合立法工作上，政府在政策法规的制定上还需要进一步完善。产学研的结合需要正确而有效的科技政策、完善而稳定的法律法规加以推动和保护。政府在这些方面也需要进一步加强，可以说在科技立法工作方面任重而道远。再次，企业、高校和科研机构的结合力度还不够紧密。出于产学研三方性质、特征和功能上的差异性，在政府中由不同的主管部门负责监管和控制，相关部门之间在目前仍存在分割的现象。同时，产学研三方各自也具有独立性。相应主管部门和产学研基本单位两方面沟通协调和统筹安排上的不足，导致要素间的分散，难以保证产业链的持续性。

9.2.2 构建三螺旋场式模型的途径选择

科技创新活动是一个复杂的网络系统，创新主体间协调合作，才能使科技发明、创新、扩散取得最大效益，从而促进经济发展。

横向层次上分析，企业作为产学研合作创新的主导者，具有依据共同的技术需要、人才需要和市场需要与高校、科研机构合作的特征。高校和科研机构依据企业的实际需求为企业提供知识技术支持和科研成果以促进商业化转化，同时高校为企业承担高素质人才培养。创新人才是一切创新活动的源泉，科研和教学是高校的两个重要职责，高校又是技术创新产生经济效益的直接实现者。为保证创新价值各方的一致性和连贯性，企业成为高校、科研机构的主要资金投入者，通过支配权的协商、成果效益的协商等形式加以保证，从而形成高校、科研机构与企业之间的科技创新链。受到市场需求的影响，高校、科研机构和企业组成的科技创新链通过不同组织模式、生产方式等形式对新技术、新产品进行不断的改进和更新。企业与高校和科研机构联合实现经济效益的最大化和可持续发展。由于高校、科研机构和企业承担的社会责任不同，在产学研的结合中必定存在差异性，必须通过政府对它们采取不同的政策加以指导和调控。

  从纵向层次看，世界范围内，政府广泛介入到产学研合作中无论在发达国家还是发展中国家都是大势所趋。我国政府在产学研合作方面顶层设计不强、引导力度不够等仍是目前存在的主要问题。产学研中的企业、高校和科研机构根据政府产学研政策引导下，基于自身需要形成产学研合作机制。政府行使行政职能在科技创新系统中形成行政链发挥其引导作用。政府对产学研结合的引导可以归纳为资金投入和政策引导。当产业关键技术、共同性技术和前瞻性技术领域企业的资金投入出现不利时，政府可以通过设立项目资金、风险资金、财税资金等直接缓减产学研合作中资金短缺的不足。政策引导是指政府通过政策手段介入来推进产学研的合作，包括完善市场经济环境、搭建信息沟通桥梁、提高技术支持的平台、设立产学研合作管理协同机构等措施，从而引导促进企业、高校和科研机构之间的合作关系和发展进程，并对市场运行以及创新系统整体运转进行有力的调节。政府的参与使创新主体形成"官产学研"间的新型合作关系，摆脱原有传统意义上的产学研合作，更加紧密的将创新主体联系起来。在发挥政府引导时，必须妥善处理好政府与市场的关系，充分认识到市场机制在资源配置中的基础性作用，并重视企业作为创新主导主体的重要地位，在实践中发挥政府引导作用。

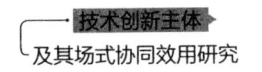

第十章　技术创新系统中的多维主体整体协同模型

从前面CAS的核心思想、主要特点和一般发展过程中可以看出，这一理论具有现实性，其客观根源是有迹可循的，产生复杂机制是科学的，从原则上讲是有效的。复杂适应系统理论从阐释构成系统主体的适应性规律研究入手，再到整体如何通过涌现现象扩大效果的脉络进行分析。但这一理论毕竟是一般性原理，具体到技术创新系统当中，还要对技术创新主体在演化过程中表现出的适应性特征做进一步研究。在对技术创新主体分析的基础之上，构建相应的模型，进行科学的表达，这也是人类探索、认识、改造复杂事物的必由之路。

10.1　技术创新主体复杂性分析与模型建构

10.1.1　主体的信息传递与决策执行系统模型

在CAS理论中，适应性主体的内部模型是指主体的一种结构，可以通过探测外界环境而指导和确定主体的行为模式。霍兰曾说过："模型必须提示能改变环境状态的现时行动，行动主体就在这个提示基础上进行行动"。通过上述对技术创新主体的系统性分析，可以看出技术创新系统在自组织过程中时刻都表现出一种对外界环境的适应性，这就代表技术创新主体具有预测行动和指导行动的功能，能够通过对自身行为的控制，达到长久生存与持续发展的目的。那么具体到CAS理论的框架当中，也就意味着创新主体拥有一套完整的信息处理系统,用感应、接收和处理外界环境信息的相应装置来实现图示形成、规则改变以及对信息的编码、译码等功能。

可以将技术创新主体看作是一个通过信息的输入与输出,从而与外界环境产生密切联系的信息处理和执行系统,在这个系统中存在许多已经具有的规则和可能产生的规则,这些规则在计算机科学中叫做"分类器",而整个信息处理和执行系统被称为"分类器系统"。根据鲍威斯的控制论模型,分类器系统由三个部分组成:

1. 探测器,即控制论中的传感器

外界环境会对身处其中的技术创新主体产生大量的刺激,但是技术创新主体却不可能全部接收这些刺激信息,技术创新主体必须通过筛选和分类去接收那些只是有利于自己进行创新活动的和与预期创新目标相关的信息,并编码这些已经选定的信息。我们可以利用计算机编程中二进制的计算方法,将某种信息的出现标记为"1",不出现则标记为"0"。例如对企业技术创新主体来说,如果发现市场需求的信息,就其对于企业能否提供创新机会(ⅰ)、能否实现创新成果(ⅱ)、能否商品化和产业化(ⅲ)、能否盈利(ⅳ)等四个特征来说,可以用一串二进制的运算符号进行编码。假设一个探测器探测一个特征,那么把四个探测器测得的信息编码后再重新排列组合,就可以得到2^4,一共16条信息。若可以提供给创新机会(标记为1)、能实现创新成果(标记为1)、不能商品化(标记为0)、不能盈利(标记为0),那么反映这个特征的符串就是1100。如果企业技术创新主体有10个探测器,就可以得到2^{10},共计1000种以上的信息,这就是一个编码的过程。

2. 效应器

效应器的输出是指主体根据环境的刺激而反应出的各种活动。例如企业技术创新主体可以被一组信息所激活,做出市场调研(ⅰ)、技术研发(ⅱ)、市场开发(ⅲ)、设计实验(ⅳ)等反应。某一个动作对应着一个信息,来自一组消息的激发,于是企业便产生这些相应的动作。假设以上四个动作各有实行(标记为1)和不实行(标记为0)两个值,则市场调研和设计实验为1001。不仅要市场调研,而且要开展技术研发,并进行实验设计就对应着1101。这些动作就是对y_i进行编码的过程,也是科技创新主体行为多样性的原理。一个行动主体能处理的相关信息越多,意味着它的反映方式也越多,所以就越能适应多变的环境。

3. 规则

主体从输入到输出、从刺激到反应的过程中有一系列的中间规则,可用如果/则(If/Then)的形式来表示：If 1101,Then 1110。但是事实上在If与Then之间必须要有一系列中间规则将它们连接起来,模型的建立就是要体现这种为一定的目标而连接的过程。三组不同的规则必须加以区分：第一组是处理外界环境信息的探测器(如果环境有什么消息e_i,则发生某种消息x_i,即$e_i \rightarrow x_i$)。这里i是一个集合,即I={ i|1, 2, 3, 4, …, n };第二组是输出作用于外界环境的信息的效应器(如果有某种消息y_i,则发出行动消息a_i,$y_i \rightarrow a_i$);第三组是如果有某种信息x_i,则发出某种消息y_i。不过从x_i到y_i的过程中有一系列是通过规则在起作用的中间环节。运用集合中的函数与映射,我们可以将这些规则记为：

R1: x→x; R2: y→y; R3: x→y。

可以建立这样一个模型(如图10.1所示)：

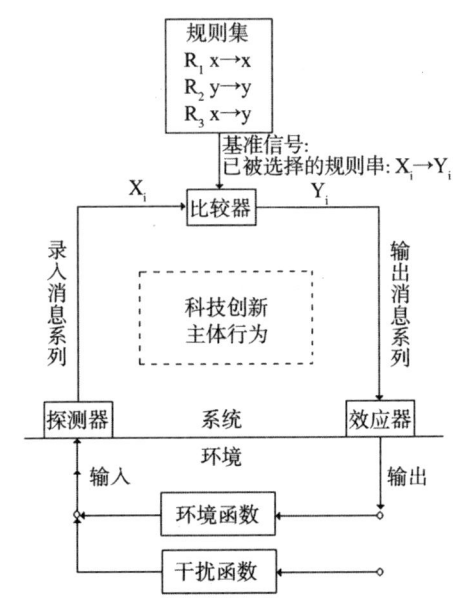

图10.1 技术创新主体的信息传递与决策系统

对于规则集,我们现在可以建立一个最简单的模型(如图10.2所示),

这里的规则集是不随经验的积累而变化的，但却是适应性主体行为的基准。例如，企业科技创新主体所在的环境有如下特征：市场出现某种需求，难以在市场中大面积推广和销售，通过创新能够满足且创新成果可以顺利商品化。步骤一：企业的探测器将这些特征编码为1011；步骤二：将测得的信息记录在信息系列中；步骤三：将测得的信息系列与企业分类器中的每个规则前件进行对比，从中选出与经验相匹配的规则，这里是分类器中规则的前两条，计入比较器中；步骤四：在相匹配的规则集中取出行动规则的后件1010记入行动计划，并提供给效应器进行译码；步骤五：根据相应的译码采取相应的行动，在此模型中显示的结果为"创新"。前五个步骤完成了一个循环，从步骤六开始进入第二个循环的时步（time step）。此图是上图的某种例示，"#"在规则的前件中表示"不确定"的意思，在规则后件中还表示"可以忽略或跳过"的意思。这仅仅是一个最基本的企业创新过程模型，企业科技创新主体应对各种不同的外界环境主要是由其多样的管理体制与运行机制决定的，这里不逐一列出。

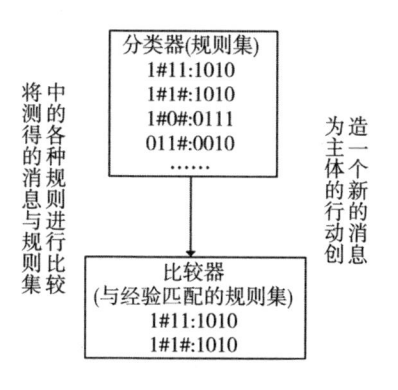

图10.2　规则集模型

10.1.2　主体的行为及学习进化的信息流与控制图

在创新主体的信息传递与决策执行系统模型中存在着许多规则，然而创新主体如何选择这些规则从而组成适合自己发展的规则串，是一个必须探讨的问题。主体会根据所有可选规则对于是否最利于达到系统目标的程度来进行选择，并分配给每一规则以一种信用度，即这个规则对环境的适应程度。

倘若一个规则被选择后,立刻能发挥功效,那么明显具有很高的信用度。不过很少有规则能够有如此显著的作用。倘若我们只用功利的眼光来对待科技创新活动,那么科技成果的商品化和产业化以后能创造多大的价值,是否具有良好的市场前景与开发潜力,或者到底应该给予多大的适应度,这些都难以把握。依据前文的表述方式,几个规则一个接一个构成一组规则序列,每个规则都是"如果/则"的形式,即如果满足条件x_i,则有行动y_i,可标记为$x_i \rightarrow y_i$。这里x_i为规则前件的符号串,定义域为$\{1,0,\#\}^L$。y_i代表向外界环境发出的动作集合,即规则后件,定义域也是$\{1,0,\#\}^L$。"#"在规则的前件中表示"不确定"的意思,在规则后件中还表示"可以忽略或跳过"的意思。

  霍兰运用交易所拍卖的经济模型来评价规则的强度或适应度,将所有作为规则后件的消息拿到交易所拍卖,看是否有人愿意出更高的价钱去购买这一消息。在科技创新系统中,规则后件的消息即为创新过程某一阶段的成果。两个规则串必须得有一个规则将二者相连,若干个由规则相连的规则串最后连接到外界环境,才能触发与环境相互作用的效益。所以一个规则串必须向另一个规则串"出售"自己的后件,让别的规则串"购买",才能使所有规则相连接,而只有那些具有高适应度的规则串,才买得起利于自己的规则前件并售得出自己的规则后件。至于拍卖的投标价(bid)如何决定,霍兰给出了这样的公式:

$$\text{Bid}(R,t) = a \times \text{Strength}(R,t) \times \text{Specificity}(R)$$

即Bid=a×强度×具体度。若有规则R,则此公式为:a代表小于1的常数,通常取值1/8或1/6;强度指派给规则串的适应度;具体度指规则前件非#的数字长度除以规则式中的前件长度,#值越小,具体度越大。由于这种规定,结果就有一组规则(如图10.3所示)连接在一起,即霍兰创造的关于适应强度的"传递水桶算法"。所谓传递水桶,就是古时候人们救火的一种方法,人们从失火处到水池间排成一队,传递水桶最后泼水救火,与分类器系统通过规则串传递信息,最后导致改变环境适应性行动颇为相似。这是一种机器学习理论,也是一种进化的系统理论。

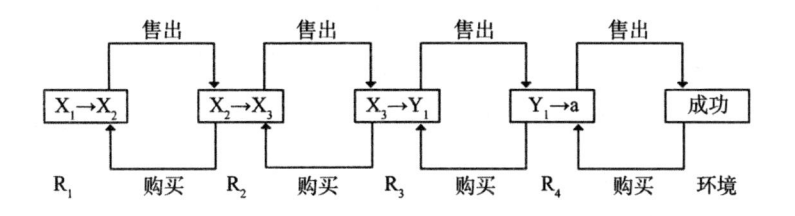

```
售出        售出        售出        售出
┌──┐      ┌──┐      ┌──┐      ┌──┐      ┌──┐
│X₁→X₂│    │X₂→X₃│    │X₃→Y₁│    │Y₁→a│    │成功│
└──┘      └──┘      └──┘      └──┘      └──┘
  R₁  购买  R₂  购买  R₃  购买  R₄  购买  环境
```

图10.3　传递水桶算法规则

交易可以改变规则的强度。要提高适应度，最终必须从链条的最后成功中获得补偿。因此，规则的适应度变化方程为：

$$S_i(t+1)=S_i(t)-P_i(t)-T_i(t)+R_i(t)$$

其中$S_i(t)$为t时规则R_i的强度，$P_i(t)$为投标得主付给消息供应者的售价，$T_i(t)$为对规则不够活跃的一种惩罚，而$R_i(t)$为因规则串的成功而获得的奖赏，$S_i(t+1)$为经历了这些变化后t+1时R_i的强度。对于每个规则的强度，在没有经过成功与失败、达到系统目标还是没有达到目标的考验之前，我们可以假定所有的规则有相同的强度，然后在不断适应环境的行动中修改这些规则的强度，使它成为经验积累的结果，便可以形成有不同适应度的规则。

我们可以简单构造一个模型（如图10.4所示），来说明分类器系统怎样通过经验积累不断进行学习、不断改进规则集来适应环境的过程。第一步：设探测器对测得的特征进行编码后为0011；第二步：将0011与规则集前件进行比较，找出与0011相匹配的规则#011:01:43，#0##:11:14……等四条规则，这里规则的表述第一项（#011）为前件项，第二项（01）为后件项，第三项（43）为强度项，说明该规则的适应度；第三步：对匹配规则进行优选，从中选出高适应度的行动规则S（R），这里不是单个行动规则，而是行动规则的一个集合、这些规则的后件相同，即导出同样的行动；第四步：将行动集后件01付诸行动；第五步：按传递水桶算法，付给上一级行动规则投标款，因为现在的成功集中规则前件有00，故款项应付给规则11##:00:32，改动该规则强度32，例如增加到36等；第六步：按行动效果对成功行动规则做出奖励。

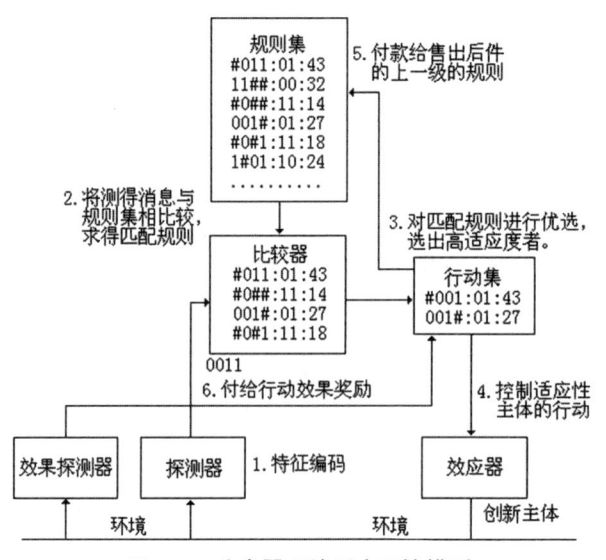

图10.4 分类器系统适应环境模型

关于科技创新主体如何对接收外界信息、如何筛选外界信息以及如何对选择的信息作为适应性行为的过程已经讨论完毕了，可以将以上的各个部分的控制过程汇总，建立出科技创新主体的行为及学习进化的信息流与控制图（如图10.5所示）。

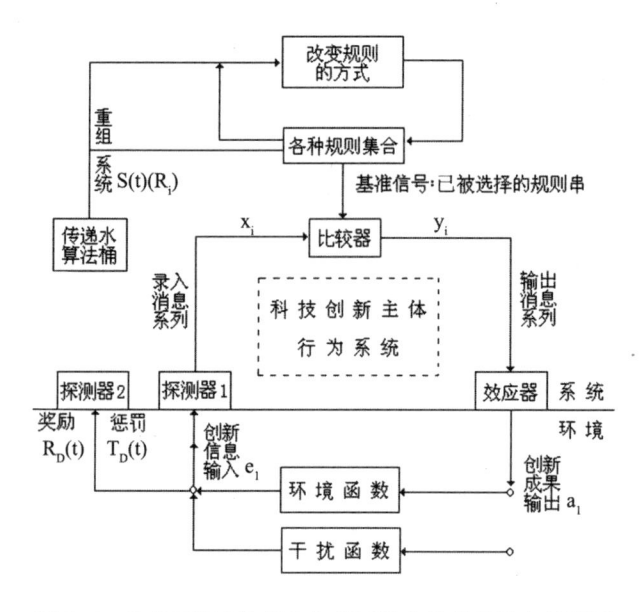

图10.5 技术创新主体行为与学习进化的信息流与控制图

10.2 基于CAS理论的技术创新系统的聚集及模型重组

技术创新过程非常复杂，包括知识创造、技术深化、制度改革、商业活动等在内的一系列行为组织过程，也是各创新主体在经济活动中学习过程的结果。创新并不是将一些知识简单地综合在一起，而是各种要素在非线性的作用下相互学习的过程。随着近些年各国对技术创新工作的高度重视与大力支持，有越来越多的机构都参与到创新过程当中，这也使得技术创新的复杂性和不确定性日益增加。所以有必要运用一种新方法来分析技术创新的行为，从整体上更为全面地考虑技术创新的过程和行为结果，为政策制定提供有力的依据。如前面所述，既然技术创新系统是一个复杂适应系统，那么就可以利用CAS的相关理论来研究技术创新系统。

10.2.1 创新主体的聚集与效果的涌现

在CAS理论中，适应性主体的聚集有两层基本含义。第一层含义指简化复杂系统的一种标准方法，即将相似的事物聚集成类，再对这一类事物进行重新组合，就会出现新的事物；第二层含义指较为简单的主体聚集在一起，必然会产生涌现的效果，即出现复杂的大尺度行为并且形成一个更高级的主体——介主体，这也是CAS对复杂性来源的阐释。蚂蚁聚集形成的介蚁巢是一个非常熟悉的例子，单个蚂蚁的行为很简单，只要环境一变就无法生存，但是蚁巢却有极强的适应能力。这就是由相对简单的、不聪明的组件构成复杂的、聪明的生命体，可以使我们更好地理解通过聚集而发生的涌现效果。同理可知，技术创新系统也是由多元的，创新能力各不相同的创新主体组成的。通过上文对技术创新主体行为的研究，已经证明技术创新系统中的每个主体都是具有适应性特征的，所以可以将处于同一领域的，或是有共同创新目标的创新主体聚集在一起，经过重新组合，也必然会产生涌现效果，形成更高一级的介主体。

1. 同一类别科技创新主体的聚集（如图10.6所示）

以企业为例，我国企业分为资源加工业、采矿业、生产制造业、建筑业、高新技术业等，所属不同行业的企业通过聚集的方式进行交流与合作，在交流与合作的过程中相互学习并积累经验，根据学到的规则改变自身的结构和方式以适应其他主体。最终，企业的聚集体形成一个全新的创新介主体，出现大尺度的涌现效果。

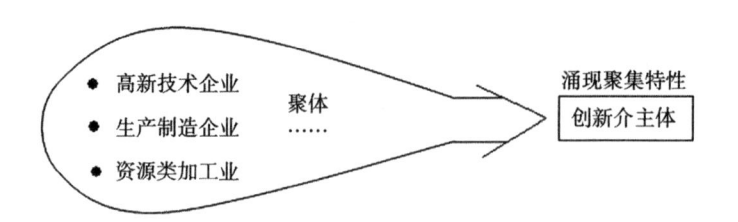

图10.6 同类技术创新主体通过聚集产生涌现效果

创新主体并非盲目的发生聚集，而是在标识机制的引导下，有选择性地进行识别与作用。在技术创新系统中，标识就像是一面旗帜，把有共同创新目标的创新主体聚集在一起，从而生成一个区分于其他聚集体的边界。如果能够基于标识机制为创新主体之间设置良好的相互作用，那么也就是为规则选取、功能特化和协作创新提供了合理的基础，使介主体的功能得以涌现，即使在其他各部分创新主体不断发生变化时，创新仍能继续。

2. 不同类别的创新主体亦是如此（如图10.7所示）

通过政府、企业、高校、科研院所与中介机构等创新主体之间的聚集，产生新的创新介主体。创新是一个相互联系、相互作用、相互学习的过程，成功的创新不仅来源于创新主体内部，同时也是创新主体之间交流与互动的结果。技术创新系统的目的和意义就在于使各相关的创新要素和资源要素通过聚集产生涌现效果，从而提高创新的效率。

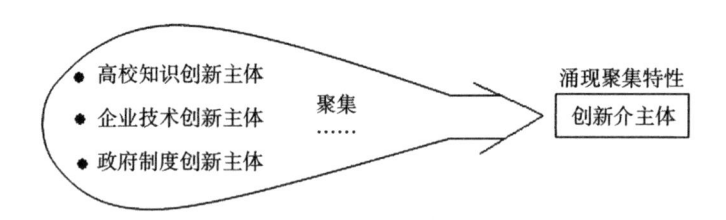

图10.7 不同类技术创新主体聚集

10.2.2 创新系统的内部模型与积木重组

每个创新主体都有其复杂的内部机制（CAS中称内部模型），通过聚集所组成的创新介主体更是盘根错节。如何使各个主体进行最优组合，呈现出最大的涌现现象，是不得不考虑的一个问题。这是我们涉及到内部模型与"积木重组"：

1. 内部模型

技术创新系统的内部模型是在各个创新主体不断地相互适应、相互学习的过程中逐渐形成的，随着主体功能的增加而日益复杂，而并不是一开始就具有的。创新主体接收到外部刺激以后，在做出适应性行为的同时也应该不断地调整自己的内部结构，最终的结果是通过内部模型的改变使自身能够知道，当再次遇到类似的情况时会产生什么样的后果，应该采取什么样的适应措施去应对。当不同的创新主体进行聚集时，各个主体必须在它所收到的大量涌入的信息中挑选利于自己的那部分信息模式，然后，将这些信息转化成自身内部模型的变化，对主体而言，这就相当于"分类器系统"对"规则集"的重新编码。创新主体内部模型的改变，也使得整个系统的内部模型发生，具有更强大的适应性和更复杂的行为。

2. "积木"重组

技术创新系统是一个动态的、不断随内外部环境的改变而变化的复杂系统。根据CAS的观点，复杂系统通常是通过对那些相对简单的部分进行重新组合而形成的。这就像人们搭积木一样，可以把积木重新组合搭成复杂的模型，也可以把复杂的模型拆解成每一块最简单的积木。这意味着通过自然的选择和后天的学习，寻找那些已被检验过，可以再次使用的元素，人们就能够把复杂事物进行分解。这也为我们提供了一个层次的概念，把复杂系统的形成看作是一个由若干简单元素通过聚集形成一个复杂元素，而这个复杂元素就可以被看作是"已被检验过的元素"。再由若干个复杂元素继续发生聚集，这就是"再次使用"的过程，从而形成更复杂元素，以此类推，系统则会层层递进。技术创新系统中各主体都是具有能动性的适应性主体，所以在聚集过程中应该仔细筛选、剔除细节，使所选择的信息模式得到强化。当聚集主体结构最稳定、涌现的效果最符合目标时，便可作为一个新的独立介主体进入下一个创新环节，使创新能力不断得到强化（如图10.8所示）。

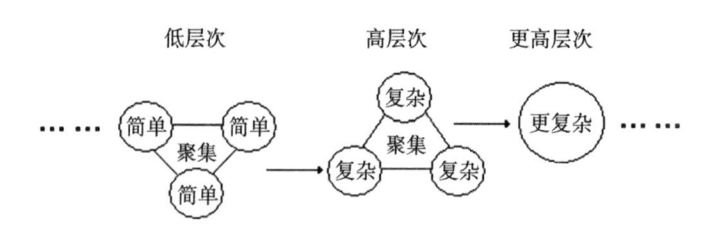

图10.8　内部模型的进化过程

"积木"相当于最低层次规律，通过积木的不同组合生成聚集体的内部模型，这也是复杂适应系统的一个普遍特征。任一层次的一个积木包含着构成它的低一层次的所有积木的组合规则和相互作用。当我们进行还原的时候，就是把复杂的内部模型拆分成简单的部分，即一个将复杂规律分解成为若干个简单的规律，把技术创新系统中的各创新主体所遵循的最基本规则比作形状不同的积木，用正方体、长方体和弓形体分别代表企业、高校和政府在进行创新活动时所遵循的最基本规则。假设用10个"袋子"分别装有每个部分的10个积木，那么总共有100个积木。然后从每个袋子中选择一块积木，当100块积木全部取完时，就组成1010个不一样的创新介主体（如图10.9所示）。在创新的过程中，可以将那些包含规则的、经过检验的积木进行重新组合，选择最优的组合方式去解决存在的问题，以得到最好的结果。

内部模型和"积木"重组可以有效加强技术创新系统的层级概念。技术创新系统的复杂性不仅表现在同一层级当中各个创新主体之间相互作用的多样性，还表现在不同层级之间作用的多样性。内部模型相当于同一层级相互作用的规律的一个集合，不同规则的组合会产生不同的内部模型。可以暂时"忽略"或"搁置"其在形成过程中的细节，将其看作是一个积木，把注意力集中于这个"积木"与其他"积木"之间的相互作用和相互影响上，因为在高层级中，这种相互作用和相互影响才是关键性的主导因素。

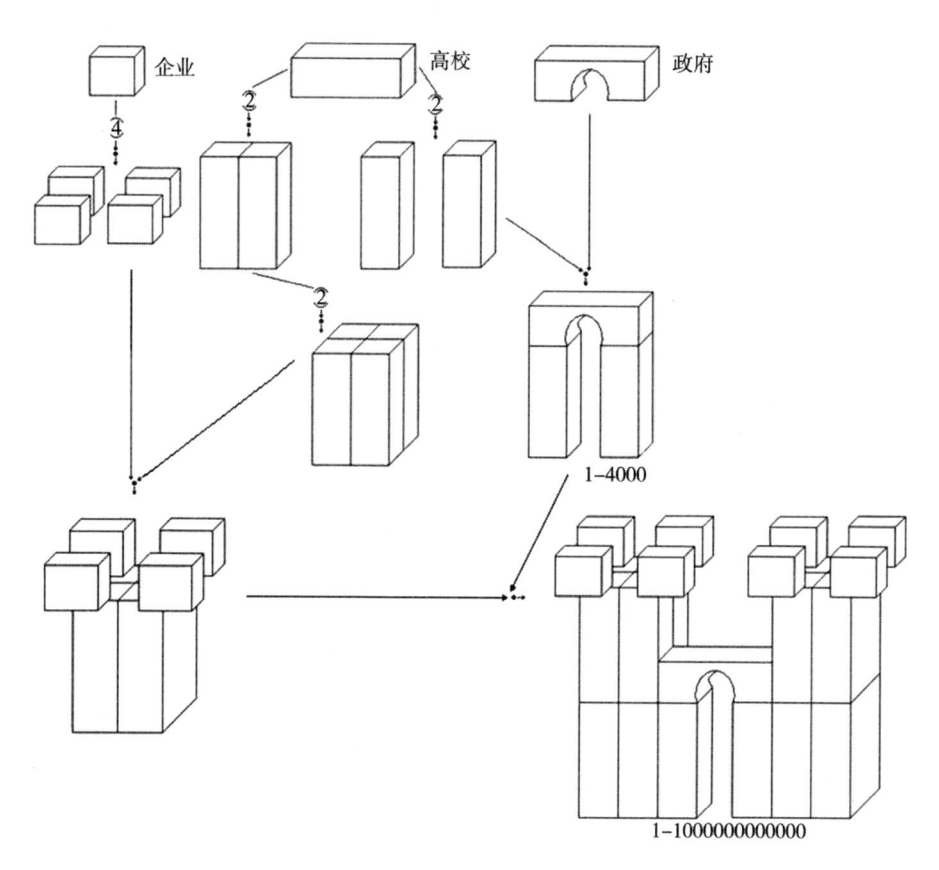

图10.9 技术创新主体重新组合示意图

第四篇　建议与反思篇

第十一章 实际的技术创新形式对策建议

结合前面各章所论述的企业、高校、政府等在技术创新能力方面所存在的问题，这一章分别给出了提升企业技术创新能力、高校技术创新能力、政府技术创新能力的对策建议，并基于上述官产学研的障碍分析，给出官产学研合作模式的建议。

11.1 提升企业技术创新能力的对策

企业的技术创新能力的内部动力机制包括企业面向市场需求的产品开发与服务科技创新能力；领导者的远见与开拓意识；全体员工的技术革新意识与能力；外部动力机制主要是指产学研的结合、技术创新的外部环境等，这些构成了企业技术创新能力的培养机制。

11.1.1 完善引进技术创新人才机制

前面已经分析过技术人才的流失，是制约技术创新能力的重要因素。我们常说科学技术是第一生产力，而人才资源是其中的第一资源。在当代，技术与人才已成为一个国家和地区提升核心竞争力的关键。如何加快培养技术创新型科技人才队伍，也已经成为人才工作、科技工作的首要任务。企业想引进科技人才，必须具备吸引科技人才的条件。对人力资源的争夺就是一场不见硝烟的战争，谁能够争取主动、抢占先机，谁就能主宰科技创新的脉搏。

首先，企业优化用人环境，强化管理上以人为本。在企业内部要营造出尊重知识、尊重人才的风尚和氛围。要尽可能的提高高科技人才的物质待遇，这是首要的也是最直接的吸引力。同时建立健全人才奖励机制，充分调动科技人才的积极性和创造性。在管理上要坚持"以人为本"的科学管理，让每个人都能在适合的工作岗位上"谋其事、展其才、显其能、酬其志"。帮助人才、爱护人才、换取人才对企业的理解，从而与企业同舟共济。其次，企业建立培训机制，提倡对职工进行终身教育。可以说职工的素质决定企业的素质。对企业员工素质的培养，就是对企业发展的投资。第三，企业发展企业文化，优化人才成长环境。国家富强靠经济、经济繁荣靠企业、企业发展靠管理，管理的灵魂是企业文化。大力发展企业文化，增强企业的核心凝聚力，营造鼓励科技创新、宽容失败的氛围，支持青年科技人才脱颖而出，充分调动科技工作者的积极性和创造性。

11.1.2 增加渠道促进科技成果转化

提升企业技术创新能力，还需要研究增加渠道促进科技成果转化：

1. 企业与政府协调加强科技成果转化

政府的宏观管理，体现在政府为企业和科研院所、高校之间搭桥、服务、协调、指挥的职能，同时要建立和完善协调机制。在这方面企业与政府协调，共同组成专项技术领导小组，与行业部门和有关行政执法部门联合，定期发布适用先进技术、限期使用或淘汰技术，把加速科技成果转化、促进技术进步作为企业各级领导和政府目标的一部分。

2. 增加资金投入

建立良好的投入机制，是切实搞好科技成果转化的前提和基础。因此，建议采取果断措施，使投入能筹而有向、聚而有量、集而有度、用而有序、管而有力，努力形成多元化、全方位的投入机制。以黑龙江为例，黑龙江在工业科技成果转化方面，企业用于科技成果转化的资金应不低于其年销售总额的3%，大中型工业企业、高科技企业这个比例应该更高。在农业科技成果转化方面，黑龙江应建立农业转化资金，无偿支持能提高全省农业生产技术的公益性以及科技成果的广泛推广与应用。切实鼓励科技人员参与成果转化，在对科技成果无形资产进行评估后，允许科技成果持有者做技术入股。建立有利于科技成果转化的信贷机制，采取贷款贴息、风险投资等方式，或金融界以投资入股的形式扶持科技项目和科技企业。此外，我们建议建立黑龙江省科技成果转化基金，作为成果转化的引导性资金。

3. 要加强科研院所对企业成果转化服务

科研院所是科研成果产出的重要部门，所以推进科研院所进一步深化改革，以产权制度为突破口，积极进行科研单位产权制度改革、资产重组和资本运营。加强科研院所与企业联合、并促进科研院所入企业或创办民营高新技术企业及科技服务企业，这样才能将产学研结合落到实处。同时各个相关部门要认真落实税收、贷款等方面的优惠政策，鼓励科研单位转化科技成果。以政府等为主要部门制订的优惠政策应该对科研院所、大专院校和国有企业、民营企业是一视同仁的。

11.1.3　创设条件提升自主创新能力

如前面所述，许多企业注重技术引进，缺乏进一步的研发。因此企业要真正提高自主创新能力，就要在注重消化吸收引进国内先进技术，同时企业应积极主动地开展技术创新，抛弃等、靠、要的积习，实践中不断培养和提高企业自身的技术创新能力。技术创新能力真正的提升必须是组织内生的，即如前面所述的只有通过企业有组织不断地学习和面向市场进行产品开发实践才能获得。在这个问题上，"造不如买，买不如租"的观念，是束缚企业技术创新的枷锁，这样的商业逻辑在当代已经行不通，不能以短期和局部的商业利益作为企业发展的评判标准，因此企业应该努力真正提高自主创新能力。这方面西方国家增强自身科技创新能力的历史给我们很好的启示：20世纪60年代末，以欧洲为主的西方国家，冲破美国人极力阻挠，下定决心研制欧洲自己的大飞机，以长达25年先后投入250亿美元造出了大飞机——空中客车，在这一领域打破美国独霸天下的局面，欧洲空中客车与美国波音平分天下。针对欧盟实行卫星定位导航系统的"伽利略计划"，法国总统希拉克曾强调指出，如果我们不在这个领域有所作为，就不可能建立起一个独立的欧洲，就只能成为美国的附庸。历史上，韩国也曾大量引进国外先进技术，但是韩国从一开始就在注重消化吸收的同时，更注重在技术引进的基础上再创新，技术引进消化吸收之比达到1∶5~8，而在一些关键领域则可以达到

1:12，这样韩国使本土企业自身的自主开发能力得到了迅速提升，从而成就了一批世界知名品牌与知名企业。国外的这些例子可以印证，引进技术只是条件而不是结果，我国大中型企业的产业体系要消化吸收国外先进技术，在此基础上，更重要的是必须建立自主开发的平台，进行科技创新的实践，把引进的技术消化转为自主的知识资产。

11.1.4 促进以企业为核心的产学研结合

产学研结合是企业进行技术创新的重要途径，在这方面许多企业长期以来形成科技创新与经济脱轨的状况，尤其是大部分企业很难在短期内聚集足够的物力、财力、人力形成有实力的科研开发组织。这种情况下，企业如何充分挖掘高校、科研院所的科技优势，使之与企业物质生产要素有机结合，应该是目前提高企业技术创新能力的一条有效途径。

因此，企业要积极寻求与高校、科研院所之间的技术合作，在这样的合作中企业、高校和科研院所开展科技创新活动可以相互促进，优势互补。企业可以利用所合作的高校和科研院所的人才、科研设备、技术信息的优势，结合企业本身在市场、信息和资金等方面的优势，来弥补企业研究开发能力、制造能力方面的不足，从而使产学研联合开发新产品和新技术，使之成为提升企业技术创新能力的一条捷径。

一个典范是，黑龙江省哈航集团、哈尔滨工程大学和中船重工集团第七〇三研究所，三方合作打造了一个完整的产学研合作链条，成为黑龙江省产学研合作的典范。签约的三家单位都是各自行业的巨头，哈尔滨工程大学是国防科工委所属的全国重点大学，总体科研实力居高校前列，具有较强的基础研究能力；七〇三研究所是我国唯一的达1.2万马力以上的大型船舶主动力研究所，科研实力雄厚；哈航集团是黑龙江省最大的制造业企业集团。

另一个典范是，黑龙江省哈工大和哈焊接研究所与华葳集团的合作。在哈工大和哈焊接研究所专家的支持下，经过2年艰苦攻关，华葳集团研制成功我国第一台数控大功率等离子切割机。十几年来，他们在机电一体化领域连续创新，其中电控机械式汽车自动变速装置、数控精细等一批离子切割机高精尖技术新产品开发成果显著，产品国内市场占有率达30%。到2006年11

月26日，黑龙江像华葳集团这样经政府扶持创业、资产超亿元的中小型民营企业超过1000家。成功经验表明，只要坚定地把产学研的道路走下去，企业技术创新能力必然提升。只有建立产学研紧密结合的技术创新体系，才能加快科研速度，抢占市场制高点，形成企业的核心竞争力。

11.2 提升高校技术创新能力的对策

高校学科建设、科技创新团队建设、人才培养政策、以高校为主的官产学研合作等是提升高校技术创新能力的主要方向。

11.2.1 加强高校的创新学科建设

学科建设标志着高校的办学水平，也体现了高校技术创新能力的整体素质以及重要基础。学科建设的加强对提高高校技术创新能力有十分重要的意义。我国重点省、市需加大重点学科建设支持力度，使科研条件以及重点学科建设达到国内先进水平，并注重学术水平的培养，使之和社会效益以及经济效益结合在一起，达到重点学科承担国家省部级的攻关任务，并孵化为高校技术产业，从而改造重点科技成果，并成为自主培养人才基地。

1. 高新技术学科建设

高校建设应该以高新技术学科建设为起点和突破口，对国家经济建设和发展产生重大影响的学科也就是高新技术学科，为了适应世界高新技术发展的方向，黑龙江省高校科技创新需找准科技创新的关键领域，对具有知识和技术能力的高新技术学科进行重点扶持，加大人力、财力和物力的投入，使高新技术学科首先发展。"双一流"高校更应集中教育资源，重点支持高新技术学科建设，使学科组织模式更合理、创新管理机制更完善、运作方式更加灵活，从而使高新技术学科发展所需要的软环境更加优越，大力开展重点学科建设，从基础建设到人才引进以及学术交流平台的建立都需要给予优惠政策支持。

2. 应用学科建设

我国应建设一批能促进经济社会发展的应用学科。集中力量建设好一批为我国经济社会发展服务的应用学科。应用学科是目前高校科技创新的重点方向，高校应该适应各省、市的经济、创新发展需要，对起到支撑学科发展的基础学科提高良好的保护，增强学科发展能力，强化学科发展优势，通过科学布局，加强理工科建设，并培养相应学科骨干。学校也应与企业密切合作，掌握市场动态，大力优化学科结构，整合科技资源，调整学科建设方向，从而占领创新领域的前沿位置，为我国的经济发展培养高层次人才，使高校学科建设的社会效益最大化。

11.2.2 开展创新人才培养工程

高校提高技术创新能力的关键是原始创新能力的提高，原始创新能力的提高也就是发现新知识和新规律的能力，原始创新能力的提高伴随着知识的变化和发展，这就是创新的根本，也就是技术创新的主要源泉。高等学校具有的人才优势使得在基础性的研究和前沿技术研究上有独特优势，根据发达国家经验，许多有贡献的科技突破都是以高等院校作为依托，高等院校是新的知识和技术的主要来源。高等院校在作为技术和人才的重要来源的同时，也承担着产业和企业孵化器的重任。高等院校多为原始性创新的主体及科学知识发展的主力军，对技术创新能力的提高起到关键的作用。

1. 以学科建设为纽带培养高端人才

做好学科建设有易于高端素质人才的培养。培养一支高水平的师资队伍、建立条件优越的高水平实验室以及良好的学术氛围并有高水平的科研成果，是学科建设的最终目的。高质量的人才培养可以通过高校开展不同的学科方向研究，强化课程体系，充分调动教师的积极性，实施以科研促教学的方法，并使科技立项向学科建设倾斜，为高校创新人才的培养提供学术交流以及进修提高的机会。项目实施也可以成为高质量人才的培养手段，省级和国家级重点课题就成为带动相关学科建设的关键，从而为高质量人才的培育做出贡献。学科多元化是高校科研项目的一大特点，高校科研项目的开展也就需要多学科的专家和人才以及学科知识的交叉，这就培养了创新人才的团队合作精神，有效的提高了科研人员的整体素质，为科研队伍的建设贡献了力量。社会实践也是高校科技创新人才培养的方式，高校应为教师的社会实践活动创造条件，建设教学实验基地，将教师的培养和教学基地建设联系起来，为教师创造社会实践的机会，使理论更好的联系实际。还可以鼓励教师利用自己的技术成果建立科技型企业，把科技成果充分的转化为生产力，并提高自身管理素质，使之成为具有知识和技术的企业家。

2.科技创新团队的培养

学科建设的核心也就是科技创新团队的培养，要增强发展的实力，必须为创新人才的培养以及科技创新团队的建设给予有力的支持，并培养和造就在本学科领域具有实力的学科带头人。在学科带头人的带领下，建立一支年龄适当、结构合理、整体素质较高的科研团队。同时为科技创新团队引进院士，指导学科、科技创新团队的建设以及研究所培养，在专项基金的支持下，为科研人员创造出国研修交流的机会，使高校的科研团队能站在科学研究的最前沿。

11.2.3 推动以高校为核心的校企联合

高校和企业合作是培养创新型人才的有效途径，美国采用的是CO-OP的大学和企业合作模式，分为本科生合作和研究生合作阶段，可以有效的增强学生的创新精神和创新能力，高校和企业的合作可以借鉴美国的先进人才培养方案。第一阶段是大学本科生的培养。大学本科生入学需要经受两年的基本教育，如果学生愿意加入到高校企业合作的项目中来，可以在第三年申请延长学习时间，就可以免费加入高校和企业的合作项目中。这个阶段的培养主要是提高大学生的创新意识，能刺激大学本科生的创新意识，主要起到了人才储备的作用。第二阶段是研究生的培养。研究生阶段的培养要更加重视创新能力，在企业和大学的合作项目中更加侧重知识成果的转化，通过和企业的合作项目，就可以达到用专业带动产业，以产业促进专业的效果，从而达到企业和高校的互动发展。

高校创新必须是可持续发展的，技术创新能力建设不可能一蹴而就，高等院校可持续发展的技术创新能力的关键是高素质的人才培养，人才是技术创新的保障，要保障可持续的技术创新必须要有良好的人才培养策略。高等院校是培养创新型人才的摇篮，高校教育的根本职责是培养高素质人才的创新精神和创新能力,就需要引入最新的技术创新成果来培养战略性的创新人才:首先需要提高师资水平,培养高水平的教师力量,从而提高教学水平。其次,让学生较早并主动的参与到科技创新过程中来,为学生创造追求真理的科学精神,并提供创新创造环境,使学生了解知识创造的过程,培养学生的创新思维和创新精神。同时学生的特色发展需要重视,开拓创新的意识需要培养,自主创新的能力需要提高,这样才能保证高校创新的可持续发展。

高校应加强与企业的紧密合作,采取多种形式促进高校科技成果的转换,专利许可技术转让以及技术入股是比较常见的形式,同时也应为组建校企战略联盟做出努力,这样才能最大限度地发挥各自优势,建立合理而有效的合作机制并促进高校科技成果转化。大力发展地区合作也为高校科技成果转化提供条件,企业极易与邻近的高校发生合作关系,即使本高校的技术水平低于其他院校,企业与邻近高校合作的倾向也十分明显。所以,各省、市高校应该努力适应本省、市经济结构的调整,与相关行业的企业密切交往,依靠行业协会的支持来转化科技成果。加快大学科技园建设,大学科技园的建立不仅加速了高新技术成果的商品化,也是产业化的重要途径,当代高等教育要改革和发展就必然要建设大学科技园,因此,加快大学科技园的建设是促进高校科技成果转化的有效途径。高校科技成果的转化缺乏科技成果孵化的有效载体,高科技企业发展缓慢,产品、技术以及资金方面都相对薄弱,大学科技园的创办为科技成果转化提供良好的环境,使高校的人才、高技术成果资源成为源头,从而孵化和衍生出高技术企业,科技创新能力得到提高。大学科技园的建设任务要由高校和科研院所来完成,建立具有不同特色、性质的科技园区,高校作为高科技创新人才的培养基地,为高新技术企业的孵化以及高新技术项目提供基地。

11.3 政府培养提升技术创新能力的对策

现阶段我国市场经济体制尚未完善,经济发展水平从总体上还有待于提高。在资源和资金相对不足的情况下,政府作为科技创新体系中的有机组成部分,作为科技创新的组织者,可以有力支撑技术创新能力的提高。在企业技术创新活动中，政府应该起到协调服务和组织引导的作用，协调科技创新活动，优化科技创新资源，全面提高技术创新能力。

11.3.1 建设区域特色化产业新区

科技管理部门要加强对科技园区的规划和指导。为科技园区的规划和发展需要，应对产业进行配套，对产业链条进行整合，使高新技术产业发展的基地作用充分发挥。为突出特色产业，则各级政府也应制定科技园区发展的相应规划，围绕区域积极开展科技合作和招商引资，并给予入住科技园区的高新技术企业资金支持。例如，以前面黑龙江省案例看，需要重点建设哈齐大国家级高新技术产业开发带，在哈齐大国家级高新技术产业开发区中以哈尔滨、大庆两个国家高新技术产业开发区为重点，并在高新技术园区内建设大学科技园，同时建立科技企业孵化器及特色产业基地。园区的建设重点是完善投资、融资服务体系，对于园区内的特色产业应重点建设研发平台，为打造具有国际竞争力的高新技术产业要对园区的人文环境建设给予大力支持。

各级政府部门要加快特色产业基地的建设。例如，黑龙江省有以下重点基地：核电装备开发制造基地；航空特色产业基地；铝镁合金科技产业基地；新药研发生产基地；农产品深加工基地；钛合金科技产业基地；硅基新材料科技产业基地等。政府应该对符合黑龙江省发展的特色产业基地优先给予政策倾斜以及资金支持。引导相关企业、高校及科研机构的科研人才为特色产业基地服务，开展专家技术咨询，做好发展跟踪服务。

11.3.2 培养科技创新团队

为了建设和培育高层次的创新团队，政府要重点实施"科技创新团队计划"，为高层次的专家提供优质的服务和优厚的资金，政府每年都提供资金用于院士和高层次的专家的学术活动及技术咨询，并组织专家进行学术休假，同时提供高额的院士补贴，完善现有的人才创新激励机制，为优秀经营管理人才及骨干技术人员提供年薪制，实行企业年底奖金制度及期权、期股奖励制度。对完成省级科技开发类项目的科技人员给予经费奖励，并鼓励企业、高校和科研机构的科研人员在合作开发项目的同时兼职兼薪。科技人员评职应以科技成果的产业化和专利发明为量化指标，对有突出贡献的科技人员和经营管理者给以奖励。加大引进高层次人才力度，各级政府要加大力度为高层次人才建设开辟绿色通道，为高层次人才给予优惠的创新创业补贴，政府择优给予科研启动资金。

11.3.3 营造良好的创新创业环境

政府要为企业创新营造良好的环境，科教领导小组要制定规划，要求每年召开专门的会议，研究科技创新体系建设中的重大问题，并将高新技术产业发展作为年度目标责任制考核的重要标准。各级政府要保障科技资金投入，高新技术产业专项资金要高于财政的经常性收入增幅，为支持科技创新体系的建设投入大量资金，确保科技产业工程的建设。

政府要增大科技创新的财政投入管理，对财政科研经费进行合理的管理，确保收益最大化。对于符合"高新技术企业认定管理办法"的高新技术企业，则采取税收优惠。协调财政和科技部门的科技资源配置，通过确定科技计划目标、完善跟踪问效机制，加强交流信息，防止资源浪费和重复立项。支持科技创新活动拓宽融资渠道，通过政府引导、协调银行类金融机构为企业贷款。各级财政部门也按照一定的比例将所得税作为补贴奖励给企业的风险投资机构，为了科技创新贷款担保制度的进一步完善，政府可以为中小企业提供贷款担保，建立科技投资贷款担保机制。政府负责自主创新的采购政策，将高校技术产品和出色的新产品放入"政府采购自主创新产品目录"中，采用最低标价法进行评标。政府要制定知识产权保护机制，具有自主知识产权的项目应受到区域各级各类专项资金的照顾。

11.3.4 打造以企业为中心的协同模式

企业是区域科技创新的核心主体，因此，各级政府应针对自身相对应区域省份的企业的具体情况，制定以企业为主体的培养政策。合作创新是以企业为主体，企业间或企业、科研机构、高等院校之间合作推动技术创新的一种创新模式。为了更好突出企业在技术开发主体的地位，政府投入科技型企业技术开发费用以及对企业开发的新产品、新工艺、新技术付出的开发费用，尤其是企业研究开发仪器设备等提供国家优惠政策。同时，实行国有企业的技术创新绩效考核，国有企业的技术创新指标也作为企业经营者业绩和政府支持的重要标准。

政府支持研发机构的建设，保证现有的研发机构发挥作用的同时，支持和鼓励大中型企业独立建立研发机构，也鼓励大中型企业与高校和科研单位共同建立研发机构。政府支持中小企业共同组建的研发机构与政府和科研机构进一步建立联合研究机构，鼓励区域内外企业在外省之间及与国外建立科技研发机构，并给予企业研发机构专项资金作为补助，从而提升企业研发水平，改善研发条件。

政府支持企业引进先进技术，同时进行消化、吸收以及再创新。发展高新技术产业专项资金会对引进国内外先进科技成果并能实现项目产业化的企业给予资助和补贴，从而进一步加强与其他国家的科技合作，推动企业的技术创新能力。

政府对创新型企业的试点工作推进，对创新型企业进行评价和认定，鼓励企业发展为省级和国家级创新企业，对创新型企业的社会资源进行优化，政府制定的科技计划应优先支持创新型企业的立项。

政府应引导调节科研机构资源进行优化和整合，科技管理部门提出科研机构的资源优化整合方案，再根据企业自身的实际需要，加快科研机构的合并和重组，需打破部门条块分割，同时支持高校接纳科研机构并入。对于那些长期不出成果且不适应社会经济社会发展需要的企业，经过科研机构的评估应转型或合并。

建立完善的现代科研院所制度，支持科研机构的改革与发展，以"职责明确、评价科学、开发有序、管理规范"的原则，支持科研机构的发展，同时改善科研机构的条件，为科研机构的发展增加运行费用，对科研业务费和科研条件建设经费给予支持，促进科技成果产业化和加强对社会提供科技服务。

以黑龙江作为农业大省为例，大力加强对农业科研成果的推广。提高农业的综合生产和加工能力，发展千亿斤粮食产能战略工程，依托高校、科研机构加速农业科技创新体系和现代农业产业技术体系建设。以使高校、科研院所的技术在农业上广泛的推广,加大力度推进农业科技示范园的建设。加强农科教的结合,组织农业科研单位、农技推广部以及高校与各县开展农业科技合作,实施提高农业科技创新能力的富民强县计划,同时为"五个一"工程的顺利实施,开展农业专项行动。

推动产学研的结合,建立完善的产学研合作机制。围绕优势和新兴产业加快产学研培养机制的建设,并加强科技优势项目对产业发展的带动作用。打造科技创新研发平台,各级研发部门、各类重点试验室、工程技术中心都参与其中,军工技术和民用技术的有效对接更好为突破共性技术贡献力量。科技管理部门对能促进产学研培养的科技创新研发项目给予优先立项和资金方面的支持,并以贷款贴息及无偿资助的方式鼓励自主研发首台重大设备。

政府应对科技成果交易市场加大力度进行建设。各种中介服务机构提供市场化的运作和信息资源整合,其中生产力促进中心、科技成果转化中心等机构作用明显。在政府的引导下,构建以市场为核心的科技成果交易体系,对民营科技中介机构给予大力支持,对于进入省内开展科技成果交易的省外科技中介机构给予优惠政策,从而吸引优秀专业人才到科技中介服务机构中来,对技术咨询和技术服务的科技中介机构给予税收的优惠。

本着"资源共享、优势互补、互惠多赢"的原则,进行打造科技资源共享平台。下述几个方面的社会科技创新资源平台应该是重点打造的:网络科技环境平台;成果转化公共服务平台;自然资源、数据、设备、科技文献共享平台;标准化战略平台。政府要对参与服务平台建设的企业提供科技专项资金方面的资助。

科技管理部门要完善产业化科技成果的认定和奖励制度。采取科技成果公开评价、公开认定和公示制度,选出重点科技成果推广项目并对产业化过程进行贷款贴息,同级的财政部门也对科技成果的持有者给予奖励,使科技成果顺利产业化。

第十二章　主体协同创新与人类技术命运共同体构建

12.1　基于协同学的主体协同创新

12.1.1　协同学思想分析与核心内容

在上文中，已经提到了复杂性系统的技术创新，以及产学研三螺旋场式的结构中提到了复杂性系统，而协同学正是解决复杂性系统的重要途径之一。

协同理论研究对象是协同系统在时间、空间和功能上的有序结构、条件、特点及其演化规律。状态参量是协同系统在内部要素和外界条件之间的相互作用和驱动下，以自组织的方式随时间变化的快慢程度呈现不同。在系统的演化过程中，系统之间通过相互作用形成新的序参量，从而达到系统之间"1+1>2"的协同效应。随着贝塔朗菲的系统论、哈肯的协同学问世，系统论、协同理论、协同效应就被广泛应用于管理、经济、哲学等多领域。这也是本书应用的一个基础理论，基于协同论的主体内部与外部的协同是整体提升各主体技术创新能力所不容忽视的。

协同学创立于20世纪70年代初，是由联邦德国理论物理学家哈肯通过对激光现象的研究而发现，在对激光的研究中，激光的连续状态存在着不稳定性，如同一个复杂性的系统，当泵浦参量小于第一阈值时，无激光发生。但当参量超过第一阈值时，就出现稳定的连续激光。若再进一步增大泵浦参量并超过第二阈值时，就呈现出规则的超短脉冲激光序列。这一现象得到了哈肯细致的关注，随着他对激光现象的研究，把这一现象进行不断的演进和推导，进而把相关理论代入到其他各个领域。

协同学认为，千差万别的系统尽管属性不同、类型不同，或者分属不同学科，但在整个环境中，各个系统间存在着相互影响而又相互合作的关系，而每个系统都具备协同学的相关特点。其中也包括通常的社会现象，比如在同一区域内部，不同单位间的相互配合与协作；同一单位之中，部门与部门之间关系的协调；同一行业企业间的相互竞争作用，以及各个社会系统中的相互干扰和制约等。协同论指出，由大量子系统组成的系统，在一定条件下，由于子系统相互作用和协作，可以形成有序的结构。对这种系统内容研究，既可以概括地认为是研究从自然界到人类社会各种系统的发展演变，又可以探讨内容转变所遵守的共同规律。应用协同学的方法，可以把已经取得的研究成果，类比地拓宽到其他领域学科，进行跨学科的研究活动，为探索未知领域提供有效的手段。还可以通过协同学的应用，逐步找出影响系统变化的核心控制因素，进而发挥系统内子系统间的相互协同作用。

协同学研究远离平衡态的开放系统，在外部参量的驱动之下，同时在子系统与子系统之间的相互作用下，以自组织的方式在宏观尺度上形成空间、时间或功能的有序结构，或者是在条件、特点及其演化规律方面形成有序的形式。协同系统的状态由一组状态参量来描述。这些状态参量随时间的变化的快慢程度是不相同的，其中变化较慢的参量会支配变化较快的参量。而当系统逐渐接近于发生显著质变的临界点时，变化慢的状态参量的数目就会越来越少，有时甚至只有一个或少数几个。这些为数不多的慢变化参量就完全确定了系统的宏观行为，并表征系统的有序化程度，故称序参量。那些为数众多的变化快的状态参量就由序参量支配，并可绝热地将它们消去，这一结论称为支配原理，是协同学的基本原理。序参量随时间变化所遵从的非线性方程称之为序参量的演化方程，是协同学的基本方程。演化方程的主要形式有主方程、有效朗之万方程、福克-普朗克方程和广义京茨堡-朗道方程等。

协同学指出，一方面，对于一种模型，随着参数、边界条件的不同以及涨落的作用，所得到的图样可能很不相同；但另一方面，对于一些很不相同的系统，却可以产生相同的图样。由此可以得出一个结论：形态发生过程不同的模型可以导致相同的图样。在每一种情况下，都可能存在生成同样图样的一大类模型。

协同学揭示了物态变化的普遍程式："旧结构–不稳定性–新结构"，即随机"力"和决定论性"力"之间的相互作用把系统从它们的旧状态驱动到新组态，并且确定应实现的那个新组态。由于协同论把它的研究领域扩展到许多学科，并且试图对似乎完全不同的学科之间增进"相互了解"和"相互促进"，无疑，协同学就成为软科学研究的重要工具和方法。

由上面的协同学基本理论，可以将协同学归结为下面的几条主要内容：

远离平衡态的开放系统形成有序的结构：在复杂性系统中，自发形成有序结构需要两个要求，其一是远离平衡态，即整个系统未处于完全稳定的平衡状态；其二是开放系统，即整个系统与外界存在着物质与信息的交流。在这两个前提下，该系统可以形成有序的结构。

自组织行为：在上述条件下，系统会自发地形成有序结构，即通过系统内部自身的自组织行为，最终达成有序的组织形式，在技术创新系统中，可以理解为创新完成。

役使原理：在各个对子系统产生影响的种种变量之中，存在着役使原理的基本规律，即变化慢的、持续久的变量会影响变化快的变量，在整个过程中，慢变量会役使其他变量，从而对整个系统产生决定性的影响。

突变形式的形成有序状态：在满足了基本条件后，系统会形成有序的状态，但是这个状态并不是逐渐缓慢的进行，相反，会以一个突变的形式进行，即整个系统突变的形成某种新的有序结构，这也就意味着新系统的诞生，也就是破坏性创造的产生。

综上所述，在复杂性系统中形成有序的结构、开放的远离平衡态的系统、突变的形成形式、子系统的相互关系以及役使原理和序参量，是整个新系统形成的关键所在。

12.1.2　基于协同学的协同创新思想阐述

关于协同创新（collaborative innovation），有一说法是美国麻省理工学院斯隆中心（MIT Sloan's Center for Collective Intelligence）的研究员彼

得·葛洛（Peter Gloor）最早给出定义，即"由自我激励的人员所组成的网络小组形成集体愿景，借助网络交流思路、信息及工作状况，合作实现共同的目标。"从国内外的实践看，协同创新多为组织（企业）内部形成的知识（思想、专业技能、技术）分享机制，特点是参与者拥有共同目标、内在动力、直接沟通，依靠现代信息技术构建资源平台，进行多方位交流、多样化协作。除了组织（企业）设计和提供的制度支持外，对于现实或潜在的参与者，能够参加协同创新行为乃至项目的意愿，既与创新基本实力有关，也与显性或隐性收益考虑和预期有关。

协同创新是以知识增值为核心，协同创新的内涵本质是：企业、政府、知识生产机构（大学、科研院所）、中介机构和用户等为了实现重大科技创新而开展的大跨度整合的创新组织模式。协同创新是通过国家意志的引导和机制安排，促进企业、政府、知识生产机构（大学、科研院所）、中介机构发挥各自的能力优势、整合互补性资源，实现各方的优势互补，加速技术推广应用和产业化，协作开展产业技术创新和科技成果产业化活动，是当今科技创新的新范式。

在科技经济全球化的环境下，实现以开放、合作、共享的创新模式被实践证明是有效提高创新效率的重要途径。充分调动企业、大学、科研机构等各类创新主体的积极性和创造性，跨学科、跨部门、跨行业组织实施深度合作和开放创新，对于加快不同领域、不同行业以及创新链各环节之间的技术融合与扩散，显得更为重要。协同创新是各个创新要素的整合以及创新资源在系统内的无障碍流动。协同创新是以知识增值为核心，以企业、政府、高校、科研院所等为创新主体的价值创造过程。基于协同创新的官产学研合作方式是国家创新体系中重要的创新模式，是国家创新体系理论的新进展。合作的绩效高低很大程度上取决于知识增值的效率和运行模式。知识经济时代，传统资源如土地、劳动力资本的回报率日益减少，信息和知识已经成为财富的主要创造者。在知识增值过程中，相关的活动包括有知识的探索和寻找；知识的检索和提取；知识的开发、利用以及两者之间的平衡；知识的获取、分享和扩散。协同创新过程中知识活动过程不断循环，通过互动过程，越来越多的知识从知识库中被挖掘出来，转化为资本并且形成很强的规模效应和范围效应，为社会创造巨大的经济效益和社会效益。

12.1.3 协同学理论主体技术创新的引入分析

世界经济的发展和进步，把"技术创新"概念代入到了经济发展的舞台，奠定了它在其中无可替代的地位，并且不断加深着影响，经济学家更把技术创新做为经济增长的基点与解决经济危机的终极武器。从熊彼特的《经济发展理论》开始，就被诸多的经济学家推崇并对技术创新在经济领域的作用一次又一次的肯定。

不仅如此，企业与政府也对技术创新加大了重视力度，技术创新是企业创新活动的核心内容，为企业组织的实施规程和企业管理提供必要的支持和保障，逐渐地，愈来愈多的公司认识到了技术创新的重要性。世界上大的跨国企业每年的研发投入都从十数亿美元至高达数十亿美元，主要用于支持自身公司拥有强大研发机构，同时对已有的企业管理和研发团队进行创新实践，使企业保持旺盛的创新活力，最后在国际市场竞争中成为真正的赢家。近年来，我国的海尔、华为、联想等公司也极大地增加了研发的投入。同时，各个中小企业也将目光转向技术创新，在市场竞争中获取高效益回报。分布在世界各地高新技术开发区的中小企业，都是以自身的技术创新以及技术引进来进行创业发展，逐步的成为以知识为基础的经济发展的最重要部分。

科技竞争也日益成为国家间竞争的焦点，技术创新成为国家竞争力的决定性因素。发达国家及其跨国公司利用自身的技术和资本优势保持领先地位，形成了对世界市场特别是高技术市场的高度垄断，知识产权有可能成为影响发展中国家工业化进程的最大不确定因素。比如，类似我国的发展中国家如果想要不被拉大和先进国家的发展差距，甚至被边缘化，就必须提高技术创新能力，不断提升技术创新优势并获得发展机遇。

综观国内外协同创新的经验，较为成功的有美国扁平化、自治型的硅谷产学研"联合创新网络"，致力于生物技术协同创新的北卡罗来纳州三角科技园；日韩的技术研究组合和官产学研结合；芬兰、爱尔兰和瑞典等国协同创新网络和联盟；欧盟在2007—2013年间推动协同创新的一项重要举措是，在一个特定产业和区域中，设立由创新实验室、企业、研究机构和大学共同参与的"创新集群"（Innovation Cluster）。再如，我国北京的"中关村协同创新计划"，以产业链为基础，打造高新技术产业集群的企业标准联盟、技术联盟和产业联盟，引导和支持各类主体的协同创新活动，引导和支持产业链骨干企业开展竞争前的战略性关键技术和重大装备的研究开发，呈现出政府引导调控下外部需求驱动、参与各方内在利益驱动两大运作模式。

总体上看，协同创新从浅到深存在着一个"光谱"，即各方达成一般性资源共享协议，实现单个或若干项目合作，开展跨机构多项目协作，设立网络联盟，建立战略联盟等而形成稳定的协同创新机制，其根本在于利益协调，政府和产学研各方均事先确认各自利益范围与责任边界，设定风险分担和利益分配机制，并辅以一定的风险投资机制。建立战略联盟，通常是协同创新发展到一定水平后的更高境界，在确定高校、科研机构和企业对协同创新的责任时，可以跳出以产业链为基础的协同创新网络模式，探索符合我国基本国情的新路径。

12.2 主体协同创新助推人类技术命运共同体建设

12.2.1 技术创新缘起于人类需要

自古以来，人类通过对技术的发明和创新，既促进了社会文明发展的进步，也丰富了人类社会的物质生活和精神生活。首先，技术创新发展是缘起于人类的需要，人类的需要也体现了对技术创新的内在基本要求，同时，也是技术创新发展的根本前进动力。例如，在生活中人们需要御寒，则逐渐产生了包含现代化的纺织、缝纫等技术；人们在生活中需要丰富的食物加以营养和补充所需的能量，则逐渐发展了烹饪食品加工技术、农作物种植、畜牧养殖等农业技术；人们之间因需要保持良好的沟通和相互联系，则逐渐发明了通信电话、电子邮件等现代化软硬件技术。随着人类时代的发展和变迁，人类技术需求的水平和质量不断地变化和提高，使得人类技术创新也随时代而发展。

人类有利用"技术"作为工具对自然进行改造的功能，同时也包含人类的技术创新，技术是为适应人类的生存和社会发展的主要工具和方式，通过主体的技术创造活动方式来实现和满足自身的需要。对于技术创新而言，旨在不断地实现和满足人的自我生命本质和自我欲望，这本身就是为适应人类生存发展所需要进行技术创新的实践的本质。在这一发展过程中，人的技术创新能力不断增强，体现了人的创造性和目的性的本质。我们都知道，技术的产生给人类的生活带来了极大的舒适和便利，而技术创新的发展作为人类智力和体力的延伸和扩展阶段，逐渐在弥补和替代人类的智力和体力的不足，对于传统和现代的技术，无论是工业机械化时代、自动化时代，还是信息化和数字经济时代，仍然同样具有替代和大大增强人类智力与体力的重要作用。马克思说："自然界没有创造出任何机器、火车头、铁路、电报、纺纱机等"，是因为人类用自己的双手创造并通过自己的努力来得到满足，而满足需要必须通过"技术"这一中介来实现，由此进一步证实，技术创新是缘起于人类的需要而产生。

根据前面文章所述，人类的需求是新技术发展和产生的一个重要前提，也是技术创新活动发展的一个重要动力，因此在开展技术创新活动的过程中，人类还应有明确的目标，然而，技术创新目标的确定和选择仍然是基于人类的自身需求。人类通过技术创新能够达到所需要的目标其根本目的在于满足自身主体的需求。所以，人类会通过发挥自身主观能动性利用现有的科学技术成果和丰富的知识相结合进行技术创新，进行创造性地发现和解决实际的问题并改善和提高适应社会生活的条件，最终满足自己的需求。

12.2.2 技术创新异化问题规避反思

科学技术是一把双刃剑，同样技术创新也是一把双刃剑。科学技术第一次革命爆发以来，技术创新在给人类创造前所未有的物质财富的同时，也给我们带来了在技术创新实践过程中产生的一些负向效应。这些问题如生物基因工程、核辐射、资源环境污染等全球非传统安全问题层出不穷，对自然界和人类生存都构成了严重威胁。前期的技术创新始终都只是在经济快速增长的角度来思考和看待，而忽略了前期的技术创新与人类、自然以及社会之间的密切发展关系，从而直接造成了后期一系列技术创新问题的种种出现，使得技术创新异化的现象随之而生。

"异化"一词最早是产生于17—18世纪著名的哲学家黑格尔和费尔巴哈的异化哲学思想，同时对异化较为全面科学的理论加以阐释的是出于德国卡尔·海因里希·马克思撰写的《1844年经济学哲学手稿》中，在此内批判并继承了黑格尔和费尔巴哈的异化哲学思想，并首次提出了劳动异化理论，指出劳动异化的基本含义是指人的创造物与人相脱离、相独立，反过来奴隶人、支配人。在马克思看来，在生产资料私人占有的资本主义制度下，劳动并不是普通的生产劳动，而只能被认为是一种产生异化了的劳动，并且提出异化劳动主要是体现在工人与其自己劳动产品相异化、工人与其自己劳动本身相异化、工人与自己的类本质相异化以及工人与工人之间相异化四个方面的体现。马克思认为，"劳动"本身就是一种必然存在并能体现人类的本质的劳动，是社会主体人的自由自觉的活动。而劳动异化现象的产生如"工人越是通过自己的劳动占有外部世界、感性自然界，他就越是在两个方面失去生活资料；工人生产的财富越多，他的劳动产品的力量和数量越大，他就越贫穷。工人创造的商品越多，它就越变成廉价的商品"。对此就必然形成了生产财富及劳动财富的占有、工人的劳动产品及其劳动本身等异化，就成为工人异己的、与工人敌对的、异己的力量，这就是劳动异化。

基于劳动异化产生了技术创新异化，所谓技术创新异化理论其实就是对劳动异化理论的进一步发展和延伸，其中技术创新异化的含义是指人们在利用现有一定技术水平的手段革新创造出满足人类需求和愿望的技术对象物的同时，在对人的类本质力量和实践过程逐渐产生消极影响并超出了人类的控制，甚至发展成为一种敌对的、异己的、统治人类与社会的外在技术对象物和力量。长期以来，当人们每次谈到生活中涉及人类的生态污染、环境恶劣、能源危机、食品安全问题等灾害，总是避免不了将其罪过交加的归因于人类的技术发展，归咎于其技术创新的异化。技术，总的来讲是人类在认识和改造自然过程中，基于自身生活、生产需要，根据已有的经验、科学知识，借助于一定的工具、设备等介体而不断发现、使用和改进的各种方法和手段。这样就使人类的认知进化和创造程度必然避免不了各种技术创新异化的产生，正如马克思曾指出的："技术的胜利，似乎是以道德的败坏为代价换来的。随着人类愈益控制自然，个人却似乎愈益成为别人的奴隶或自身的卑劣行为的奴隶。甚至科学的纯洁光辉仿佛也只能在愚昧无知的黑暗背景上闪耀。我们的一切发明和进步，似乎结果是使物质力量成为有智慧的生命，而人的生命则化为愚钝的物质力量。现代工业和科学为一方与现代贫困和衰颓为另一方的这种对抗，我们时代的生产力与社会关系之间的这种对抗，是显而易见、不可避免的和毋庸争辩的事实。"所以简而言之，技术创新异化就是指人类在利用技术控制自然满足自身需求的同时，自然以相应的力量反控制人类。"技术创新异化"不仅在意义上是指破坏了技术创新至真本性，使得技术创新脱离了其原有的本性，同时，也是人的认识局限性所带来的一种必然结果。技术创新并不导致技术创新异化，主要关键在于应用技术创新的过程。技术创新异化与劳动异化相类似，同样包含人与技术创新产品相异化（核辐射）、人与自然界的生态相异化（基因组变异）、人与自身的自我存在相异化（价值认识理性缺失）、人与社会关系相异化（统治者与被统治者）四个具体体现。通过这几个方面可以看出，技术创新异化是现代社会普遍存在的一种现象并愈演愈烈，逐渐渗透到了每一个方面的角落，因此，需要研究和探讨技术创新异化问题规避的反思是非常必要的而且成为当务之急。

当前，如何对技术创新异化问题规避，则需从人的类本质视域下对技术创新进行反思，指出技术创新的人本指向。至今，我们都知道技术创新与发展的目的无疑是为了满足人民物质生活和精神发展的需要，就此而言，技术创新与发展应体现以人为本。创新发展在产生积极效应的同时，也会产生负面消极的效应，受技术创新的发展所影响而产生的消极、负面效应则实际上主要是由于技术创新的人本指向未必能得到很好的充分体现。因此，要有效的克服技术创新所产生的负面影响，使技术创新的人本指向进一步反映，则需以引导技术创新朝着人性化的发展方向前进，将技术创新建立在人的主体基础上，肯定人在社会和历史发展的主体地位以及最高价值，实现技术创新与人、社会及自然的和谐统一，使技术创新复归于人的现实生活，真正成为人的技术创新从而使技术创新始终为人类服务，这样才能对技术创新异化问题规避反思带来极其重要的理论意义、实践意义和现实意义。

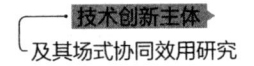

12.2.3 主体协同创新构建人类技术命运共同体

1. 主体协同创新构建人类技术命运共同体为双赢之举、多赢之举

协同旨在促进双赢、多赢，双赢或多赢是人类期盼已久的永恒主题。主体协同创新是我国进一步深化改革浪潮下对经济转型升级建设现代化经济体系的有益推动和探索。当前，创新驱动发展战略已上升为国家战略，加快国家创新体系建设、聚焦主体协同创新发展模式、大力提升技术创新主体能力已成为创新体系发展共识。技术创新主体协同的目的旨在围绕国家、区域创新体系的需求和经济发展的最新态势，以引领"官产学研介"等各技术创新主体能力的提升，集中体现主体协同创新构建人类技术命运共同体的依据实践。主体协同创新构建人类技术命运共同体是在追求某一技术创新主体利益时兼顾其他技术创新主体合理的关切，在谋求一方技术创新主体发展中促进其他技术创新主体共同发展，使得技术创新各主体共处一个场域，需倡导人类技术命运共同体意识。本文主体协同创新主要是以技术创新中的企业主体、区域技术创新中的政府主体、产学研联盟中的高校主体、创新系统中的科研院所主体，即从企业、政府、高校、科研院所等领域推动以合作发展共赢为核心的技术创新主体间关系，并共同构建人类技术命运共同体的形成与可持续发展。

2. 主体协同创新实践以提升人才培养机制为攻克高尖端技术

在面对新一轮的战略性科技与工业革命的到来，如现代生物工程、量子技术、人工智能及其区块链技术等带来的新兴科技发展态势，使得传统培养的技术人才水平提升策略已难以适应当今新兴技术产业快速发展新常态的需要，对技术与人才需求的关系也提出了许多新的机遇和挑战。这就必然需要我们主动打破原有的依赖技术创新单一主体的行动和"老方法"培养人才局面等，需化解技术创新单一主体行动与创新型技术主体培养人才的"融通赤字"。即要充分运用主体协同创新的实践方式加快构建技术人才培养创新战略工程对策，这不仅在意义上是对构建人类技术命运共同体的历史使命和责任担当，也是对人才与技术共同体建设的需要。在现今世界科技发展的新形态下，不仅迫切地要处理好人类与技术的关系，更要正确地处理好主体协同创新与促进人才培养、人才所有、人才所用的密切关系。在国家推进区域协同创新人才体系建设的新时代下，加快推进主体协同创新和人类技术命运共同体的深度融合，始终把实施人才培养强国战略和以人为本作为国家区域创新体系建设发展的前提和方向。从某种意义上说，主体协同创新和应用型人才技术能力的提升是一个命运共同体。若要用主体协同创新构建好人类技术命运共同体，则首先就需要搭建好主体协同创新的有效平台，为人类技术命运共同体建设提供理论与实践的基础，助推实现创新人才培养工程、实施人才强国战略、发挥人才第一资源、把握人才成长规律、培养技术创新人才、创新人才机制建设、壮大创新人才队伍的人类技术命运共同体。

3. 主体协同创新多元合作有效模式提高技术问题解决效率

目前我国的科技事业已经取得了巨大的成就，原始创新、集成创新和引进消化吸收再创新三类创新都有了长足进步，极大地增强了综合国力，提高了国际地位，振奋了民族精神。同时也必须看到，我国虽然是一个经济大国，但还不是一个经济强国，其中一个根本原因就在于创新能力薄弱，同发达国家相比，我国科学技术总体水平还有较大差距，体制机制还存在不少弊端，诸如企业尚未真正成为技术创新主体，自主创新能力不强；各方面科技力量自成体系、分散重复，整体运行效率不高；科技宏观管理各自为政，科技资源配置方式、评价制度等不能适应科技发展新形势和政府职能转变的要求，阻滞了三类创新水平的全面提升。因此，主体协同创新要从以下几个方面着手搭建"官产学研介资"合作的有效平台：

（1）利用基于现代网络技术的信息流动与扩散机制，促进"官、产、学、研、介、资"各种创新主体和创新资本在创新系统中的合作、整合和服务机制，一方面企业要欢迎和依靠科研院所和高校进行技术创新的战略储备，提供近期的技术和知识支持；另一方面要采取多种形式密切产学研结合，鼓励产学研各方共同承担国家重点科技项目，共同开发关联平台技术，联合研究制定新技术标准，联合培养科技和管理人才。

（2）建立"官、产"联盟，完善"企业对政府"的需求和响应机制，完善"政府对企业"的支持、服务、指导、引导机制，政府与企业之间以重大项目为纽带，通过市场机制、政策推动、企业化运作，探索多种合作与联合模式。

(3)建立"官、学、研"联盟,科研院所、高校要为园区企业提供创新的支持和服务,政府在其中发挥中介服务作用,如政府通过制定技术创新政策来支持创新者,培育技术文化,消除创新障碍。同时,科研院所、高校的支持和服务,也需要政府提供必要的环境,这就又要求建立科研院所、高校和政府之间的联动机制,既包括"科研院所、高校对政府"的需求、咨询、响应机制,又包括"政府对科研院所、高校"的支持、引导、监督、反馈机制。

(4)建立"官、产、资"联动机制,尝试建立知识产权交易市场,促进技术的资本化和市场化,加强银行与政府、银行与园区之间的资本整合,积极推进多元化资本市场的建立,探索新的创新支持机制和资助机制,其中,对创新的支持应覆盖园区场域的整个创新链,对创新的资助应特别鼓励产学研结合,重点建设创新联盟平台,既包括高校、科研机构、企业实验室或技术开发中心,也包括创新型园区和其它创新支持服务系统的建设等。

4. 主体协同创新构筑美好未来的人类技术命运共同体

主体协同创新构建人类技术命运共同体是新时代的理论创新与实践创新,人类技术命运共同体的理念中蕴含着正确的义利观、世界观和价值观,追求和倡导人类和谐发展、和平相处,是未来人类发展进程中的共同夙愿。而技术创新主体协同是加快构建人类技术命运共同体的必要和关键,同时也是关乎全人类的前途命运,是顺应创新时代发展潮流的必然选择,是应对技术创新异化的迫切需要。随着经济全球化及其所带来的变化,技术创新能力已成为国家和区域竞争力的关键所在,其更重要的是技术创新主体之间的场式协同效用,汇聚企业、政府、高校、科研院所和科技中介等共同推动人类技术命运共同体,以主体协同创新合作促发展,加大主体协同开放合作,共谋福祉,强化推动技术创新能力提升治理,共同打造利益共同体、命运共同体和责任共同体,做到真正成为人的技术创新从而使技术创新始终为人类服务。主体协同创新构建人类技术命运共同体需着眼人类发展和世界前途提出的中国理念、中国方案,努力做到求同存异、取长补短、谋求和谐共处、合作共赢,为人民群众生活带来更多的参与感、获得感和幸福感,始终和人民一道,携手构筑人类美好未来的,"你只有我,我中有你"的人类技术命运共同体。

结　　论

有关技术创新、技术创新主体和技术创新主体能力提升的前沿探索问题很多，在技术创新范式研究领域内，只要涉及创新问题的研究学者，必然会着手入门研究其理论渊源——熊彼特的《经济发展理论》。技术创新被定义为经济发展的核心要素，是区域创新体系可持续发展的动力源泉，科技发展日新月异，对于当前围绕技术创新能力的培养政策导向以及提升技术创新能力的对策建议，无疑是贯穿区域创新体系生命周期全过程的重要内容。

本书共分为十二章，总体细化分为理论篇、分析篇、建构篇和建议与反思篇四大模块内容，并较为笼统的梳理了关于"技术创新主体及其场式协同效用研究"的总体思路和脉络，具体如下：

本书开篇以技术创新理论层面出发，明确界定了技术创新的理论内涵和创新系统的发展理论（国家创新体系、区域创新体系、企业技术创新）。技术创新的理论内涵包含技术创新的概念内涵、影响因素和基本特征。指出技术创新是由美籍奥地利经济学家约瑟夫·熊彼特在其《经济发展理论》一书中提出的，认为创新过程的核心是技术创新，还体现在管理创新、组织创新、体制创新等内容；关于技术创新的影响因素简单分析而言包含资源类型的因素、管理类型的因素、环境类型因素、区域类型因素。另外还指出了技术创新的基本特征，如技术创新的风险性、时效性、原创性等。第二部分的创新系统发展理论即包含国家创新体系、区域创新体系、企业技术创新。"国家创新体系"是由弗里曼首次提出的，并且国内外相关学者如本特阿克·伦德瓦尔、迈克尔·波特、曾国屏、李正风、冯之浚、柳卸林等提出了种种概况；区域创新体系是基于国家创新体系提出的内容，指出区域创新体系包括从事知识、技术和制度创新活动的政府、企业、大学、科研院所和中介机构为重要参与者；在企业技术创新方面重点了解了国外有关学者如彭罗斯、伯格曼、怀特、罗森威尔等提出的企业技术创新能力相关理论。

技术创新主体理论主要提出了即技术创新主体的概念、分类以及技术创新主体能力内涵和构成。总结出技术创新主体可以概括为从事科技创新、创造实践活动的人，包括以人为主体的组织、集团等，指出技术创新活动主体有着创新活动主体所具有的特质，主体是一个复杂的系统，具有多层次、多属性、多功能等特点，基于主体维度把区域技术创新能力定义为几种技术创新能力主体要素协同作用而形成的一种综合能力。提出区域创新体系是以政府为主导、以企业为核心、以大学和科研机构为重要参与者，以中介机构为纽带组成一定区域内这些创新过程的相关部门和机构之间相互作用而形成的创新网络系统，所有区域创新体系的参与者构成区域创新主体，这是本文研究的主要内容。

技术创新中的"企业主体"是针对企业技术创新能力提出即强调对企业的技术创新能力的理解、定位，尤其是对培养和提升的相关研究进行把握。考察总结了国内外学者对企业技术创新能力相关理论提出的种种概况，这里我们给企业的创新能力做出了定位，并基于技术、技术创新、技术创新能力特征的概述，总结出了企业技术创新能力应具备的主要特征。另外，就企业技术创新主体人员断层问题进行了案例分析，以黑龙江齐齐哈尔第二机床厂为例，研究技术人员断层状况，即在岗人员学历情况、在岗人员工种人数情况以及实际在岗人员的年龄结构等用图表数据进行分析技术人员断层成因，对此提出了解决国有企业技术创新人员断层对策建议，如制定科学的培训计划、发挥知识群体的主体作用、建立良性的工作机制与文化环境。

区域技术创新中的"政府主体"是重点围绕并考察分析了政府主体技术创新能力。政府主体技术创新能力主要是指政府在技术创新体系中的技术创新政策支持和政策导向与调控水平，即政府作为区域技术创新体系的主体之一应该如何作为的问题。在这里，将政府作为主体的技术创新能力定义为：政府通过发挥宏观指导、发挥组织、协调、服务以及控制管理等职能，同时通过自身管理体制创新、制定相关的技术创新政策、宏观调控和优化配置技术创新资源，使技术创新与发展成为本地区社会经济发展有力支撑的综合能力。同时还提出了政府技术创新能力的效用。最后，通过了解国外政府关于科技创新的政策导向，对美、日、印政府科技创新政策的分析指出对我国的影响以及中国科技创新政策的问题分析。

产学研联盟中的"高校主体"主要分析了高校技术创新能力的内涵和构成。高校是负担着人才培养、知识创新、社会服务等重要任务，在建设创新型国家中具有先导性和基础性的地位。本章给高校技术创新能力的定义是：高校培养和输出技术创新人才，创造新知识和新技术，使新产品、新工艺以及新服务由新知识和新技术转化完成，达到推动区域经济、科技以及社会发展的能力。根据高校技术创新能力的内涵可以看出，高校技术创新能力主要由知识创新能力、人才培养能力和科技成果转化能力三个方面组成。同时本章对高校科技创新能力状况选择案例分析，以黑龙江高校为例研究高校技术创新能力状况并用图表数据进行分析其优势和劣势，对此进一步提出高校技术创新能力的培养机制。

创新系统中的"科研院所主体"是对科研院所技术创新能力的提出并基于系统理论分析即对复杂适应系统科学理论概述，重点对CAS系统理论的核心思想进行分析，CAS理论的核心思想首先强调适应性主体的主动性与目的性，其次强调主体自身与外环境的相互作用，最后强调宏观与微观的有机结合。对此还提出了CAS系统理论的主要特点以及CAS系统发展的一般过程。基于前面理论进行对以科研院所为主体的技术创新系统性分析，并且指出科研院所的技术创新能力可以概括为主要由科研水平进步和创新成果的扩散能力构成，对科研院所技术创新主体的系统特征以及其构成要素、体制与机制等进行了详细理论分析并建构出科研院所技术创新系统应对问题的解决方法。

科技中介在官产学研协同创新中的应有意义的章节开头提出了官产学研协同创新的内涵，广义的产学研合作是指以产业（或企业）、高等学校、研究机构为三大基本主体与政府、中介机构、金融机构等相关主体在社会主义市场经济条件下，按照一定的机制或规则进行结合，形成某种联盟进行合作研发。在国家创新体系中，科技中介是不可或缺的组成部分，是促成政府、企业、高校以及科研院所之间共同进行技术创新的重要力量，就此提出了科技中介在官产学研协同创新中的职能，同时本章通过了解国外科技中介在官产学研协同创新中的发展状况考察，分析国外科技中介机构特点的基础上，为我国科技中介机构的完善提供借鉴启迪。

在第三篇即建构篇提出了相关的企业、高校、科研院所、政府以及科技服务中介等科技活动主体的主导效用及协同模式，揭示出技术创新主体行为复杂性的根本原因，深入研究技术创新活动的内在规律与各技术创新主体之间相互作用的复杂性和适应性，建立技术创新多元主体的两两互动协同模型，结合三螺旋结构，基于CAS理论的技术创新主体模型对企业、高校、政府、科研院所以及科技服务中介五大主体在技术创新活动中各自发挥的主导效用以及相互之间关联性、互补性和协调性模式进行剖析与建构，对技术创新进行分析并深化对技术创新主体的认识，提高其技术创新成果的产出能力，打造完整的技术创新结构，进而统筹知识创新、技术创新与制度创新，探索多种形式的协同创新模式，推动科技创新系统的协调发展，深刻把握技术创新系统的多元主体等科技活动主体现状与动态的发展过程。

实际的技术创新形式对策建议是针对各章所论述的企业、高校和政府的技术创新能力状况所存在的问题，给出了具有技术创新能力提升的培养政策导向以及提升企业技术创新能力、高校技术创新能力、政府技术创新能力的对策建议，如以企业为主体的培养政策；以高校为主体的创新人才培养工程政策；以政府为主体的科技创新团队培养政策等具有技术创新能力的培养机制的特色研究，对区域创新体系的多元主体的技术创新能力培养有一定的指导性和实践的可操作性。同时基于本文官产研复杂性系统的技术创新障碍分析，提出了协同学是解决其问题的重要途径之一即给出了全面提升官产研合作模式的建议。

最后，结合理论反思提出了主体协同创新与人类技术命运共同体的构建，基于协同学思想分析并重点强调了其核心内容，即基于协同学的协同创新思想阐述、协同学理论主体技术创新的引入分析，并指出主体协同创新助推人类技术命运共同体建设，指出主体协同创新构建人类技术命运共同体为双赢之举、多赢之举；主体协同创新实践以提升人才培养机制为攻克高尖端技术；主体协同创新多元合作有效模式提高技术问题解决效率；主体协同创

结　论

新构筑美好未来的人类技术命运共同体。主体协同创新构建人类技术命运共同体需着眼人类发展和世界前途提出的中国理念、中国方案，努力做到求同存异、取长补短，谋求和谐共处、合作共赢，为人民群众生活带来更多的参与感、获得感和幸福感，始终和人民一道，携手构筑人类美好未来的，"你只有我，我中有你"的人类技术命运共同体。

参考文献

[1] 伍玉林. 基于协同学思想的企业内外协同创新及价值分析[J]. 科技与管理, 2016, 18（2）: 65-70.

[2] 伍玉林. 军事技术异化问题分析[J]. 自然辩证法研究, 2014, 30（6）: 48-53.

[3] 伍玉林. 协同论视阈下企业科技创新主体能力的界定与提升[J]. 学术交流, 2013,（7）: 115-118.

[4] 伍玉林. 威廉姆斯与内格尔的道德运气思想及其计算机伦理价值[J]. 自然辩证法研究, 2013, 29（11）: 103-106.

[5] 伍玉林. 区域科技创新主体概念分析[J]. 科技与管理, 2012: 67.

[6] 伍玉林. 黑龙江省应对退税政策调整的产业结构的优化导向[J]. 科技与管理, 2009, 11（4）: 97-103.

[7] 伍玉林. 美日政府技术创新支持政策的比较及对我国的启示[J]. 学术交流, 2009,（10）: 83-85.

[8] 伍玉林. 战后日美科技政策成败的原因之比较[J]. 学术交流, 1997,（4）: 44-46.

[9] 伍玉林. 我国高校知识产权教育和人才培养问题研究[J]. 商业经济, 2013,（1）: 124-128.

[10] 伍玉林. 研究生创业模式和创业时机选择研究[J]. 东北农业大学学报, 2016, 14（5）: 67-71.

[11] 伍玉林. 科学史在当代人文素质教育中的意义[J]. 思想政治教育研究, 2008,（2）: 25-28.

[12] 伍玉林. 浅谈基于科技创新的法制规范与导向[J]. 行政与法, 2008,（11）: 46-47.

[13] 伍玉林. 基于"现实人的层面"探析传统中国科学精神的缺失[J]. 江苏科技信息, 2010, (7): 1-2.

[14] 伍玉林. 科学的历程: 人文关怀与科学精神的统一[J]. 哈尔滨工业大学学报, 2003, 5(4): 1-4.

[15] 伍玉林. 计算机伦理建构的道德运气问题及主体责任[J]. 自然辩证法研究, 2019, 35(4): 66-70.

[16] 伍玉林. "和合"文化与企业人力资源管理[J]. 科技管理研究, 2009, (1): 178-180.

[17] 伍玉林. 我国中小企业科技创新能力及其途经研究[J]. 现代管理科学, 2010, (8): 61-63.

[18] 伍玉林. 以日本的政策优势为鉴形成黑龙江的科技政策导向[J]. 科技导报, 2003, (9): 28-31.

[19] 伍玉林. 我国与发达国家中小企业科技创新能力的对比研究[J]. 学术交流, 2003, (11): 90-93.

[20] 伍玉林. 我国高校科研团队建设的相关问题研究[J]. 广西青年干部学院学报, 2010, 20(6): 54-56.

[21] 伍玉林. 大数据环境下的数据安全隐患问题分析及哲学反思[J]. *Advancas in Social Science, Education And Humanities Research*, 2017: 254.

[22] 伍玉林. 创新主体子场域及主导效应模式分析[J]. 自然辩证法研究, 2017, 33(8): 61-66.

[23] 马克思恩格斯选集[M]. 第2卷. 北京: 人民出版社, 1995.

[24] 马克思恩格斯选集[M]. 第3卷. 北京: 人民出版社, 1995.

[25] 马克思恩格斯全集[M]. 第42卷. 北京: 人民出版社, 1995.

[26] 马克思. 关于费尔巴哈的提纲[M]. 北京: 人民出版社, 1995.

[27] 约瑟夫·熊彼特. 经济发展理论[M]. 北京: 商务印书馆, 1990.

[28] 约瑟夫·熊彼特. 吴良键译. 资本主义、社会主义与民主[M]. 北京: 商务印书馆, 1999.

[29] 彼得·德鲁克. 张炜译. 创新与创业精神[M]. 上海: 上海人民出版社, 2002.

[30] 克劳斯著. 梁存秀译. 从哲学看控制论[M]. 北京: 中国社会科学出版社, 1981.

[31]哈肯.凌复华译.协同学[M].上海：上海译文出版社,2001.

[32]弗里德里希·李斯特.陈万煦译.政治经济学的国民体系[M].北京：商务印书馆,1977.

[33]T·W·舒尔茨.吴珠华译.对人进行投资：人口质量经济学[M].北京：首都经贸大学出版社,2002.

[34]内森·罗森伯格.王文勇,吕睿译.探索黑箱：技术、经济学和历史[M].北京：商务印书馆,2004.

[35]罗伯特·索洛等著.史清琪等选译.经济增长因素分析[M].北京：商务印书馆,1991.

[36]弗里曼.张宇轩译.技术政策和经济绩效：日本国家创新体系的经验[M].南京：东南大学出版社,2008.

[37]敖德嘉·加塞特.高源厚,吴国盛译.关于技术的思考[M].技术哲学经典读本.上海交通大学出版社,2008.

[38]莱文.吴彤译.脆弱的领地[M].上海：上海科技教育出版社,2006.

[39]傅家骥.技术创新学[M].北京：清华大学出版社,1998.

[40]王缉慈.创新的空间——企业集群与区域发展[M].北京：北京大学出版社,2001.

[41]柳卸林.21世纪的中国技术创新系统[M].北京：北京大学出版社,2000.

[42]李正风,曾国屏.中国创新系统研究：技术、制度与知识[M].济南：山东教育出版社.1999.

[43]中国科学院院士自述[M].上海：上海教育出版社,1997.

[44]尹宏志等.中国企业创新能力研究[M].北京：中国人民大学出版社,2008.

[45]李工震.德国的大学和德国的现代化[M].大学演讲录(第三辑).北京：新世界出版社,2003.

[46]周寄中.科学技术创新管理[M].北京：经济科学出版社,2002.

[47]盖文启.创新网络——区域经济发展新思维[M].北京：北京大学出版社,2002.

[48]袁闯.管理哲学[M].上海：复旦大学出版社,2004.

[49]彭建伯.创新哲学论[M].北京：人民出版社,2006.

[50]袁仲孚.今日美国高等教育[M].上海:上海翻译出版社,1998.

[51]马万华.从伯克利到北大清华[M].北京:教育科学出版社,2004.

[52]沈红.美国研究型大学形成与发展[M].武汉:华中理工大学出版社,1999.

[53]王战军.中国研究型大学建设与发展[M].北京:高等教育出版社,2003.

[54]侯光明.理论探索与发展创新[M].北京:清华大学,2005.

[55]郭小川.合作技术创新——大学与企业合作的理论与实践[M].北京:经济管理出版社,2001.

[56]庄卫民,龚仰军.产业技术创新[M].北京:东方出版中心,2005.

[57]冯之浚.国家创新系统的理论与政策[M].北京:经济出版社,1999.

[58]霍兰.隐秩序[M].上海:上海科技教育出版社,2000.

[59]中华人民共和国教育部科学技术司编.2017年高等学校科技统计资料汇编[M].北京:高等教育出版社,2017.

[60]经济合作与发展组织(OECD)编.以知识为基础的经济[M].北京:北京机械工业出版社,1997.

[61]任春华.我国当前科技创新金融支持体系的问题分析与对策研究[J].科技与管理,2015,17(2):87-91.

[62]任春华.互联网金融的风险及其治理[J].学术交流,2014,(11):106-111.

[63]任春华.文化创意产业发展中的集聚整合[J].学术交流,2013:87-89.

[64]任春华.企业危机管理探讨[J].学术交流,2012:45-49.

[65]夏保华,陈昌曙.简论技术创新的哲学研究[J].自然辩证法研究,2001,17(8).

[66]刘宝杰.试论技术哲学的经验转向范式[J].自然辩证法研究,2012(07):25-29.

[67]H.波塞尔著,孔明安译.创新:持续与活力之间的张力[J].自然辩证法研究,2003,19(9):43.

[68]曾国屏,李正风.国家创新体系:技术创新、知识创新和制度创新的互动[J].自然辩证法研究,1998,14(11):18-22.

[68]张钢.从创新主体到创新政策:一个基于全过程的观点[J].自然辩证法研究,1995,17(6):27.

[70] 傅利平. 国家创新体系的结构演化及其功能分析[J]. 自然辩证法研究, 2002, 18(6): 65.

[71] 邹波, 张庆普, 田金信. 大学——产业——政府技术创新系统耗散结构形成机理分析[J]. 自然辩证法研究, 2008, 24(8): 48.

[72] 郑文范. 东北老工业基地改造与科技资源优化配置[J]. 自然辩证法研究, 2004, 20(12): 102.

[73] 王凯, 邹晓东. 由国家创新系统到区域创新生态系统——产学协同创新研究的新视域[J]. 自然辩证法研究, 2016, 32(9): 97-101.

[74] 吴彤. 耗散结构理论的自组织方法论研究[J]. 科学技术与辩证法, 1998(6): 19-24.

[75] 武显微等. 从简单到复杂——非线性是系统复杂性之根源[J]. 科学技术与辩证法, 2005(8).

[76] 郑春东等. 企业技术创新能力评价研究[J]. 中国软科学, 1999.

[77] 吴友军. 对我国IT产业技术创新能力的探讨[J]. 中国软科学, 2003, (4).

[78] 李向波, 李叔涛. 基于创新过程的企业技术创新能力评价研究[J]. 中国软科学, 2007, (2).

[79] 操龙灿等. 产业共性技术创新体系建设的研究[J]. 中国软科学, 2005, (11).

[80] 黄鲁成. 宏观区域创新体系的理论模式研究[J]. 中国软科学, 2002, (1).

[81] 艾国强, 杜祥瑛. 我国科技竞争力研究[J]. 北京: 中国软科学, 2000: 7.

[82] 黄钢, 徐玖平, 李颖. 科技价值链及创新主体链接模式[J]. 中国软科学, 2006(6): 67-75.

[83] 李正风, 曾国屏. OECD国家创新系统研究及其意义——从理论走向政策[J]. 科学学研究, 2004, 22(2): 206-211.

[84] 夏保华. 关于建立健全企业技术创新体系的理论思考[J]. 科学学研究, 2002, 20(6).

[85] 柳御林, 胡志坚. 中国区域创新能力的分布与成因[J]. 科学学研究, 2002(5): 551-510.

[86] 张炜, 杨选良. 自主创新概念的讨论与界定[J]. 科学学研究, 2006(12): 956-961.

[87] 官建成, 何颖. 基于DEA方法的区域创新系统的评价[J]. 科学学研究, 2005, 2(23): 265-272.

[88] 刘立. 创新系统功能论[J]. 科学学研究, 2011, 29(8): 1121-1128.

[89] 申玮, 李金林. 科技中介发展与国家自主创新能力研究[J]. 科学学研究, 2007(6): 93-96.

[90] 李相银等. 论企业创新体系[J]. 科技管理研究, 2002, (1).

[91] 朱付元. 区域创新系统及其识别方法研究[J]. 科技管理研究, 2005(3): 41-45.

[92] 周艳明, 王艳丽. 科技中介机构在产学研结合中的作用研究[J]. 科技管理研究, 2009(8): 54-55.

[93] 张克英, 黄瑞华, 朱爱辉. 多种综合评价方法在科技创新评价指标分析中的应用[J]. 科技管理研究, 2005(11): 65-68.

[94] 郭建校等. 基于因子分析法的学科科研水平综合评价[J]. 科技管理研究, 2009(1): 34-37.

[95] 潘杰义等. 基于集对分析法的产学研合作创新风险综合评价研究[J]. 科技管理研究, 2008(10): 102-108.

[96] 李正风, 曾国屏. 我国科技国际竞争力的一个结构性缺陷[J]. 中国科技论坛, 2002: 3.

[97] 王燕. 自主创新进程——中西部地区开放式科技创新体系构建研究[J]. 中国科技论坛, 2007(7): 3-7.

[98] 陈宏愚. 关于区域科技创新资源及其配置分析的理性思考[J]. 中国科技论坛, 2005(9): 1-3.

[99] 刘曙光, 徐树建. 区域创新系统研究的国际进展综述[J]. 中国科技论坛, 2002(5): 33-37.

[100] 范旭, 方一兵. 区域系统中高校与政府和企业互动的五种典型模式[J]. 中国科技论坛, 2004(1): 66-70.

[101] 王昌林等. 我国80年代以来建设创新政策分析[J]. 中国科技论坛, 2000(5): 26-28.

[102] 宝胜. 创新行为的系统性和创新系统的非线性特征[J]. 中国科技论坛,

2005(1): 94-96.

[103] 肖信华. 技术创新的哲学理性研究[J]. 科技进步与对策, 2000, 17(7).

[104] 杨新年, 董丹红. 建设创新型中心城市提升区域自主创新能力[J]. 科技进步与对策, 2006(3): 5-7.

[105] 周亚庆, 张方华. 区域创新体系研究[J]. 科技进步与对策, 2001(2): 44-45.

[106] 赵黎明. 基于CAS回声模型的综合孵化器系统自适应机制研究[J]. 科技进步与对策, 2012(11): 5-8.

[107] 楼杏丹, 徐维祥, 余建形. 高新技术产业集群资源整合与区域创新系统关系研究[J]. 科学学与科学技术管理, 2005: 48-52.

[108] 潘德均. 西部地区区域创新系统建设[J]. 科学学与科学技术管理, 2001(1): 38-40.

[109] 魏江, 许庆瑞. 企业技术能力的概念、结构和评价[J]. 科学学与科学技术管理, 1995(9): 29-33.

[110] 李必强, 姜军, 武兰芬. 我国政府在国家创新体系中的作用[J]. 科学学与科学技术管理, 2004.

[111] 奚明华. 黑龙江省工业企业技术创新费用分析——黑龙江省工业企业技术创新调查系列分析[J]. 科技统计月刊, 2009(3): 17-20.

[112] 叶继国. 2007年哈尔滨市大中型工业企业科技活动分析[J]. 科技统计月刊, 2009(3): 21-25.

[113] 叶继国. 2007年黑龙江省R&D投入强度分析[J]. 科技统计月刊, 2007: 12-15, 16-25.

[114] 杨东占. 加快科技体制改革全面实施创新驱动战略[J]. 中国高校科技, 2013.

[115] 王冬梅. 美国科技中介机构的发展及其对我国的启示[J]. 中国高校科技与产业化, 2005(11): 61-63.

[116] 黄鲁成. 关于区域创新系统研究内容的探讨[J]. 科研管理, 2000(3): 43-49.

[117] 游文明, 丛曙, 张煜. 产学研合作中政府职能的研究[J]. 科技与管理, 2004(3): 121-123.

[118] 孙冰, 吴勇. 地区自主创新能力评价指标体系的构建——以大中型工业企业为实例的研究[J]. 科技与经济, 2006(4): 17-19.

[119] 孟祥云, 孟祥红. 推进河北省区域创新体系建设的思考[J]. 科学管理研究, 2004(10): 16.

[120] 陈其荣. 技术创新的哲学视野[J]. 复旦学报, 2000, (1).

[121] 易显飞. 技术哲学应首先关注技术创新的哲学问题[J]. 长沙理工大学学报, 2006, 21(1).

[122] 徐磊. 试论企业人力资本对技术创新的影响[J]. 科技展望, 2015.

[123] 王明对, 陈丹霞. 创新主体的知识转移与共享机制[J]. 经济与管理, 2019, 35(7).

[124] 刘文华, 简兆权. 知识共享与企业技术创新能力分析[J]. 上海管理科学, 2011, 33(1).

[125] 邵云飞, 欧阳青燕. 基于多元统计的我国区域技术创新能力分类特征[J]. 系统工程, 2009: 20-21.

[126] 关晓静, 赵利婧. 从《欧洲创新记分牌》看我国创新型国家建设面临的挑战[J]. 统计研究, 2007(3): 74-77.

[127] 赵彦云. 中国科技竞争力及其发展战略[J]. 管理世界, 1999: 3.

[128] 秦珊, 李群芳. 科技国际竞争力各要素之间的关系探析[J]. 广西社会科学, 2002, (3): 79-80.

[129] 王瑞杰. 加入WTO与上海技术创新[J]. 上海经济研究, 2000(10): 22-26.

[130] 温瑞珺, 龚建立, 王黎娜. 企业自主创新能力评价研究[J]. 企业技术开发, 2006(11): 37-40.

[131] 马建新. 科技型企业自主创新能力提升的主要评价指标体系及其路径选择[J]. 湖南大众传媒职业技术学院学报, 2006, 6(3): 47-49.

[132] 朱孔来. 对自主创新能力构成要素的思考[J]. 集团经济研究, 2007 (22): 25-27.

[133] 李青, 王晓波, 张劲. 提高企业自主创新能力的机制研究[J]. 当代经济(下半月), 2007(6): 14-16.

[134] 路小昆. 科技创新资源的资本化与区域创新能力[J]. 科技创业, 2007(5): 56-57.

[135] 张瑞军, 李金玲. 区域科技创新系统中企业的主体性研究[J]. 当代经理

人, 2006(7): 4.

[136] 朱中群. 加强区域科技创新体系平台建设的战略思考[J]. 高科技与产业化, 2005(5): 50-52.

[137] 张乐平, 周卉. 略论研究型大学教育科技创新的资源能力建设[J]. 高等工程教育研究, 2005(11): 22-24.

[138] 万钢. 利用全球资源推动自主创新[J]. 中国科技产业, 2007(9): 7-8.

[139] 顾新. 区域创新系统的内涵与特征[J]. 同济大学学报, 2001, 12(6): 32-37.

[140] 熊波, 陈柳. 非对称信息对高新技术企业融资的影响[J]. 中国管理科学, 2007(3): 15.

[141] 弗·维奇卡波夫. 管理过程中的理解问题[J]. 学术动态丛刊(俄), 1995(2): 45-46.

[142] 王雪铭, 吴瑞明. 评价方法的发展与体系研究[J]. 科学技术与工程, 2009(2): 351-355.

[143] 沈菊华. 我国区域科技创新能力评价体系的研究和应用[J]. 经济问题, 2005(8): 27-29.

[144] 张国华, 曲晓辉. 模糊聚类分析法初探[J]. 南开管理评论, 2009(1): 34-37.

[145] 王应明. 判断矩阵排序方法综述[J]. 决策与决策支持系统, 1995, 5(3): 101-114.

[146] 傅家骥, 高建. 对国有企业改革的战略思考[J]. 企业管理, 1996(3): 17-18.

[147] 刘助仁. 韩国强化国家科技创新体系的举措[J]. 科学与管理, 2002(6): 22-24.

[148] 徐继宁. 国家创新体系的理论认识及其国际比较[J]. 高校教育管理, 2007(3): 48-62.

[149] 王利, 张伟. 美日政府推动技术创新的经验与借鉴[J]. 吉林大学学报, 1999(4): 51-59.

[150] 官建成, 史晓敏. 技术创新能力和创新绩效关系研究[J]. 中国机械工程, 2004(11): 11-13.

[151] 王志勇, 曹琛. 解读2008年全国科技进步统计监测报告[J]. 云南科技管理, 2009(6): 26-27.

[152] 王博雅. 黑龙江省中小企业发展现状及对策研究[J]. 商业经济, 2010 (15): 12-13.

[153] 王林平. 对黑龙江省科技人力资源状况的分析与评价[J]. 经济研究导刊, 2008(1): 177-179.

[154] 郭巧玲. 发达国家政府构建技术转移体系经验的借鉴[J]. 科技成果管理与研究, 2006(2): 61-64.

[155] 潘永华. 我国研究型大学战略发展的思考[J]. 教育发展研究, 2001(5): 50-53.

[156] 王丛霞. 美国构建创新体系的启示[J]. 理论学习, 2001(9): 612.

[157] 林颖, 熊冬霞. 论我国科技创新的问题与对策[J]. 管理观察, 2013.

[158] 张桂香, 邱宁熙. 江苏和韩国科技创新的比较与借鉴[J]. 统计科学与实践, 2013.

[159] 葛永林等. 整体论、系统论与复杂性理论及其归宿[J]. 徐州工程学院学报, 2013, (2): 22-26.

[160] 高小珣. 技术创新动因的"技术推动"与"需求拉动"争论[J]. 技术与创新管理, 2012, (6): 590-593.

[161] 宁振华. 金融自组织突变性分析[J]. 生产力研究, 2012(8): 74-76.

[162] 何建佳等. 创新过程的非线性机制研究[J]. 商业时代, 2009(9): 30-31.

[163] 金吾伦, 郭元林. 运用复杂适应系统理论推进国家创新系统建设[J]. 湖南社会科学, 2004(6): 8.

[164] 刘丽君, 唐水源. 基于CAS理论的大学多主体科技合作的体制与机制研究[J]. 研究与发展管理, 2004(5): 82-88.

[165] 顾伟忠, 刘兰. 我国产学研合作存在的问题及其政策研究[J]. 北京机械工业学院学报, 2006(3): 74-78.

[166] 杨艳萍. 日本科技中介服务体系的建设与启示[J]. 改革与战略, 2007(9): 108-111.

[167] 周春彦, 亨利·埃茨科威兹. 三螺旋创新模式的理论探讨[J]. 东北大学学报(社会科学版), 2008(4).

[168] 荆鹏飞. 基于设计适应性系统的主体学习机制探析[J]. 设计, 2013(2): 109.

[169] 刘海英. 美国: 人工智能战略成年度重中之重 五大方向与措施奠定新年基调[N]. 科技日报, 2020-1-2.

[170] 陈超. 日本: 公布研究开发的"登月计划"制定第六期科学技术基本计划[N]. 科技日报, 2020-1-2.

[171] 英国: 增加科研投入明确产业重点 力图摆脱"脱欧"的负面影响[N]. 科技日报, 2020-1-2.

[172] 李山. 德国: 制定高科技战略的后续政策 推进人工智能与区块链战略[N]. 科技日报, 2020-1-2.

[173] 李宏策. 法国: 聚焦未来谋划研究新战略 数字税方面的立场备受关注[N]. 科技日报, 2020-1-2.

[174] 倪伟龄, 从光辉. 黑龙江建立产学研结合技术创新体系[N]. 经济日报, 2006(11): 30.

[175] 钟欣. 自主创新能力是国家竞争力的核心[N]. 经济日报, 2006(8).

[176] 高校科研创新能力不断增强高等教育法执法检查报告[R]. 哈尔滨: 黑龙江日报, 2009(12): 15.

[177] 黑龙江省人民政府. 关于加快科技创新体系建设促进科技成果产业化的若干意见[R]. 2008(3): http://www.chinaacc.com/new/.

[178] 黑龙江省政府提高自主创新能力调研组. 黑龙江省创新能力分析[R]. 龙江科技, 2010(5): 8-17.

[179] 科学技术部发展计划司. 科技统计报告[R]. 2010(2): 3-9.

[180] 科技部. 全国科技进步统计监测报告2008[R]. 北京: 统计出版社, 2010.

[181] 中国科技发展战略研究小组. 中国区域科技创新能力报告[R]. 北京: 新华社科技出版社, 2010: 7.

[182] 成宝英. 新型工业化环境下科技需求理论与实证研究[D]. 吉林大学博士论文, 2004(7): 12-13.

[183] 曾卫明. 高校科技创新团队自组织演化研究[D]. 哈尔滨: 哈尔滨工程大学博士论文, 2008.

[184] Philip Cooke, Mikel Gomez Uranga and Goio Etxebarria. Regiongal innovation systems: Institutional and organizational dimensions[J].

Research Policy, 1997, 26 (4-5) : 475-491.

[185] Wiig H, Wood 1995. What comprises a rigional innavation systym? An empirical study. Paper prepared for Regional Association Conference. 'Regional Futures: Past and Present, East and West', Gothenburg, Sweden, 6-9th May 1995.

[186] Penrose, Edith T. The theory of Growth of the Firm [M]. *Basil Blackwell Publisher*, Oxford. 1959: 8-25.

[187] Dosi and R. Nelson. An Introduction to Evolutionary Theories in Economics, Journal of Evolutionary Economics, 1994, (4): 33-42.

[188] Leonard-Barton Dorothy Core Capabilities and Core Rigidities: A Paradox in Managing New Product Development, 1992.

[189] Coombs W T. Teaching the crisis management/communication course [J]. *Public Relations Review*, 2001, (27): 89-101..

[190] Prahalad, C.K., Gary Hamel. The Core Competence of the Corporation [J]. *Harvard Business Review*, May-june, 1990, 68 (3): 78.

[191] Burgelman R.A., Madigue M.A., Wheelwright S.C.. Strategic Management of Technological and Innovation, New York: John Wiley, 1995: 33-65.

[192] Wright P M, Snell S A. Toward an Integrative View of Strategic Human Resource Management: Human Resource Management Review, 1991 (1): 203-225.

[193] Rothwell and Zegveld. Industrial Innovation and Public Police, preparing for the 1980s and the 1990s, *Frances Pinter*, 1992: 61-67.

[194] Langrish, J.. Wealth from Knowledge: Studies of Innovation in Industry, London, Macmillan, 1972: 55-60.

[195] Lawless, M.J., Fisher, R.J.. Sources of durable competitive advantage in new products. *Journal of Product Innovation Management*, 1990 (7): 35-43.

[196] Christensen, J.F.. Asset profiles for technological innovation. *Reserch Policy*, 1995 (24): 727-745.

[197] Paul Romer. Increasing Returns and Long Run Growth [J]. *Journal of*

Political Economy, Vol.94, No.5 October 1986: 1002-1037.

[198] Paul Romer. Endogenous Technological Change [J]. *Journal of Political Economy*, Vol.98, No.5 October 1990: 71-102.

[199] Mansfield E. Academic Research and Industrial Innovation [J]. *Journal of Research Policy*, Volume 1991 (20): 1-12.

[200] Lundvall, B.A.. National Systems of Innovation. Towards a theory of innovation and interactive learning. London: *Pinter Publishers*, 1995: 3-29.

[201] Douglass C. North "Institutional Change and American Economic Growth A First Step Towards a Theory of Institutional Innovation", *The Journal of Economic History* 1970: 4-37. .

[202] Robert-Jan H.M. Smits. EU Research for Industrial Competitiveness, in Michael Darmer and Laurens Kuyper (eds), *Industry and the European*, 263.

[203] J.L. Enos. Petroleum progress and profits: A history of processing novation, Cambridge MA: *The MIT Press*, 1962, 55-59.

[204] North, Douglass C.Institutions, Institutional Change and Economic Performance Cambridger university press, 1990: 33-137.

[205] Porter, M.E., Location, Competition, and Economic Development: Local Clusters in a Global Economy. *Economic Development Quarterly*, No. 1, 2000: 15-35.

[206] Saaty T. The Analytic Hierarchy [M]. *McGraw-Hillinc*, NewYork, 1980: 147-158.

[207] Subal C. Kumbhakar. A..Reexamination of Returns to Scale, Density and Technical Progress in U.S. Airlines [J]. *Southern Economic Journal*, 1990, 57(2): Oct: 428-442.

[208] J.Schmookler. Invention and Economic Growth [M]. *Harvard University Press*, 1996: 204-208.

[209] Erich Fromm. The Revolution of Hope: Toward a Humanized Technology [J]. New York: *Harper&Row*. 2004, (04): 77-79.

[210] President's Budget for Commerce Department/Technology Administration

[EB/OL]. http: //www. nist. gov/public-af-fairs/releases, 2001-4-9/2003-5-3.

[211] Dirk Pilat, Jean Guinet. Promoting innovation-does it mat-ter? [EB/ OL]. http: //www. oecdobserver. org/news, 1999-08-01/2003-05-06.

[212] Dirk Pilat, Jean Guinet. Promoting innovation-does it mat-ter? [EB/OL]. http: //www. oecdobserver. org/news, 1999-08-01/2003-05-06.

[213] Robert E Hebner. Industrial Innovation in the United States: The Complementary Role of the Federal Govern-ment [EB/OL]. http: //www. nist. gov/speeches/apec-in-novation. htm, 1998-3-12/2003-5-2.

[214] G. J. Klir. Facets of systems Science [M]. *Kluwer Academic/Plenum Publishers*, 2001: 3.

[215] Robert L. Flood, Ewart R. Carson, Dealing with Complexity—An Introduction to the Theory and Application of Systems Science. *Plenum Press*, 1993: 36-49.

[216] Boulding, K. E. "General Systems Theory—The Skeleton of Science". In G. J. Klir. Facets of Systems Science. *Kluge Academic/Plenum Publishers*, 2001: 67.

[217] Anne Niggards Madsen. Innovative regions and industrial clusters in hydrogen and fuel cell technology [J]. *Research Policy*, 2009, 38(2): 341-349.

[218] Holland. In G. Cowan, et al. (eds): Complexity: Metaphor, Models and Reali. SF1 studies in the science of complexity. Proc. Vol xix, Addison-wesley, 1994: 314.

[219] Holland. Emergence from Chaos to Order [M]. MA: Helix Books. 1998: 115-124.

[220] Beer, S. Diagnosing the system for organization. Wiley, 1985: 47-48.

[221] Simon, Herbert. "Can There be a Science of Complex System? " In Yanner BarYam (ed.) Unifying Themes in Complex Systems. New England Complex Systems Institute. *Peruses Books*, 2000: 23.

[222] Allen, Peter M., et al. Models of Evolutionary Self-Organization in Social and Economic Systems. *Cranfield University E-press*, April Press, 1990: 45.

后 记

　　本书是我主持的国家教育部人文社会科学研究规划基金项目"提升科技创新能力的三维主体协同与经济崛起"的研究成果之一，本书得以顺利完成，既辛苦又欣慰，感受到学海无涯，感慨良多，回首多年的写作过程，心中满是感谢！

　　感谢赵金楼教授、毕克新教授在书稿写作期间提出的许多宝贵意见和建议，使我扩展更多视野、受益匪浅，特此由衷感谢！

　　感谢我可爱的学生马馨雨、回亮潞在为本书撰写提供了大量鲜活案例和丰富素材，并以精益求精的态度进行反复斟酌修改，老师给你们点赞！

　　感谢各位老师、同学和朋友多年来的鼓励、支持和帮助，在此谨向你们致以崇高的敬意和诚挚的感谢！

　　感谢一直默默关心和支持我的家人，愿你们永远健康幸福、美满快乐！

　　谨致

伍玉林

2019年12月25日于魅力冰城哈尔滨